SÍGUEME

EJERCICIOS ESPIRITUALES PREDICADOS

COLECCIÓN FÉLIX VARELA # 29

EDICIONES UNIVERSAL, Miami, Florida, 2006

P. AMANDO LLORENTE, S.J.

SÍGUEME

EJERCICIOS ESPIRITUALES PREDICADOS

Copyright © 2006 by Amando Llorente S.J.

Primera edición, 2006

EDICIONES UNIVERSAL
P.O. Box 450353 (Shenandoah Station)
Miami, FL 33245-0353. USA
Tel: (305) 642-3234 Fax: (305) 642-7978
e-mail: ediciones@ediciones.com
http://www.ediciones.com

Library of Congress Catalog Card No.: 2006
I.S.B.N.: 1-59388-080-4
EAN # 978-1-59388-080-4

Diseño de la cubierta: Luis García Fresquet

Obra en la cubierta: San Pedro tirando las redes,
obra del artista Rafael Consuegra

Todos los derechos
son reservados. Ninguna parte de
este libro puede ser reproducida o transmitida
en ninguna forma o por ningún medio electrónico o mecánico,
incluyendo fotocopiadoras, grabadoras o sistemas computarizados,
sin el permiso por escrito del autor, excepto en el caso de
breves citas incorporadas en artículos críticos o en
revistas. Para obtener información diríjase a
Ediciones Universal.

ÍNDICE

INTRODUCCIÓN, José Manuel Hernández 7

PRÓLOGO DEL AUTOR 13

I   HAMBRE Y SED DE SER MEJORES 15

II   PRINCIPIO Y FUNDAMENTO. ¿QUIÉN ES DIOS PARA MÍ? 25

III   PRINCIPIO Y FUNDAMENTO. ¿QUIÉNES SOMOS NOSOTROS? 39

IV   EL PECADO. JESUCRISTO, EL GRAN PERDONADOR 55

V   CONSOLACIONES. DESOLACIONES 69

VI   TRES LLAMADAS Y TRES RESPUESTAS 85

VII   LA ENCARNACIÓN. LA VIRGEN 99

VIII   VIDA DE NAZARET. SAN JOSÉ Y VIDA DE FAMILIA. VIDA DE COMUNIDAD 117

IX   EL CORAZÓN DE JESUCRISTO, NUESTRO AMIGO. ME TIENES A MÍ. 133

X   DOS BANDERAS. TRES BINARIOS. TRES GRADOS DE AMISTAD 149

XI   CONDENA DE CRISTO. LAVATORIO. EUCARISTÍA. ALIANZA 167

XII RESURRECCIÓN. APARICIÓN A LA VIRGEN,
     APÓSTOLES, SAN PEDRO, MAGDALENA, TOMÁS . 183

XIII CONTEMPLACIÓN PARA ALCANZAR AMOR.
     TOMAD, SEÑOR Y RECIBID 207

INTRODUCCIÓN

(Para los que nunca han hecho los
Ejercicios Espirituales de San Ignacio de Loyola)

José Manuel Hernández

Si te adentras en este libro sin prejuicios y con buena voluntad puede ser, amable lector, que decidas reflexionar sobre tu vida, evaluar lo que has logrado hasta ahora, examinar tus empeños presentes y echar una ojeada a tus planes para el futuro. Esta tarea es eminentemente personal y nadie la puede hacer por ti. Pero sí es posible ayudarte facilitándote una especie de *road map*: aclarando los principios en que debes fundarte, delineando el proceso que has de seguir, señalando los elementos que debes tener presentes, y llamándote la atención sobre los pasos en falso que puedes dar y que fácilmente pueden conducirte a engañarte a ti mismo.

Esto fue en buena medida lo que hizo San Ignacio de Loyola cuando a principios del siglo XVI escribió su librito sobre los Ejercicios Espirituales. No es una obra para ser leída como se lee un periódico o una novela. Es mas bien un manual de instrucciones, compuesto para orientar a los cristianos en su búsqueda del sentido de la vida y de las cosas. Con lo que se ha escrito sobre él pueden llenarse los anaqueles de varias bibliotecas. Pero no sé si a alguien se le ha ocurrido grabar las meditaciones y pláticas de unos Ejercicios, imprimirlas, y darlas a la publicidad, como diciendo: ¿quieren Uds. saber lo que son los Ejercicios ignacianos? Pues aquí tienen una muestra obra de un experto. Es como si hubieran estado sentados en el salón, oyéndolo hablar...

***

Este libro, pues, puede constituir una novedad en el modo de dar a conocer los Ejercicios. Se debe al sacerdote jesuita Amando Llorente, una reconocida autoridad en la materia. De su capacidad y experiencia puedo dar testimonio, porque lo conozco hace unas cuantas décadas. Nuestros caminos se cruzaron allá por el año 1951, precisamente en unos Ejercicios en La Habana, y de entonces acá hemos recorrido juntos unos cuantos tramos de vida, algunos de los cuales parecen hoy casi inverosímiles. He estado en su terruño, situado a pocos minutos en automóvil de León, España. Visité la casona en que nació. Conozco parte de su familia, que conocerla toda es casi imposible, tan numerosa es. He recorrido los alrededores del pueblecito, y me he sentido sobrecogido contemplando la gigantesca mole de los Picos de Europa, no muy distantes. Sé bien, por tanto, de donde salió el Padre Llorente, dato esencial para explicarlo.

Uno de los menores de nueve hermanos, hijos de padres católicos a machamartillo, creció oyendo hablar con admiración de un gran ausente, el hermano mayor, un famoso misionero jesuita. Segundo, que así se llamaba, servía a Dios entre los esquimales del norte de Alaska, una región inculta y desolada en aquel entonces (1935). Con el tiempo se había convertido en una figura de leyenda en el mundo católico de habla hispana, a través de los libros y artículos en que narraba las peripecias de su vida en «el país de los eternos hielos», como llamaba al teatro de su misionar. Era muy difícil ser hermano menor de Segundo Llorente y no sentirse deslumbrado por sus hazañas apostólicas. Casi inevitablemente el joven Amando siguió sus pasos y entró en la Compañía de Jesús.

Quiso también ser misionero, ir a predicar el Evangelio a pueblos extraños, en tierras remotas e inhóspitas. Pero sus superiores pensaron que su apostolado era más necesario en otras partes. Tan pronto terminó sus estudios de teología en el Heythrope College, en Oxford, y se ordenó de sacerdote (septiembre 8 de 1948), lo destinaron a la obra de juventudes. En Salamanca hizo su tercera probación, y seguidamente lo enviaron a La Habana, donde había pasado los años de su magisterio. Allí debía asumir el cargo de prefecto (*principal*) del Colegio de Belén. A última hora, sin embargo, hubo un cambio y en lugar de ir a Belén fue a la Casa de Ejercicios que los jesuitas antillanos habían construido recientemente en el Calvario, cerca de la capital, de la cual fue su primer director. Desde ese instante (1950), el sacerdocio del Padre Llorente ha estado indisolublemente unido a la obra de los Ejercicios Espirituales. Puede decirse que en darlos y propagarlos se resume para él aquel *Ite, incendite, inflammate omnia* con el que dicen que el Padre Ignacio solía despedir a sus hijos cuando partían hacia tierras de infieles.

Esta dedicación llorentina a los Ejercicios quedó definitivamente transformada en la ocupación de toda una vida cuando el Padre fue designado en febrero de 1952 Director de la Agrupación Católica Universitaria, en sustitución del fallecido Padre Felipe Rey de Castro, S.J. El Padre Rey, fundador y principal promotor del movimiento de los Ejercicios en Cuba, los había convertido en la clave de la espiritualidad de los agrupados, para quienes hacerlos en retiro una vez al año era una de las obligaciones más serias. Como Director de la institución, pues, Llorente tuvo que consagrar gran parte de su tiempo a dar un buen número de tandas de Ejercicios al año, tantas –porque la Agrupación crecía– que la Casa del Calvario resultó insuficiente y fue necesario edificar otra, esta vez en un reparto de La Habana, La Coronela. Se llamó «Pío XII», y por su diseño y facilidades llamó la atención del mundo jesuítico, aun fuera de Cuba. Fue inaugurada en 1956.

Poco después irrumpió sobre Cuba el *tsunami* revolucionario. Los agrupados, que fueron de los primeros en oponérsele en todos los frentes, empezaron a dispersarse, hasta que llegó un momento en que el mismo Llorente se vio compelido a desaparecer de la circulación. Sobrevino más tarde el desastre de Bahía de Cochinos, seguido del éxodo de los agrupados hacia Miami. El Padre, que estaba oculto en la residencia de un diplomático español, desechó la oportunidad de regresar a Europa y fue en pos de ellos. Los encontró, como he escrito en otro lugar, «mohínos y cabizbajos, roídos por la añoranza y por el apego a lo que habían dejado detrás: personas, objetos, lugares, ocupaciones, paisajes y tradiciones, todo lo que concurre a corporeizar la idea abstracta de patria». ¿Cómo sacudirlos y sacarlos del marasmo en que estaban sumidos? Con la generosa ayuda de un católico norteamericano alquiló por cinco días un ala entera de un motel de Miami Beach y los llamó a Ejercicios. Setenta y cinco respondieron al llamado. Cuando salieron del motel terminado su retiro, parecían seres extraterrestres recién llegados al mundo, hombres vueltos a nacer. Allí mismo resolvieron reanudar la obra de la Agrupación en el exilio.

En la actualidad, tras casi medio siglo, la Agrupación se apresta a celebrar su septuagésimo quinto aniversario. La integran grupos y residencias en varias ciudades de Estados Unidos, pero la casa matriz está en Miami. Es un complejo de varios edificios situados a lo largo de la bahía cada uno con su propia finalidad. Según se entra, a la izquierda, hay una capilla. Más adelante se divisa una hermosa plaza. A la derecha se encuentra una elegante casa de dos pisos, circundada por un amplio portal y otras casas más pequeñas. Es la Casa de Ejercicios «Juan Pablo II», inaugurada en septiembre de 1984. En sus veinticinco habitaciones hacen Ejercicios en retiro todos los años aproximadamente 600 ejercitantes, distribuídos en unas treinta tandas. De ellas el Padre Llorente da la mitad, mas o menos. Contando las que da a los agrupados de Atlanta, Washington DC, Nueva York y Puerto Rico suman unos 500 ejercitantes anuales.

¿Se ve claro ahora por qué afirmé al principio que el Padre es una verdadera autoridad en esta materia de los Ejercicios Espirituales de San Ignacio de Loyola?

* * *

Queda, sin embargo, un punto por aclarar. El lector habrá advertido, al pasarle la vista al prólogo del Padre Llorente, que las meditaciones y pláticas transcritas en el libro son las que dio hace algunos años a la Comunidad de las Carmelitas del Cerro de los Angeles de Madrid, una comunidad de monjas contemplativas. Esto puede traer a la mente la idea de que Ejercicios dados a mujeres que viven retiradas en el reposo de un claustro, ajenas a la prisa y los problemas que caracterizan la vida moderna, pueden no ser demasiado útiles para los que estamos inmersos en el mundo, atrapados en un torbellino de actividades de todo género que a veces parecen más propias de orates que de gente dotada de razón.

Esta dificultad se aclara yendo a la raíz. El libro de los Ejercicios es uno solo. Fruto de la experiencia e introspección de San Ignacio, no hay en él observaciones o recomendaciones para categorías determinadas de fieles: religiosos, laicos, católicos, mujeres, hombres, etc. Desde el principio, cuando aún era un simple laico sin letras, los dio a los que buscaban su dirección –incluyendo un buen número de mujeres piadosas– a los que comunicaba las mismas verdades, las mismas orientaciones y los mismos consejos. Después de todo, la finalidad que perseguían, según su autor, era «vencerse a sí mismo y ordenar su vida sin determinarse por afección alguna que desordenada sea». Y esto era aplicable lo mismo a un hombrazo como San Francisco Javier que a los tres jóvenes a quienes se los dio, inútilmente, en Barcelona.

Lo que el Padre Llorente dijo a las monjas lo han oído los agrupados y otros ejercitantes en múltiples ocasiones. No temas, pues, amable lector, encontrarte con un sermonario para beatas. Lee. La única distinción que San Ignacio hace en los Ejercicios es la del fin de la primera etapa, cuando recomienda que se separe a los generosos de los egoístas, y que, para evitar pérdidas de tiempo, a estos últimos «se les despida amigablemente». No te despidas tú. Lee.

El P. Llorente en el momento de la Consagración durante una misa de los Ejercicios Espirituales. Detrás el mural de la Anunciación a María del artista Emilio Falero.

PRÓLOGO DEL AUTOR

Nunca pensé que un día se iban a imprimir mis «Charlas» de Ejercicios.

Desde el 1950 hasta el presente –y son muchos años– he «predicado» los Ejercicios de San Ignacio en cientos –¡sí, cientos!– de lugares distintos, pero nunca me pasó por la mente publicarlos.

El noventa por ciento de esos Ejercicios los he «predicado» a estudiantes universitarios y profesionales, los más, miembros de la Agrupación Católica Universitaria (ACU) a la que he dedicado mi vida humana y sacerdotal.

El lenguaje que a mí siempre me ha gustado usar y para el cual se prestan muy bien los Ejercicios ignacianos, es un lenguaje fuerte, varonil, atlético y casi a veces guerrero, y ahora resulta que lo que se va a publicar son «pláticas» dadas a unas «Monjas Contemplativas».

Ellas, silenciosas y casi clandestinamente me las iban gravando mientras yo las hablaba en tono espontáneo familiar e íntimo en el Santo recinto de su Convento.

Cuando algunos miembros de la A.C.U. se enteraron de ello, copiaron las «charlas» y sin más me las presentaron para que –por favor– permitiera que se publicaran, ya que a ellos les hacía esto una gran ilusión y les iba a hacer mucho bien tener a su disposición aquellas verdades evangélicas que, por tantos años, habían alimentado su vida cristiana y su vocación Agrupacional.

Rehacer todo aquello para darle un carácter más técnico, más profesional, más cuidadoso y acertado imposible.

O así o nada

Me obligaron al «así» y aquí queda todo, espontáneo, familiar, íntimo. ¿Acertado, desacertado?

Como va dedicado, primeramente, a los miembros de la Agrupación Católica Universitaria a quienes conozco y quiero tanto, sé que todo caerá en tierra amiga, llena de benevolencia y generosidad.

A la queridísima Comunidad de los Carmelitas del Cerro de los Angeles –Madrid– perdono y hoy agradezco la semi trampa que me hicieron, y que hizo posible este libro.

Quiero también dedicarlo, de modo especial a mi Padre San Ignacio en la celebración de los 450 años de su muerte y a los dos gigantes de los Ejercicios:

San Francisco Xavier y Beato Pedro Fabro
en los 500 años de su nacimiento.

Miami –Florida– USA.
Marzo del 2006

I

HAMBRE Y SED DE SER MEJORES

En el nombre del Padre y del Hijo y del Espíritu Santo.

Queridísima comunidad, no hace falta decir la emoción y la alegría grande que yo siento al comenzar esta experiencia espiritual que llamamos Ejercicios Ignacianos, que como veremos son los ejercicios que el Espíritu Santo dio a San Ignacio. Cuando digamos San Ignacio detrás está toda la autoridad de Dios en la persona a quien se atribuye de un modo especial la gracia, la inspiración al Espíritu Santo.

Digo que es una enorme alegría el verlas aquí y una emoción muy grande y no es sólo alegría por estar entre personas a quienes uno aprecia tanto y quiere tanto. La alegría es más profunda, queridísima comunidad, queridísimas madres y hermanas. La alegría profunda, profunda de verdad es que si estamos aquí es porque Dios nos quiere mucho y porque quiere que seamos mejores.

¿Por qué digo esto? Evidentemente, siempre se anda buscando en la Iglesia algún síntoma que le dé a uno tranquilidad de que yo me voy a salvar. Está en el corazón de toda persona. ¿Me salvaré? Cuando nosotros decimos «¿me salvaré?», dada nuestra vocación, va unido inseparablemente a «¿me santificaré?». Porque mi salvación religiosa es la perfección. Entonces... «¿me santificaré?»

Naturalmente, cuando los Santos hablan de la salvación, dan muchos síntomas y devociones y rasgos que pueden indicar que uno va por camino de salvación. Que sé yo. Todos los santos dicen que el que sea devoto de la Virgen, pues se salva. Y por eso predican tanto siempre el amor a la Virgen, como el Áncora de Salvación. No se puede condenar uno que ame a la Virgen, dijo San Bernardo muy bien.

Y así los Santos hablan de gracias extraordinarias, gracias especiales, ordinarias: los primeros viernes, tantas devociones como la Iglesia ha propiciado siempre para dar a los fieles la esperanza de que se van a salvar.

Pero hay una fórmula para salvarse que no es sólo devoción, que no es de los santos, con ser tan importante, que la da Jesucristo mismo. Jesucristo en el Sermón de la Montaña dice quién se va a salvar, quién va a ser feliz por toda la eternidad. Y describe todas las virtudes que tienen que tener los que se van a salvar. Y una de ellas, muy importante es: «Bienaventurados, felices, los que tengan hambre y sed de ser mejores. Los que tengan hambre y sed de justicia.» Sabemos que en el lenguaje bíblico, justicia quiere decir santidad, virtud, bondad: «José, como era justo», «como era santo».

¿Por qué estamos aquí, madres queridísimas? Porque queremos ser mejores. Tenemos hambre, necesidad de ser mejores. Y ¿encontraríamos alguna fórmula, hay algún método, hay algo que yo pueda hacer? Y la Iglesia recomienda todos los años a todos los religiosos, sacerdotes, ejercicios en retiro. Pero ¿también para los que están siempre en retiro?, también, también. Porque hace falta un soplo especial de Dios, del Espíritu Santo en cada momento de la vida, y un sacudir con todas las fuerzas del alma y del corazón, para ver cómo yo estoy. Si realmente voy por camino de salvación, por camino de santificación, o me estoy distrayendo en el camino, desviándome, engañándome a mí misma, fomentando en lugar de los ideales de la santidad, las pequeñeces de mi egoísmo, de mi vanidad, de mi torpeza, de mi ruindad.

Vamos a despertarnos para cosas grandes. Vamos a gritar que tenemos anhelos grandes, ideales grandes. Que hemos sido hechos para cosas muy grandes y que nunca seremos felices hasta que no las busquemos con todo el corazón y con toda el alma. Estos son los ejercicios y por eso estamos aquí y una comunidad planea durante todo su año en el calendario ¿cuándo vamos a hacer los ejercicios? Es decir, tenemos hambre, tenemos necesidad de ser mejores. Ah, entonces Jesucristo dice «Vas por el camino muy bueno». Y evidentemente, el que no tiene hambre y no tiene sed, no tiene salud, y el que no come y no bebe se muere. Entonces, si no tenemos hambre de Dios, sed de Dios, estamos mal, estamos muy enfermos. Y podemos morirnos, y, desde luego empequeñecernos siempre. Cuando Dios tiene por nosotros una ilusión tan grande.

Pues ésta es la razón por la que estamos aquí, porque ustedes y yo quisiéramos ser mejores. Tenemos hambre de ser mejores, quisiéramos superar nuestras tibiezas, nuestras pequeñeces, nuestros egoísmos, y lanzarnos a un ideal grande... grande. Entonces, estos ejercicios son para un grupo como ustedes, de apóstoles. Como exclamó aquella mujer extraordinaria, nuestra gran Madre Teresa. ¿Qué puede hacer una mujer ante estos momentos por la Iglesia de Cristo cuando la están desgarrando los apóstatas, los traidores a la Iglesia? ¿Qué puede hacer una mujer? Y el Espíritu Santo la llenó para decir: Tú puedes hacer hogares de Dios, palomares del Espíritu Santo, que muevan a Dios, que empujen a Dios a dar tantas gracias que se pueda salvar la Iglesia y que se puedan salvar millones de almas, desde tu centro de entrega y de amor total a ese Jesucristo que te llama para ser tú colaboradora de su obra gigante, la salvación de todo el mundo.

Entonces, qué dos cualidades buscaba Jesucristo en los Apóstoles, entre otras muchas... pero las más íntimas, las más profundas, de donde tenía que salir toda la energía de su apostolado. Vemos en esos momentos de intimidad con ellos por ejemplo, aquella escena tan bonita en que cuando Cristo está con ellos, unidos, todos juntos se atreve a hacerles aquella pregunta que les dejó a ellos un poco desconcertados... «Bueno, y ahora que estamos solos, ahora que somos todos amigos, ahora que todos los que estamos aquí nos queremos tanto, ¿qué dice la gente por ahí de mí? ¿Qué opinión tienen de mí? ¿Quién creen que soy yo?» Es una pregunta tan bonita, que Cristo haya tenido con ellos la confianza de preguntarles una cosa tan íntima, es un desahogo con el amigo íntimo ¿Qué cree la gente? Y esta vez, los Apóstoles, diríamos, que realmente se portaron bien y fueron, podríamos decir hasta educados, porque no lo eran de ordinario, ni tenían por qué serlo... eran pescadores. No nos olvidemos de que en el Evangelio aparece varias veces aquel consejo de Jesucristo, y todo lo que hay detrás de este gesto. «La próxima vez que nos inviten a una comida, a una boda, a algún lugar, no hagan lo que hicieron ayer». ¿Qué habían hecho ayer? Cuando presentaron la comida tirarse a ella los primeros y coger la mayor parte. No tenían educación, tenían hambre, los pobres. No hagan eso, cuando les inviten, pónganse en el último lugar y esperen.

Pues esta vez, los Apóstoles cuando Cristo les preguntó aquella pregunta tan íntima ¿Qué dice la gente por ahí de mí? Los apóstoles fueron delicados, fueron educados, tuvieron un detalle muy bonito. Le dijeron: «Todos dicen maravillas de ti, que eres un gran profeta, que si es Juan Bautista que ha vuelto a la vida, que si eres Elías». Sabían que la gente decía también de Jesucristo que era un comilón, era un endemoniado, que era un sacrílego porque curaba en sábado. No le dijeron nada desagradable, sino nada más que las cosas agradables. Y entonces, después que ellos dijeron eso, les dice Jesucristo, «bueno y ahora, ahora les pregunto a ustedes, en persona ¿Quién creen que soy yo? ¿Cómo me ven ustedes a mí?» Figúrense los pobrecitos se quedaron... ¿qué decimos? Que es muy grande, que lo hemos visto hacer milagros portentosos, calmar la tempestad, resucitar a Lázaro... Se quedaron sin palabras porque no sabían definirlo y entonces, Pedro, inspirado por el Espíritu Santo le dice: «¿Que quién eres Tú? Muy fácil decirlo. Tú eres el Cristo, el Hijo de Dios vivo». Lo descubrió íntegro, describió íntegramente a Jesucristo.

Cristo se quedó asombrado de lo que había dicho Pedro, porque era mucho, era muy profundo, y como Pedro todavía era muy imperfecto, y muy orgulloso como veremos siempre que aparece en público, hasta que no reciba el Espíritu Santo que lo perfeccione, pues cuando vio que Cristo se había quedado asombrado de él, Pedro se alegró mucho, se quedó muy contento de ver que él era el único, los demás todos en silencio. Yo soy el único aquí que sabe, verdad. Y luego Jesucristo le dijo: «Sí, Pedro, es verdad. Has dicho algo admirable, pero cónstete que eso que has dicho no ha salido de tu cabeza, que no da para tanto. Esto te lo ha revelado mi Padre que está en el Cielo». Y como el Padre le había revelado a Pedro quién era Jesucristo, Jesucristo se sintió libre para ahora revelarle a Pedro lo que el Padre y Él tenían preparado para Pedro.

«Pues ya que tú me has dicho quién soy yo, ahora te digo yo a ti quién vas a ser tú. Tú eres la Roca y sobre esta Roca edificaré mi Iglesia y a ti te daré las llaves del Reino de los Cielos. Lo que ates en la tierra, atado será en el cielo. Lo que desates en la tierra, desatado será en el cielo». En ese conocimiento íntimo, los Apóstoles descubren quién es Jesucristo y descubren qué espera Jesucristo de ellos, porque tiene para cada uno de ellos un puesto especialísimo, extraordinario, en el reino de Dios.

Queridísimas madres y hermanas, vamos a dedicar estos días a tener un conocimiento más íntimo de Jesucristo, para que Él también nos pueda decir a nosotros: «Y yo te conozco a ti bien y tú podrías ser y tú podrías hacer, y tú y yo podríamos ser tan amigos, podríamos ser tan íntimos, juntos podríamos hacer tantas cosas». A ver qué descubrimos en ese trato íntimo con Jesucristo estos días, que nos descubra su plan sobre nosotros, porque nos ha llamado a cada uno de nosotros a compartir con Él todo el proyecto de la salvación del mundo. A través del conocimiento íntimo. Y en ese conocimiento que lleva naturalmente al amor, descubrimos también la otra característica del Apóstol que es esa, el Amor. «Pedro, ¿me amas? Pedro, ¿me amas más que éstos? Pedro, ¿me amarás siempre?» «Tú sabes, Señor, que te quiero». «Apacienta mis ovejas, apacienta mis corderos, apacienta todo el rebaño».

Por la medida del Amor, nos dará Cristo la misión en el mundo. En la medida en que amemos a Jesucristo. Y entonces qué oportunidad más buena para unos días en que dejando todo aquello otro que podemos dejar, concentrarnos y dedicarnos a ver cómo yo aumento mi amor a Jesucristo, mi amor a Dios, mi amor a todo lo bueno. Porque cuando decimos Dios, decimos todo lo bueno y sabemos que la riqueza de nuestra fe es tan extraordinaria que es el amor a todo lo grande, a todo lo noble, a todo lo digno y por supuesto, a todos aquellos que lo han vivido en la plenitud como es Cristo, la Virgen, los Santos, todos los que nos han servido de inspiración en el camino de la santidad.

Naturalmente, nada de esto lo podemos hacer nosotros solos. En esto hay que estar bien claros. Esto es obra del Espíritu Santo. Los Apóstoles, antes de Pentecostés, eran un grupo de derrotados, de ignorantes, de pecadores. Pedro negando a Cristo, Judas vendiéndolo. Los demás, escapando. Esos son los Apóstoles. Sí, esos son los apóstoles sin el Espíritu Santo.

Pero cuando viene el Espíritu Santo, la transformación es tan fantástica que uno se queda asombrado de que aquellos hombres que estaban trancados, la palabra es así, con trancas, por miedo a los judíos, cuando reciben al Espíritu Santo, abren las puertas, abren las ventanas. Pedro sale y les dice: «Judíos, ustedes crucificaron a Jesucristo. Tienen que arrepentirse de este pecado». Y aquella gente en lugar de abuchearlo empieza a llorar, a darse golpes de pecho y a pedir y a preguntar: «¿Cómo lo hacemos? ¿Qué tenemos que hacer para que se nos perdone este pecado?» Pedro lo sabe todo y dice... «A bautizarse todos en el nombre del Padre y del Hijo y del Espíritu Santo» y nace la Iglesia. Por obra del Espíritu Santo, enviado por Jesucristo y por el Padre.

Por lo tanto, si queremos alcanzar esos niveles de virtud, de santidad, de celo, tenemos que contar con el Espíritu Santo. Y ¿quién trajo al Espíritu Santo? La oración de María. Dice el Evangelio, «estaban orando con María, la madre de Jesús». Yo no sé, yo creo que esto es un poquito de... un poco eufemístico, es decir, un halago que el evangelista hace de los Apóstoles porque nunca les vemos orar. Cuando Cristo empezaba a orar, ellos a dormir, nunca les hemos visto orando. Voy a orar allí «Ay, qué bueno que vas a orar, nosotros a dormir. Y dice que aquí oraban con la Virgen. Yo creo que veían a la Virgen orar y estaban viéndola diciendo, Qué mujer más buena, qué maravilla. Cómo habla con Dios, qué amistad tiene, qué confianza, qué fe, qué amor. Pero quién les trajo al Espíritu Santo... la Virgen, la Virgen. Igual que por estar llena del Espíritu Santo concibió a su hijo, pues por obra del Espíritu Santo concibió a la Iglesia y por eso es madre de la Iglesia también.

Queridas madres, queridísimas hermanas, vamos ahora a ver en estos días a la Virgen, pidiéndole cosas grandes, los milagros que hagan falta, para que el mundo caiga en la cuenta, porque estamos en un momento, por una parte sublime, por otra parte terrible. Sublime, porque decían ayer los periódicos que la reunión en Roma de dos millones de jóvenes que se reunieron el domingo en Roma para celebrar el jubileo, el año 2000 de la Juventud, es la concentración de jóvenes más grande conocida en la historia de Occidente. Entonces no está todo perdido ni mucho menos. Hay cosas aquí muy grandes, de mucha esperanza, de mucha ilusión.

Por otro lado vemos cómo el mundo poscristiano, por así decirlo, el paganismo poscristiano es el que está como un cáncer comiendo la vida espiritual, en particular de Europa. El Sínodo de Obispos de Europa, allí se hicieron declaraciones realmente dolorosísimas. Aquel Obispo francés que dijo: «En Francia hay cuatro millones de musulmanes, que todos son practicantes, y no contamos con cuatro millones de católicos prácticos. ¿Dónde vamos? «Y todo el mundo habla de lo que diríamos, esa especie de apatía religiosa de los países que fueron un día muy cristianos y hoy están en una especie de tibieza, de apatía. Como la definió muy bien, un escritor competente... «la serena apostasía». Antes la apostasía era dramática... Lutero era un hereje. Ahora hay una apostasía mucho más terrible que es la apostasía serena: no creo en nada, no hay que creer. La religión, nada. Es un mundo helado. ¿Quién da calor a eso? ¿Quién puede calentar ese mundo que se ha enfriado? Esto tiene que venir por un grupo de apóstoles, que fue por donde empezó todo.

Eso queridísimas madres y hermanas, somos nosotros. Ojalá hubiera muchos mejores que nosotros.. ¿qué más queremos? Pero, cada uno de nosotros tiene que sentir ese compromiso y esa obligación. Yo tengo que calentar al mundo. Yo tengo que devolver la fe. Y eso se hace ante el sagrario. Y eso se hace en la oración. Y eso se hace en el sacrificio, y eso se hace en la penitencia y eso se hace en la caridad. Ahí es donde se labra, porque ahí es donde se mueve la palanca única que lo puede hacer que es Dios. Y nosotros por la amistad con Él, por la oración a Él, nos permite esas cosas maravillosas. De modo que vamos a entusiasmarnos, a pasar estos días, que ustedes los pasan siempre, pero siempre se puede mejorar. Realmente en ese contacto íntimo con Jesucristo para conocerle a Él más, que nos conozca más a nosotros, amándole más nosotros y entonces descubriendo todos los secretos que Él tiene en su corazón en estos momentos. Porque Él ha ido hablando en la Iglesia, a los santos, según las necesidades del momento.

A Santa Margarita María de Alacoque le revela: «Mira este corazón que tanto ha amado» Ah, y por qué se fía de ella, ah, porque es íntima amiga de Él. Yo me quedé muy impresionado cuando fuimos a Asís en una peregrinación. Yo creía que Asís, sería todo una ciudad, toda ella de San Francisco, como Ávila es de Santa Teresa. Si tú en Ávila dices: «Estoy leyendo aquí de la Santa, quién es la Santa». «Hombre, quién va a ser, cómo hace usted esa pregunta en Ávila?» Estaría usted ofendiendo, la Santa Teresa. Yo creía que en Asís, era así también. Pero, cuando yo llegué me dicen: no, no, aquí la patrona de Asís es Santa Clara. Y yo de verdad en aquel momento no sabía, y decía qué hizo Santa Clara para superar a San Francisco, ¿cómo es posible? Y me dicen: Padre, usted no sabe... mire aquí hubo, estaba, la ciudad de Asís estaba en guerra con la ciudad de... aquella que está allá al lado. En aquellos tiempos cada ciudad era como un pequeño reino y tenía su propias armas y por eso había tanta guerra entre una ciudad y otra. Y había una guerra a muerte entre Asís y otra ciudad y cuando ya estaba a punto Asís de rendirse frente al ejército enemigo que iba a asolar la ciudad, porque era una guerra civil espantosa... Jesucristo le dijo a la Hermana Clara, contemplativa, Clara, mañana toma con tus manos esa Custodia y acompañada de mi hermana, sal del convento. Y vete hasta las murallas de la ciudad, y bendice al ejército enemigo y se acabará la guerra. Clara, la monjita que estaba orando delante del Santísimo, salió hizo lo que Jesucristo le dijo, el ejército enemigo se fue, hubo paz, se acabó todo. Y naturalmente, Santa Clara es patrona de Asís, porque la salvó.

Es fantástico pensar que realmente Jesucristo cuando quiere algo muy grande y muy significativo escoge al amigo íntimo y cabe decir, porque ustedes quizás amán más, a la mujer íntima, a la religiosa íntima. Esa mueve el corazón de Cristo. Pues, que misión más maravillosa la que tenemos, pero tenemos que descubrir la grandeza de nuestra vocación. Sobre nosotros descansa toda la fe que Dios ha traído en Cristo cuando dijo de Cristo: «Óiganle, éste es mi Hijo muy amado, ámenle como yo y óiganle y con Él salven el mundo». Y, me estremezco en cierto modo, me impresiona muchísimo pensar que esto lo estamos diciendo en el Cerro de los Ángeles, Dios mío, el lugar escogido por Cristo para salvar la fe de España y para que pueda seguir España siendo un Pentecostés para todo el mundo, como fue el plan de Dios. Pues, ustedes han sido escogidas, tienen el privilegio de estar aquí y poder dedicar sus vidas a esta misión fabulosa... Salvar al mundo. Con Cristo, en la intimidad, en el Amor. Vamos a pedir a Santa Teresa que nos comunique ese espíritu gigante de ella, y vamos a pedir a San Ignacio, también gigante de Cristo, a quién él amó tan entrañablemente y por el que quería morir constantemente. Y además, incendiar al mundo, porque en la misa de San Ignacio se dice: «Fuego ha venido a traer a la tierra y qué quiero sino que arda». Eso es Cristo que dice: «He venido a traer el amor y qué más quiero sino que ardan todos en este amor». Pues vamos a pedir a Santa Teresa, y a San Ignacio, a todos nuestros santos, que nos den algo de aquel volcán que ellos tenían dentro de su corazón y de su alma. En el nombre del Padre, del Hijo y del Espíritu Santo.

El P. Amando Llorente, S.J. en la homilía de la misa durante una tanda de Ejercicios Espirituales.

II

PRINCIPIO Y FUNDAMENTO
¿QUIÉN ES DIOS PARA MÍ?

Queridísima comunidad, estamos ya en las mejores circunstancias para esta gran experiencia espiritual que son los ejercicios anuales que hacemos con tanta hambre. Externamente; aunque ustedes gozan siempre de ese privilegio, en privacidad, en recogimiento, en soledad, pero sobre todo internamente con un hambre y una inquietud: ¿Qué querrá Dios de mí en este momento de mi vida? ¿Hay algo que deseará Él de mí en este momento? Y en ese sentido tenemos que estar convencidos de que, naturalmente, Dios es un pedagogo excelente y sabe en cada momento lo que puede pedir a cada alma. Porque no siempre estamos todos preparados para todo. Él sabe muy bien ir adaptando el momento, en este momento yo le podría decir a esta alma esto que el año pasado quizás no estaba preparada para oírmelo. Es la pedagogía de Dios que la va adaptando a ese momento y que, naturalmente, Santa Teresa fue maestra de todo eso, en esa manera de explicar como nadie lo hizo nunca, el proceso de enamoramiento entre Dios y un alma. El proceso, los obstáculos, las dificultades, cómo superarlas, cómo vencerlas, cómo se logra la unión total del amor. Es un proceso, y Dios tiene su pedagogía con cada uno.

San Ignacio, quiero insistir mucho desde el principio, y fíjense que a ustedes las llama ahora «ejercitantes», es decir las que se ejercitan en activo, las que trabajan. Y quiere hacer ver desde el primer momento que el ejercitante no es el sacerdote, es la que está haciendo ejercicios, el que está haciendo ejercicios. Y por eso dice él con aquella comparación: «Así como el que corre, salta, hace gimnasia, juega, se dice que hace ejercicios físicos, así el que medita, reflexiona, examina su conciencia, pregunta a Dios, habla con Dios, se ofrece a Dios, agradece a Dios, pide a Dios su luz, está haciendo ejercicios espirituales». Por lo tanto las que hacen ejercicios espirituales son ustedes, yo no hago más que poder ayudar un poquito en cuanto pueda para ser como hace el entrenador en un equipo de fútbol, en cualquier deporte. El entrenador está allí, pero está muy bien vestido, no le pasa nada. Los que juegan son los que se hieren, los que corren, los que saltan, los que sudan, los que se esfuerzan, y el otro, que conoce el juego, dice «mira, por aquí, ten cuidado con esto que allí hay un enemigo, fíjate en éste, vigila a éste, vigila al otro».

El que da los ejercicios debe conocer la táctica espiritual entre Dios y el alma y los enemigos que pueda haber. Pero ¿quién trabaja? ¿Quién hace los ejercicios? Ustedes. Y además, San Ignacio recuerda muy bien, también. Lo que diga el ejercitador, muy bien, si inspira, pero si a ti Dios te inspira mejor, si tú en ese proceso de encuentro con Dios encuentras una veta que te llena, que te inspira, que te ilumina, que te da calor y vida, síguela y prescinde de lo demás, porque lo que importa es Dios y tú, tú y Dios. Y el ejercitador tiene que echar muchas ideas, muchas semillas, muchos granos, pero hay un grano que es el que cae en tú corazón y dices, «Esta es mi semilla». Y quédate con esa, y sigue con ella, que no es oírlo todo y muchas cosas. Eso es lo de menos. Lo que importa es ese encuentro tuyo personal con Dios, en algo que Él en este año quiere decirte porque ve que es el momento para decírtelo.

Tenemos ese ejemplo estupendo realmente, de Juan XXIII muy próximo a la beatificación y la canonización, y él confiesa en su diario espiritual: «¿Todos los años en ejercicios Dios me comunicaba la tarea del año próximo. Qué defecto tenía que evitar, qué virtud tenía que propiciar. Y fui siguiendo así esa pedagogía de Dios que me la iba dando de año en año, de año en año, de año en año?»

Dios es libre, con cada uno puede hacer distinto, pero puede hacerlo con nosotros también. Y esta oportunidad de los ejercicios es una oportunidad para que Él me hable a mí personalmente de algo particular.

Entonces, vamos a hacer una exploración muy importante, muy grande. Un viaje fantástico, por toda la realidad que existe. Y la primera realidad que existe es Dios, la Trinidad. Hay que sumergirse ahí, hay que explorar a ver qué se planea ahí, que se proyecta ahí, para mí en función del plan de Dios grande. Tenemos que explorar esa obra maravillosa de Dios que es la creación a ver qué me dice, sobre todo esa obra maravillosa de Dios que es la encarnación, la redención. Y entonces tengo que entrar dentro de mí mismo a ver mi mundo interior, mis anhelos, mis penas, mis dificultades, mis tentaciones, mis éxitos, mis fracasos, mis alientos, mis desalientos... Todo eso hay que explorarlo en el clima auténtico de una religiosidad auténtica. Y este viaje, esta exploración no es una cosa turística, arbitraria, por así decirlo, si quieres darte un viaje para ver América, bueno, un viaje. Pero si no voy no pasa nada. No es que nadie tenga que ir a América para ser feliz. Si quieres....

La exploración en el mundo religioso es una cosa vital. Y esto es muy importante para nosotros los sacerdotes, las religiosas. No creer que nosotros somos religiosos por mero accidente, como quien dice, bueno... sucedió. Lo mismo yo podría ser otra cosa. En lo que nosotros estamos ¿es importante? ¿vale la pena? ¿Es serio? ¿Es auténtico? ¿Vale la pena que yo sacrifique cualquier cosa por ser buena religiosa? Esto es muy importante porque si no en un momento dado viene... bueno, yo también podía ser buena, sin ser religiosa.

Lo religioso en el hombre, Santo Tomás dice que la facultad natural más básica y más fundamental del hombre es su religiosidad. Antes que cualquier otra cosa. Como el instinto a la vida, es su religiosidad. Es decir, lo religioso en el hombre es vital. Es vital, no es un adorno, no es una casualidad, no es «resulta que yo soy religioso». No, no. Es que me hizo Dios religioso. Es que lo religioso es la cualidad y el instinto más congénito y más necesario en la vida de todo hombre. Y por eso todo se referirá siempre a lo religioso cuando llega uno a profundizar algo importante.

Entonces, estamos en algo muy importante. Todos conocemos la famosa frase lapidaria de San Agustín: «Señor, me has hecho para ti y nunca seré feliz mientras no descanse en ti». Es verdad. San Pablo en la Carta a los Romanos, tan famosa, dice... Los paganos, inexcusables de no ser buenos religiosos. Inexcusables, porque Dios ha puesto el instinto religioso en el alma de toda persona. Y es un instinto que siguiéndolo se encuentra a Dios. Y ellos, culpablemente, entonces... claro, ¿qué les pasó a los pobre paganos? Lo que pasa en el mundo de una vez que se paganiza, lo mismo. Pero claro, pues, fuera de algunos sabios extraordinarios como un Aristóteles, un Platón, que con su talento extraordinario pensando, reflexionando, como dice San Pablo, dijeron: Aquí tiene que haber una mente infinitamente sabia que hizo todo esto, porque aquí hay sabiduría en la creación. Tiene que haber un ser infinitamente poderoso, porque aquí hay fuerzas impresionantísimas en la naturaleza. Tiene que ser un ser bellísimo, porque en la naturaleza hay una belleza extraordinaria. Y, claro, ellos pues, entonces, hablaron de Dios como de la Primera Causa del origen de toda esta cosa. Pero, claro, como se les iba a pasar por la mente creer, adivinar, averiguar, que esa Primera Causa tenía un nombre conmovedor: Abba, padre, papá. Mi padre. Que lo que más le conmueve y lo que más le estremece es que yo le llame padre. ¿Pero esto es posible? No descubrieron nada de eso.

Al contrario, la mayoría de la gente ¿qué fue lo que descubrió? Pues hacer dioses a las cosas. Todavía no hace muchos años iba yo con un grupo de médicos, de allá de la Agrupación Católica a Colombia en unas montañas donde descubrimos allí una tribu de indios. Igual que en tiempos de Colón, no habían visto blancos. Y, ¿cuál era su dios? El sol, adoraban al sol. Allí en la tribu tenían un bohío, que decimos nosotros, una casa especial levantada a su dios que era el dios sol. Y el jefe de la tribu era descendiente del dios sol y había que adorarle porque era descendiente del dios sol. Eso ocurre hoy. Así que imagínense lo que ocurriría en tiempos del paganismo.

Tenemos la escena inolvidable, dramática, interesantísima, de San Pablo, el valiente San Pablo, que en su afán de evangelizarlo todo, cuando descubrió que Atenas era el cerebro de la cultura universal conocida, fue allá a Atenas a hablar de Jesucristo. Y cuando llega a Atenas, una ciudad preciosa, maravillosa, todavía hoy los que la ven dicen que las ruinas son impresionantes, Platón había recomendado a las autoridades atenienses que hicieran una ciudad bonita, porque decía él con mucha parte de verdad que el alma toma la forma de lo que ve. Si ve cosas bonitas, se hace bonita. Si ve cosas agradables, se hace agradable. Si ve cosas hermosas, se hace hermosa. Si ve cosas heroicas, se hace héroe. Que tengamos una ciudad que sea una escuela de belleza, de orden. Sí, habían hecho una ciudad maravillosa en ese sentido. Y, claro, como el instinto religioso es tan importante, pues una ciudad religiosísima. Todo lleno de estatuas a los dioses y diosas, en todo rincón, en todo jardín, un dios, una diosa. Algo verdaderamente emocionante. ¿Saben ustedes quiénes eran las diosas, entre otras? Todas las pasiones. Porque como no las podían dominar, no tenían la gracia, entonces, la envidia era una diosa, porque les dominaba. La venganza era una diosa, porque les dominaba. La lujuria era una diosa porque no la podían dominar.

Y entonces ellos levantaban estatuas a los dioses para que la estatua esa les protegiera, les ayudara. Y allá llegó Pablo. Y, claro, en la plaza mayor el monumento más impresionante, un monolito gigantesco, con este letrero, como saben ustedes: «Al dios desconocido». Por si queda alguno, que a lo mejor queda, para que no se ponga bravo y nos vaya a castigar, pues vamos a levantarle también un monumento, al desconocido. Y San Pablo llega allí y entra en el Parlamento ateniense. ¡qué valiente! Y les dice, Atenienses, qué ciudad tienen ustedes, qué maravilla, nunca vi nada parecido a esto. Pero lo que más me sorprende es qué religiosos son ustedes, cuántos dioses tienen. A cuántas diosas adoran. Y claro, lo que más me ha impresionado es ese monolito levantado «Al dios desconocido». Yo lo conozco, vengo a hablaros de Él. El Dios de Nuestro Señor Jesucristo. Y ahí empieza San Pablo esa gran evangelización.

Pues, lo religioso es importantísimo, importantísimo, importantísimo. Y el hombre buscando a Dios, al no encontrarlo, necesitaba una cosa. El hombre después de que pecó ya no podía encontrar a Dios por sí mismo si Dios no se le revelaba. Y entonces, la revelación es el complemento de un Dios que ama al hombre y que lo ve desorientado. Y entonces, Dios tiene que decir: Tengo que decirle al hombre dónde estoy y quién soy, porque se ha perdido en el camino religioso. No conoce a Dios. Y entonces viene el proceso maravilloso en la historia, en la que ya entramos nosotros de lleno. Dios revelándose al hombre: «Abraham, Abraham, –¿Quién eres tú? Ya te lo iré diciendo». Dios hablando con los profetas y cómo dice San Pablo, y al final, Dios enviándonos a su Hijo para que nos diga todo lo que Él sabe. «Nadie conoce al Padre más que yo. Y a quien yo se lo revele». Y entonces, viene la gran revelación del Dios de Nuestro Señor Jesucristo.

Esto, lo religioso, es lo más importante que hizo Dios. Por eso nuestra vida tiene tanto sentido. Usted ¿a qué se dedica? A lo religioso, a lo más importante. A lo más grande, a lo más noble, a lo más divino. Todo lo demás... hacer carreteras, pues eso para caminar hay que hacerlas. Y traer agua por los canales para que beban pues, muy bien. Y cultivar árboles, pues, muy bueno. Pero qué suerte los que puedan dedicarse sólo a lo más importante y a lo más grande, que es lo religioso.

Entonces, ha habido almas queridas por Dios de un modo especial a quien Dios se les ha revelado de un modo especial. Y se les ha revelado para que lo digan, para que contagien. Desde el momento en que Teresa de Jesús abrió su alma a sus confesores, en seguida dijeron: Pero es que en esta alma Dios está trabajando para algo que es más allá de ella misma. Esto Dios lo ha escogido como un laboratorio espiritual para, desde él, enseñar a todos. Tiene que escribir esto... «No, cómo yo voy a escribir». Esa es la reacción de todo lo que es verdadero. La humildad. Si no hay humildad, nada es verdadero, nada es de Dios sin humildad. Nada. La primera reacción de Teresa es.... «De ninguna manera, no, yo no quiero, jamás». Y entonces después, como tiene que obedecer porque es tan fiel y tan leal hija de la Iglesia, pues, «Bueno, en tercera persona y que cambien la letra, que no vaya a creer alguien que soy yo, y que vayan a tenerme por buena, que yo soy mala». Qué bonito, qué bonito. Dios trabajando en un alma.

Dios trabajó también en Ignacio de Loyola de un modo extraordinario. Una naturaleza privilegiada en cuanto a noble, leal valiente, generoso, que estaba dispuesto a darlo todo por causas nobles. Por su patria, la vida. Ambicionar siempre lo mejor, pero pagando el precio. Haré cosas muy grandes para que esa que es más que princesa y que duquesa, un día me pueda querer. Cosas nobles, en un hombre. Cosas grandes, legítimas. Esas son las que Dios usa después. Entonces tiene aquella revelación maravillosa del Río Cardoner donde se le revela todo el misterio de Dios en Cristo. Frase que procuraremos reflexionar sobre ella en nuestra meditación porque sin saberlo Ignacio de Loyola repite la misma frase que dijo San Pablo cuando Cristo se le apareció: «Se me reveló todo el misterio de Dios en Cristo».

Y al revelársele todo el misterio de Dios en Cristo, dice San Ignacio que todo le parecía nuevo. Que todo era distinto, que todo era maravilloso, que todo lo que después le enseñaron en Salamanca y en París los profesores más famosos de Teología, era como el ABC de los niños, al lado de lo que Dios le había enseñado en el Cardoner. ¿Qué fue la primera lección que le dio Dios en el Cardoner? Pues, descubrírsele a sí mismo como Dios, lo que es Dios para un alma que se entrega a Él. Y entonces Ignacio dirá Principio y Fundamento. ¿Cuál es el origen de todo? Dios. ¿Cuál es la base de todo? Dios. Con Dios todo, sin Dios nada. Quien a Dios tiene nada le falta, sólo Dios basta, dirá Teresa. La primera gran verdad, Dios en mi vida.

Pero, ¿qué Dios? Ahí está, porque no podemos quedar así con un Dios abstracto, porque Dios es persona. Y hay una frase que repite Santa Teresa y repite San Ignacio, repite San Juan de la Cruz, y repiten todos: «El estilo de Dios». Ah, el estilo de Dios, ¿qué quiere decir el estilo de Dios? Que Dios tiene un estilo de ser, un modo de ser. Como toda persona tiene un modo de ser. Cuando conocemos mucho a una persona decimos, «Bueno, a tal persona le pasó tal cosa. Seguramente que reaccionó así. Porque como yo le conozco, él tiene su estilo de ser». Su estilo de ser. Es como él reacciona. Entonces, Dios tiene un estilo de ser. Y entonces con cada persona se manifiesta de acuerdo con lo que aquella persona le hace mayor bien. Porque es un encuentro de amor, transformante. Entonces ¿qué es lo que a mí me toca de Dios que me transforma, que me hace mejor, que me llena, que me inspira, que me hace feliz? Fíjense cómo los mismos Santos tuvieron que sufrir mucho a veces para descubrir al verdadero Dios de ellos. Vean todo lo que pasó Santa Teresa con su cristocentrismo. No, no piense en Jesucristo, le dijo algún sacerdote. Piense en el Dios Padre que es el origen de todo. Ella dijo... «Pero si a mí Jesucristo me lo dice todo... Jesucristo en la cruz me llena. Y aquel sacerdote que tuvo un poco la dureza y luego lo reconoció así, y todo de buena voluntad, porque todo esto se hace así por las limitaciones humanas que todos tenemos, y que Dios permite para que los Santos pasen también por esas dificultades. Aquel sacerdote le dijo: «Cuando usted sienta cerca a Jesucristo, dele una higa». Figúrense ustedes, dele una bofetada, prescinda de el. «Padre, no me pida esto, que yo le obedezco en todo, pero se me paralizaría la mano». Qué maravilla, qué bonita reacción de Teresa. Hasta que claro, encontró quien le dijo, «No, no, quédese en Jesucristo, quédese en Jesucristo, si ahí está todo, para usted está todo ahí. Mientras Jesucristo la haga más humilde, más sacrificada, más comprensiva, más caritativa, más dulce, más amable, más caritativa, más sacrificada, quédese ahí, ahí está todo». Encontró su Dios.

Hay que descubrir nuestro Dios, que cada uno tiene su modalidad. ¿Qué Dios? Claro, el Dios de Jesucristo. Piensen, quizás hoy puedan un ratico si pueden, es una mera sugerencia... ustedes saben mucho mejor. Pero recitar, meditando un poquito, metiéndose en el corazón de Jesucristo, y tratando de ver qué sentía Jesucristo cuando dijo el Padre Nuestro. Porque es que ahí Él expresó todo lo que sentía de Dios. Le salió espontáneo, como un chorro de amor y de verdad. ¿Qué tenéis que hacer cuando habléis con Dios? Decirle, yo le digo así: Padre nuestro, santificado sea tu nombre, venga a nosotros tu reino. Hágase tu voluntad en la tierra como se hace en el Cielo. Danos todo que lo necesitamos, desde el pan. Somos indigentes, no tenemos nada sin ti. Tú eres nuestro padre. Perdónanos, nuestras culpas... Fíjense, Jesucristo pidiendo perdón, porque se incorporó a nosotros. Como dice San Pablo, tomó sobre sus espaldas todos nuestros pecados. Entonces le habló a su Padre de pecador en nombre nuestro. Como somos pecadores, perdónanos, perdona nuestros pecados. Defiéndenos de todo y estate con nosotros siempre. Lo que era Dios para Cristo como hombre. Todo, todo, todo...

El Dios de la Virgen. Como lo vemos reflejado en una espontaneidad de María, aquella niña increíble que después de oír al ángel y después de ser madre de Dios, todo se lo calla. –Aquí no ha pasado nada... yo sigo siendo la esclavita, yo sigo siendo la siervita de Dios, pero hay que ayudar, porque Isabel está en estado y quién la va a atender, quién va a limpiar, quién va a cocinar, quién la va a ayudar a

Isabel?– Y para allá va a servir, a servir, a servir. Y no dice nada de todo lo que ella sabe que es.

Y cuando llega allí, y toca a la puerta de Isabel e Isabel sale y con un fogonazo del Espíritu Santo, increíble, conoce, asombrada, que está delante de la madre de Dios. Y se arrodilla para adorar al Dios que tiene María en su vientre. Y exclama, y es la primera que llama a María la Madre de Dios, –De dónde a mí, que la madre de Dios venga a mí–... Figúrense, María se vio sorprendida, ella no había dicho nada. Ella mantenía todo el secreto, eso era de Dios, no era de ella. Ella no era nada. Y entonces, no pudo menos que hablar, porque lo otro sería una hipocresía y una ingratitud. Y entonces tiene que exclamar, y ¿qué exclama? Pues lean también en la mañana de hoy, despacito, para meditar un poco, el Magníficat de la Virgen. Cuando la Virgen, espontáneamente, como Cristo cuando reza el Padre Nuestro, María cuando exclama el Magníficat está diciendo quién es Dios para ella. Qué grande es Dios, qué maravilloso es Dios. Cómo es posible que la haya metido a ella en ese plan, que es la única que no vale nada, que es la última, que no sirve. Dios ha querido hacer conmigo cosas portentosas. María hablando de Dios.

La primera meditación ignaciana, el principio y fundamento es éste: ¿Quién es Dios en tu vida? ¿Qué cambia Dios en tu vida? Porque cuando vemos que dos personas, un joven y una joven, se enamoran, si es correcto ese amor, surge espontánea una realidad que la familia cae en la cuenta en seguida. Dicen, desde que este hijo mío conoció a esta muchacha, es mucho mejor. Mejor hijo, mejor hermano, mejor estudiante, mejor trabajador. ¿Qué quiere decir? Que esa otra persona ha tocado lo bueno de su alma y ha frenado lo malo de su alma. Y este es el estilo de Dios, tocarnos con lo mejor que tenemos para que eso crezca. Y frenarnos lo peor que tenemos. Y por eso la gente, con razón, se escandaliza cuando ve a una persona que va mucho a misa, pero después... Este, es sacerdote... pero mira qué genio tiene, pero mira cómo es... Ah, claro, escandalizamos porque la gente tiene un instinto auténtico de que el hombre religioso tiene que ser mejor persona. No es que reza o que no. Es que el Dios verdadero transforma, cambia, mejora a la persona. Hace que todo lo bueno de ella florezca y todo lo malo de ella se frene. No que se quite, somos imperfectos, pero está luchando contra la imperfección y fomenta lo bueno. Dios está trabajando en su alma.

Entonces, pensemos hoy por la mañana, en el día de hoy, demos un rato a pensar un poquito. Mi religiosidad me hace mejor. Soy mejor persona, soy más amable, soy más sacrificada, soy más caritativa, soy más humilde, soy más agradecida, porque Dios me llena, porque Dios me invade, porque Dios me transforma. Porque si no no estamos en la verdadera religión. No estamos en el verdadero Dios. Estamos en el Dios de la Ley, de lavarse las manos tantas veces, pero su corazón es un sepulcro. Y en esto, sin darnos cuenta, podemos ir cayendo nosotros con tal de cumplir lo externo, con tal de aparecer... no, no, Dios no es Dios de apariencias, Dios es Dios de realidades.

Es persona, tan persona, que son tres personas en un solo Dios. Así de personal es Dios. Por lo tanto tiene que transformarme, tiene que mejorarme. Lo bueno que hay en mí, tiene que crecer porque yo soy religiosa. Y lo malo que hay en mí tiene que irse frenando, suavizándose, y a lo mejor un día desapareciendo. Claro, tarea larga, dificultosa, pero auténtica, verdadera. Entonces, claro, el Dios verdadero... en la Biblia vemos casos extraordinarios... un Santo Job, a quien le viene de repente una prueba espantosa, que le roban todos los rebaños, mataron a los pastores y se llevaron todas las ovejas y has perdido todos tus rebaños. «Dios me lo dio, Dios me lo quitó, sea Dios bendito». Oh, este es un Dios auténtico.

Ah, no, no basta esto. Ahora, los hijos juntos en una reunión familiar, el techo que se cae, mueren todos. Y a Job «murieron todos tus hijos aplastados». Llorando porque la virtud no mata los sentimientos, sino los sublima y los supera, llorando, «Dios me los dio, Dios me los quitó, sea Dios bendito». Aquí sí está Dios trabajando en esa alma. Ese sí la está haciendo superior y distinto. Es el Dios verdadero.

En la historia de la Iglesia, constantemente vemos a un Tomás Moro, Santo Tomás Moro, Primer Ministro de Enrique VIII de Inglaterra, hombre famosísimo, patriota extraordinario, y llega el momento en que llega la orden del Rey, «Hay que firmar que rompemos con

Roma». Y dijo, «Yo no firmo. Yo he servido a Su Majestad, siempre, y a Inglaterra, siempre, y yo he hecho todo y usted sabe bien que por suerte no tengo un borrón en mi hoja de servicio al Rey y a la patria. Pero ese borrón yo no lo echo sobre mi Dios, que es el principal de mi vida». –Pues, pena de muerte.– Pues, pena de muerte. Y le envían a su esposa que le hable. «Me vas a dejar viuda, vas a dejar a tus hijos huérfanos. Y Tomás Moro, le dice: «No, ¿cómo vas a decir que te voy a dejar viuda? Te dejo con Dios. ¿Cómo vas a decir que dejo a mis hijos huérfanos? Si su Padre es Dios. Si muero por Él. Para estar más cerca que nunca de ti». Pero, mira que ya ha habido Obispos católicos que han firmado». «Allá ellos, ellos tendrán que dar cuenta a Dios de lo que hacen. Yo sé de lo que tengo que dar cuenta». Pues pena de muerte. Pena de muerte. Y cuando le van a cortar la cabeza, todavía tenía una moneda de oro en el bolsillo y se la da al verdugo. «Tú me vas a cortar la cabeza, pero tú no estás más que cumpliendo una orden. Gracias por este favor que me estás haciendo para que yo me encuentre con Dios». Y le dio la moneda de oro. Y el verdugo le cortó la cabeza.

Hoy Santo Tomás Moro. Los obispos que firmaron, pues son los borrones de la Iglesia en lo que tiene de humana, que tiene que haber siempre gente que deserta, que no está a la altura de las circunstancias. Pero, ahí está. El Dios verdadero. Y, entre nosotros está presente el Dios Verdadero. Lo que hizo de Santa Teresa de Jesús, lo que hizo de un Ignacio de Loyola. Y si acaso un recuerdo muy especial, en esto quizás es una maestra maravillosa, está Santa Teresita de Lisieux, es un mundo cada vez más profundo y más rico. Cuanto se mete uno en el alma de ella, más descubre abismos de santidad extraordinaria y de intuiciones espirituales extraordinarias.

–¿Qué voy a hacer yo para ser una buena Carmelita, teniendo como ejemplo a una madre como la Madre Teresa que es un águila? Si yo soy una hormiguita, cómo podré yo imitar a esa águila que abre sus alas y se remonta a la séptima morada?– Bueno, pues la hormiguita también puede ir caminando, también puede ir caminando por la montaña y un día se encontraron en la altura el águila y la hormiguita. Y ella descubrió que con Dios, para sentirse ella bien con Dios, pues tres años, no pasó de tres años, dice ella. —Y yo le decía a Dios con mis tres años, Papa Dios, no me pidas virtudes grandes, porque una niña de tres años no puede tener virtudes muy grandes. No me pidas muchas virtudes grandes porque soy muy chiquita, soy muy pequeñita. Tampoco tengas miedo de que tenga pecados muy grandes, porque una niña de tres años tampoco comete pecados muy grandes–.

¿Qué puede hacer un padre con una niña de tres años? Jugar... juega conmigo, diviértete conmigo. Quiero ser tu pelotica, dale patadas, con tal de que tú te diviertas, y patadas y patadas. Y cuando sentía que no la comprendían, que la maltrataban, cuando venía la enfermedad: «Ay, Dios se está divirtiendo conmigo. Mira cómo da patadas, qué bueno que goza Dios». Descubrió su Dios. Y la tenemos ahora Doctora Universal de la Iglesia. Qué ejemplo el que este Papa ha querido dar al mundo. Hasta ahora se creía que para ser doctor universal harían falta muchos libros a lo Santo Tomás. No, no, no, hoy hemos descubierto una cosa: doctora de la Iglesia es aquella alma invadida por Dios y que comunica a Dios a los demás. Esta es la doctora de la Iglesia. Esto es lo que queremos hoy. No libros, sino testimonio, vida, virtudes, autenticidad, realidades.

Y Teresita de Jesús sigue viva en el mundo, y ha hecho un bien inmenso. Llevaron las reliquias de ella por allá por Miami. Aquello fue apoteósico. Los periódicos, no religiosos, decían «Qué pasa aquí». Llegaron allí, en los tres días que estuvieron en Miami en cierto modo se paralizó la ciudad, porque donde exhibían las reliquias se paraba el tráfico. Porque eran miles y miles de personas, sólo para estar cerca, para orar a Santa Teresita de Jesús. Y la gente decía «Esto qué es, esto qué es».. Fue una monjita jovencita que murió hace ya unos cuantos años. «¿Y son los huesos de ella?» Sí. ¿Pero qué es esto? ¿Qué es esto? Dios, Dios comunicándose a través de Teresita de Lisieux.

Pues queridísimas hermanas y madres, primera verdad que San Ignacio nos enseña en los ejercicios. ¿Quién es tu Dios? ¿Quién es Dios en tu vida? ¿Qué ha hecho en tu vida Dios? Externamente todo el mundo cree y todo el mundo sabe que por ser religiosos todo lo dejamos por Dios. Pero, claro, ese es un paso maravilloso, por gracia de Dios. Nosotros nunca lo podríamos haber hecho. Pero una vez que estamos solos, ¿cómo va esa relación personal? Porque si queda en lo externo no es nada. Todo esto es un invento de Dios en particular en el caso de ustedes comunicado a Teresa de Jesús, para que un alma se encuentre con Dios y se enamore totalmente de Él y se transforme en Dios. Usando Él todas sus cualidades y todos sus defectos porque al ser sincera, los defectos nos hacen humildes, nos enseñan a ver que no podemos nada sin Dios y esta es la pedagogía de Dios en nuestras vidas.

Vamos a dedicarle un rato, un tiempo, a esta primera verdad: Dios en mi vida. Porque podemos estar todo el tiempo con Él y no haber descubierto a lo mejor todavía, lo mejor de Él, que es su corazón. Que nos ama, y el amor es lo que transforma. Pues pidamos a Santa Teresa. Ignacio descubre esto y aquel hombre que había nacido en lo humano, para triunfos humanos hará de su vida la mayor gloria de Dios. Todo por Dios, pero no por Dios de cualquier manera, sino todo y al máximo la mayor gloria de Dios. Pues, que nos inspiren para que nuestra vida esté siempre basada en lo que es el fundamento de todo lo que es Dios e iluminada por el ideal más grande de todos, que es Dios.

P. Llorente en la Plaza de la Evangelización de la ACU.

III

PRINCIPIO Y FUNDAMENTO
¿QUIENES SOMOS NOSOTROS?

Meditábamos hoy por la mañana la verdad que Ignacio llama «Principio y Fundamento», origen de todo, base de todo. De hecho, la primera y absoluta realidad, Dios. Eso es todo, eso es lo primero.

Y ahora, porque estamos haciendo ejercicios hombres, personas humanas, vamos a ver qué relación tenemos con Dios. ¿Por qué existimos? ¿Tiene algún plan para nosotros? ¿Hay algún sueño que Dios tuvo por el cual nos creó? ¿Qué sentido tienen nuestra vida y nuestra realidad? Pues la segunda verdad no es precisamente, necesariamente ni mucho menos, lo que pudiéramos decir el Cosmos, la Creación, como creyó siempre toda la filosofía griega pagana y siguen creyendo hoy porque creen que, bueno, no existe más que la Creación, el Cosmos, la tierra, los astros, los animales, las aves. Y el hombre, pues, una parte de esa Creación más o menos evolucionada, más o menos perfecta, pero creen que estamos todos metidos ahí en ese material inmenso de todo lo que es creado, pero que no ocupa el hombre más que, si acaso, un grado de más evolución, de más perfeccionamiento, pero dentro de lo material. Y ésta ha sido la gran revelación, naturalmente, cristiana de Dios, la revelación ya en el Antiguo Testamento y, sobre todo, Jesucristo y la filosofía cristiana, católica, marcada de un modo especial, con un sello especial por un Santo Tomás de Aquino. El tuvo la manera de proponerlo y de enseñarlo muy bien, «el mundo no es cosmocéntrico, no gira alrededor del Cosmos, no es él el eje. El mundo es antropocéntrico, es el hombre, alrededor del cual gira todo lo demás. No ha sido hecho el hombre para el mundo, sino el mundo para el hombre».

Ignacio de Loyola, con la naturalidad, con su fe católica nítida, que siempre tuvo desde la familia, inspirado mucho más por Dios, dirá después: «El hombre ha sido creado para que al caer en la cuenta de lo que es Dios, se admire y le alabe, lo quiera, le sirva, se una con Él». Y dice: «Y todas las demás cosas sobre el haz de la tierra son creadas para el hombre». Dios lo hizo todo para el hombre. El hombre es el personaje más importante en la creación de Dios. De tal manera que todas las otras cosas sobre el haz de la tierra son dadas para el hombre, de donde se sigue que el hombre debe usarlas para aquello para lo que Dios las hizo, no para hacerse él Dios, como quisieron Adán y Eva, sino para ver la mano de Dios, el sello de Dios, el regalo de Dios en todo ello y revertírselo a Dios amándole, sirviéndole, admirándole, asombrado de esa obra.

Un museo ¿para qué se hace? No por los cuadros en sí, sino para que vayan hombres, para que vayan personas a verlo y digan «Qué maravilla, mira qué cuadro»... El hombre es el admirador del museo que Dios hizo, que es la Creación entera. Y el hombre tiene al ver ese museo que decir, «Mira la firma de Dios. Qué maravilloso es Dios, pero mira lo que ha hecho Dios, mira lo que ha hecho Dios». Y entonces así es el hombre el que reconoce y devuelve en cierto modo a Dios el atributo de su grandeza, de su talento, de su sabiduría, de su amor.

Y vamos a centrarnos en algo que es sublime, que es muy importante y que si lo tratamos y tratamos de vivir le puede dar a nuestra vida toda un sentido maravilloso de una eficacia tan grande, de un sentido tan sublime, de una alegría tan estremecedora, porque aquí es donde tenemos que explicar un poquito, la frase paulina y la frase ignaciana, ya que estamos haciendo ejercicios inspirados por Dios a San Ignacio. En el Río Cardoner dice él: «Y se me reveló el misterio de Dios en Cristo». La misma frase, como decíamos, que había dicho San Pablo, «Se me reveló todo el misterio de Dios en Cristo».

¿Qué quiere decir el misterio de Dios en Cristo? Porque esta es una frase llena de contenido teológico profundísimo, que abarca todo y le da una proyección a la vida única, extraordinaria. Pues, vamos a ver un poquito lo que dice San Pablo. Fíjense como la ciencia humana lo interesada que está en cuándo comenzó el mundo. Hoy la ciencia admite completamente que el mundo creado tuvo un origen, que el mundo no es eterno, eso ya está fuera de combate, porque está demostrado por la ciencia. ¿Verdad? Y hoy se habla con toda naturalidad ya y parece que la ciencia lo acepta, la frase que se usa es inglesa, el «Big Bang», que quiere decir la Primera Explosión, la Primera Gran Explosión, que dio origen a todo lo que existe. Fuera de Dios, decimos nosotros. Ellos, claro, se encuentran con el problema. «Pero, ¿quién hizo ese Big Bang, quién provocó esa primera explosión que dio origen a toda la Creación? Y entonces, hoy, científicamente es una maravilla como se habla de eso con toda naturalidad.

Allí en Miami tuvimos hace algún tiempo un aniversario de un Jesuita muy famoso, Viñes, español, pero que estuvo siempre en Cuba, y que inventó, es decir, descubrió muchas de las leyes de los ciclones tropicales, una cosa tremenda. Y entonces vino un Jesuita por cierto, español, muy famoso, que es el Director del Observatorio del Vaticano y el Director del Observatorio de Berkley allá en California, y dio una conferencia muy interesante sobre el «Big Bang», la «Primera Explosión». Como realmente hoy la ciencia acepta que todo empezó con una explosión. Qué maravilla que Dios haya puesto en ese primer núcleo toda la energía, todo el secreto, todo el dinamismo y toda una inmensa sabiduría para que todo eso se haya podido convertir en lo que hoy es la Creación. Eso se habla así con toda naturalidad, y la ciencia lo acepta ya.

Pero aquí el problema es éste, ¿cuándo empezó? ¿Cuántos millones de siglos tiene? Hace poco se inauguró un telescopio gigantesco allá en los Estados Unidos, en la isla de Hawaii, que parece que descubre cómo todavía el Cosmos está en proceso de expansión y cómo se prueba que empezó en algo y siguió después avanzando y está todavía en ese plan de avance y que un día se tiene que destruir por su propia naturaleza que es limitada. La Creación. Aquí, el problema es la ciencia natural que ahora se ocupa... y dice, bueno «¿Cuándo apareció el hombre?» En ese proceso de evolución, cuándo aparece el hombre? Y se dan millones de siglos, millones de años, cambian de una cosa para otra y aparecen, de repente, en cuevas, como las famosas de Altamira aquí en España, otras en Francia, que eran mucho más viejas, parece, donde el hombre pinta y «Mira, si ya pintaba, ya era inteligente... tantos miles y miles de siglos hace». ¿Cuándo apareció el hombre? Se dedica a eso cantidad de estudios porque es muy interesante, naturalmente.

Pero a nosotros como religiosos, en el sentido de creyentes, nos interesa mucho más algo mucho más profundo y mucho más inspirador. ¿Y por qué apareció el hombre? ¿Y para qué apareció el hombre? Porque cuándo y cómo es interesante. Pero bueno, qué más da que me digan tantos millones y de esta forma y de la otra. Pero, ¿podríamos nosotros averiguar por qué y parece qué? ¿Qué motivó para que exista el hombre? Y aquí entramos nosotros con una verdad maravillosa que se llama la fe, que es palabra de Dios y Dios lo sabe todo y para nosotros tiene una fuerza total, pero que, claro, no podemos llevar a un congreso científico porque cuando digamos allí que lo dice San Pablo, nos dirán «Pero a San Pablo nosotros no le reconocemos autoridad». Muy bien, ustedes no, pero nosotros sí se la concedemos.

Fíjense en lo que enseña San Pablo y vio Ignacio en esa revelación del Cardoner, del puesto del hombre en el plan de Dios. Dios podía haberse quedado solo por toda la eternidad. Nosotros somos inmortales, pero no eternos. Eterno sólo es Dios, porque eterno quiere decir que no tuvo principio ni tendrá fin. El alma humana tuvo principio, cuando Dios la crea, en el momento de la concepción, y ya no tendrá fin. Porque es inmortal. Pero eterno, eterno, sólo es Dios. Por lo tanto se podía haber quedado siempre eterno. Él solo. No necesitaba de nadie. Plenamente feliz, plenamente dichoso en su unión trinitaria. Porque, claro, lo grande que nos reveló Jesucristo no es sólo que Dios es Padre, sino que Dios es familia. Que son tres personas unidas en un solo amor, en una sola naturaleza. Que se comunican todo lo que cada una tiene a la otra, y que el Espíritu Santo es el Amor del Padre y del Hijo. Y en esa unión familiar son plena e infinitamente felices y autosuficientes por toda la eternidad. Por lo tanto Dios no tenía que salir de sí para nada. ¿Sabemos algo de por qué Dios creó? ¿Por qué existe algo que no es Dios y que es obra de Dios? ¿Sabemos algo de eso?

Lo sabemos todo. Se lo ha revelado Dios al hombre. Nos lo enseña Jesucristo y San Pablo nos lo va a decir ahora con sus palabras. De modo que Dios Trinidad, que está solo, para proyectarse fuera de Él, en algo que fuera obra suya, pero no ya una cuarta persona de la Divinidad, no, no.... no hay más que tres personas. Ahora, todo lo que salga de esa Trinidad es obra de Dios. Pero ya no es Dios. ¿Cuál es el secreto? ¿Qué pasó aquí? La gente no ve más, y la ciencia ve, las cosas creadas. Pero a San Pablo y a San Ignacio y a la Iglesia se les ha revelado una cosa maravillosa, la Trinidad que existió desde toda la eternidad, un día dijo dentro de sí: Alarguemos la familia divina, tengamos hijos, tengamos una familia. Como dos jóvenes enamorados sueñan un día, tengamos un hijo en el cual volcar todo lo que nosotros somos, todo lo que nosotros nos queremos, y darle todo lo que nosotros tengamos de felicidad». La Trinidad un día decide tener familia. Pero ¿cómo lograr esa familia? Y aquí viene la fórmula maravillosa. La fórmula se llama Jesucristo. El «Big Bang» de Dios es Jesucristo. Es la fórmula por la que todo va a ser. Cristo, Dios como Verbo. Y ahora la Trinidad le va a hacer hombre, pero para que exista un hombre tiene que haber oxígeno, y tiene que haber luz, y tiene que haber alimentos y tiene que haber sol, y tiene que haber agua y tiene que haber astros.

Toda la Creación se proyecta para que pueda existir Jesucristo. El Hijo de Dios que como persona va a tener la personalidad divina y como Hombre va a tener la naturaleza humana. Y en ese Hombre vamos a unir a todos los hombres, para que todos sean hijos de Dios, para que todos sean familia divina. El sueño de Dios es una familia en Cristo, por Cristo, con Cristo. Este es el sueño de Dios. ¿Es un sueño? Pues sí, es un sueño, pero hecho realidad. Fíjense cómo nos lo enseña San Pablo.

Hermanas, esto conviene entenderlo bien. El plan de Dios fue, el sueño de Dios, tener familia divina que participe de su vida divina. Nosotros decimos que somos hijos adoptivos de Dios, pero somos más que adoptivos, porque el hijo adoptivo no tiene nada de la familia vital, biológica, tiene la ley con la cual se le hace hijo y heredero, y los padres que lo adoptan tienen todas las obligaciones con él y todo lo demás y lo quieren, y lo educan y hereda, todo eso muy bien. Pero la sangre de ese niño no tiene nada de la sangre de los padres. Nosotros somos más que adoptivos porque tenemos la vida divina que es la gracia que nos viene por Jesucristo: «Yo soy el tronco, vosotros las ramas. Permaneced unidos a mí y llevareis frutos divinos».

¿Qué es la gracia? decía un catecismo que algunos de nosotros estudiamos. Un ser divino que hace al hombre hijo de Dios y heredero del cielo. Porque tiene algo de su naturaleza, que es la gracia divina. Entonces, la fórmula de la Trinidad fue hacer una familia divina en Cristo que como es Dios y es Hombre nos unimos a su naturaleza humana todos los hombres y por esa naturaleza humana nos viene la vida divina. Y somos todos familia divina. Fíjense como lo dice San Pablo: «Cristo, –en la Carta a a los Colosenses, Capítulo Primero, Versículos 12-20, dice– «Cristo, primogénito de toda criatura». Primogénito quiere decir en la mente divina, porque Cristo nació hace dos mil años. Estamos celebrando el Tercer Milenio, la entrada en el Tercer Milenio. ¿Y cuántos años llevaba ya la Creación? Entonces ¿qué quiere decir primogénito de toda criatura? Primogénito quiere decir en el que pensó la Trinidad para que todo lo demás exista. Todo lo demás va a existir porque va a existir Jesucristo. Cabeza de esa familia y como va a tener un cuerpo material, pues hace falta la materia. Y como va a tener un cuerpo que tiene que respirar y alimentarse, tiene que haber todo el Cosmos. Y hoy día también la ciencia cree que para que exista la tierra en las condiciones habitables para el hombre, debe existir todo el Cosmos conocido. Las diversas galaxias, todo está relacionado. Y ¿cómo no va a estar relacionado? Para nosotros es muy fácil entender eso porque todo es plan de Dios.

Fíjense en lo que dice San Pablo. «Cristo primogénito de toda criatura porque por medio de Él fueron creadas todas las cosas celestes, (celestes quiere decir galaxias, astros, sol, luna, planetas) terrestres (montañas, ríos, árboles, aves, animales), terrestres, visibles e invisibles, tronos». y aquí vienen también los ángeles, viene una cosa muy interesante también, queridísimas madres y hermanas. Santo Tomás de Aquino con ese talento tan tremendo que Dios le dio y que la santidad inspiró para que lo dijera con tanta inspiración, tiene la teoría, es una teoría, no es un dogma, de que éste fue el conflicto que tuvieron los ángeles. Por lo que se rebelaron contra Dios. El que Dios escogiera a un hombre y no a ellos para ser cabeza de toda la familia divina. Nosotros sabemos, porque lo dice el Evangelio, lo dice Jesucristo, que Él vio caer del cielo al abismo a Satanás y sus secuaces. Porque se revelaron contra Dios. Pero ¿cuál fue el pecado? No sabemos. Santo Tomás se atreve a decir que fue esto, que Dios les reveló que el cabeza de toda la creación y por el cual se creaba todo y en el cual se basaba todo, era Jesucristo HOMBRE, y no un Arcángel. Y entonces, se rebelaron. Nosotros somos superiores y no aceptaron el plan de Dios porque eran seres libres también.

Bueno, esto de paréntesis. Pero las cosas cuando son verdades grandes se suman, tienen coherencia. Y uno dice «qué maravilla», Claro, pues claro, Satanás se pudo ensoberbecer y no querer aceptar a Jesucristo como primogénito de toda la creación, como el sentido de todo. Bueno, por eso dice San Pablo, «... tronos, dominaciones, potestades, principados, todo fue creado por Cristo y para Él. Él es anterior a todo». ¿Anterior dónde? En el corazón de la Trinidad. En la mente de Dios, en el plan de Dios en el cual estamos todos metidos. En el sueño de Dios. Y claro, qué va a ser el Cielo. El Cielo no es más que la familia divina con Cristo a la cabeza. Y para eso es todo, para eso se ha creado todo. Él es anterior a todo y todo se mantiene en Él.

Otra frase de San Pablo en Efesios, Capítulo Primero, dice así: «Dios nos eligió en la persona de Cristo, antes de crear el mundo». Por lo tanto mucho antes también del pecado, porque solemos decir, y es verdad pero no es toda la verdad, que Cristo vino por los pecados. Claro sí, claro que vino. Pero no vino por eso. Y Él hizo eso, y como lo hizo, y era indispensable. Pero fíjense como Él dice «yo he venido aquí para que tengan ustedes vida y la tengan abundante». Él viene a traernos vida divina. Ahora, nos encuentra a todos enfermos, sin vida y ¿qué es lo primero que tiene que hacer? Perdonarnos el pecado, eliminar el pecado con lo cual no puede haber vida divina. Si un médico va a devolver en un leprosorio la salud a todos los enfermos, ¿por dónde tiene que empezar? Por curar la lepra. Entonces dicen «Este hombre vino a curar la lepra». No, vino a dar la salud. Cristo vino a darnos la vida divina, que ese es el primer plan de Dios y que va a continuar cuando el hombre peque. Pero es anterior a eso, es más grande que eso. Cristo es mucho más grande que el pecado. Hubiera venido aunque no hubiera habido pecado. Porque es la causa de todo el plan de Dios. Es el sueño de Dios, es la ilusión de la Trinidad. Tener una familia en Cristo. La fórmula es Cristo. Cristo. «Dios nos eligió en la persona de Cristo, antes de crear al mundo, para que fuésemos Santos ante Él, como Cristo. Él nos ha destinado en la persona de Cristo, por pura iniciativa suya. Todo es decisión de Dios, libre, eterno, autosuficiente.

«Él nos ha destinado en la persona de Cristo, por pura iniciativa suya, a ser sus hijos en Cristo». ¡Qué sueño más lindo! ¡Qué grandeza, hermanas! ¡Qué sublimidad! Y tantas veces uno dice yo no sirvo para nada, yo no soy nada, yo no valgo para nada. No digas eso, que ofendes a Dios. Que Dios te ha creado para ser hija suya. Tú eres muy grande. ¿Dónde? Pues en la mente y en el corazón de Dios, que es lo único que vale.

El otro día yo fui a la Villa García de Campos, y en aquella basílica, está la bandera de Lepanto. En esa casa, en ese palacio que después Doña Magdalena de Ulloa donó a San Francisco de Borja cuando ya era General de la Compañía de Jesús y se fundó allí una de las primeras casas de la Compañía en España, allí se educó un niño que se llamaba Juan. Tenía doce años y se creía huérfano, no sabía quién era su padre ni su madre. Y Doña Magdalena de Ulloa lo estaba educando, pero cuando Carlos V hizo el testamento le dijo a su hijo Felipe II, «Tú tienes un hermano que se llama Juan. Ése es hijo mío, y tienes que darle todos los honores que le corresponden como Príncipe, igual que tú». Y entonces Felipe II se arregló, cuando ya era Rey, para ir con todo el gobierno... ustedes saben eso quizás mucho mejor que yo. Aprovechó y simulando una cacería fue con todo el gobierno a un bosque que hay allí en Villa García a cazar y cuando estaba allí con todo el gobierno mandó a llamar al niño Juan. Y Juan llegó allá y Felipe II le abrazó, le besó, y delante de todo el gobierno, dijo «Juan tú eres hermano mío, hijo del Emperador y desde ahora se te tratará como corresponde a tu dignidad de hijo del Emperador». Éste fue el que Dios después usó para ganar la batalla de Lepanto que en lo humano, en lo histórico, decidió el que nosotros hoy seamos católicos. Porque si aquella batalla se pierde, seríamos musulmanes. La historia es así, la hacen los hombres. Dios se la ha confiado a los hombres.

Dicen los historiadores que aquel niño, desde que supo que era hijo del Emperador, caminaba distinto, hablaba distinto, reía distinto, era distinto. Nosotros muchas veces vivimos así: no valgo para nada, no soy nada, yo no sirvo... Pero si eres hija de Dios, pero si eres hermana de Jesucristo. Pero si todo está hecho para ti. Si Dios sueña con verte con su propia felicidad por toda la eternidad en el cielo y ahora te pide tu cooperación en la tierra para hacer su obra de salvar a todos los hombres. ¿Hay mayor dignidad? ¿Se puede aspirar a algo más?

Todo esto es en Cristo, por Cristo y el plan de Dios en Jesucristo. Y fíjense ustedes, recuerden como empieza el Evangelio de San Juan, que dice: «OMNIA PER IPSUM FACTA SUNT, ET SINE IPSO FACTUM EST NIHIL QUOD ACTUM EST». Todo lo que no es Dios, todo es, por lo tanto, el Sol y las hormigas. Todo lo que no es Dios, todo lo que es criatura ha sido hecho por Cristo, para Cristo y en Cristo. Ese es el plan. Y entonces ese es el plan de Dios y entonces vendrán un día los hombres y aparecerán en el plan de Dios como dice tan bonitamente San Pablo y que lo copió, lo ha transmitido Juan Pablo II en su preparación del Milenio. «Llegará la plenitud de los tiempos». La plenitud de los tiempos quiere decir que Dios todo lo planeaba para que un día ya viniera personalmente Jesucristo, pero todo se planeó porque iba a venir, para que viniera. Todo es por Cristo, todo es en Cristo y todos los hombres y mujeres de la humanidad que sean buenos, que se salven, y para salvarse no tienen que conocerlo siquiera, si no tienen oportunidad para ello. Siempre tengamos en cuenta aquello que enseñó San Pablo tan bonitamente, que dice «Al que haga lo que depende de él, Dios nunca le negará la gracia». Lo que dependa de él.

Cuántas madres veremos en el cielo que adoraban ídolos porque era lo único que sabían pero que amaron a sus hijos, fueron fieles, se sacrificaron, vivían nada más para sus hijos, vivían para hacer el bien, hacían lo que podían. Se salvan, ¿Gracias a quién? A Jesucristo, porque no hay más gracia que la de Jesucristo, ni más cielo que el de Jesucristo, ni salvador más que Jesucristo, eso sí. No salva ningún ídolo, salva sólo Jesucristo. Pero Dios es tan bueno, como el sueño de Dios es llevar a todos al Cielo por Cristo y en Cristo, en cuanto le den una oportunidad, a salvarse. Y yo muchas veces cuando vienen muchas personas a preguntar –que vienen muchas veces– bueno, padre y entonces esas personas que no conocen nada y que no saben nada... Digo, «Mira, hijo, no te angusties tanto por ellas, que si no es culpa de ellas, Dios tiene con ellas una economía especial, como es natural. Sabes tú de quién nos tenemos que preocupar, de ti y de mí que lo sabemos todo, si no lo practicamos. Porque a nosotros se nos ha dado todo. Y tenemos todas las fuentes de la gracia para ser santos, «y al que más se le dio, más se le pedirá».

Pero todo viene de Cristo, sólo hay un salvador, Jesucristo, para toda la humanidad porque ese es el plan de Dios. Entonces éste es el misterio de Dios en Cristo. El misterio quiere decir una verdad tan grande... porque hay que tener cuidado, no creer que misterio es una cosa que no existe. No, misterio es una palabra que quiere decir que es una verdad tan grande que no la podemos comprender. Por ser tan grande, pero por ser tan grande es todo verdad. Pues el misterio de Dios en Cristo es que Dios, Trinidad, lo hizo todo pensando en Cristo. Y fíjense la síntesis fantástica que hace San Pablo cuando nos dice «Todo es vuestro, la creación del hombre. Vosotros de Cristo y Cristo de Dios». Ah, ¡qué maravilloso triángulo! ¡Qué unidad más maravillosa! Dios, Cristo y nosotros y toda la Creación al servicio del hombre, del hombre en Cristo, cristiano, el Santo es el que realiza el sueño de Dios. Porque usa todas las cosas para unido a Cristo y llevando una vida plena de virtud, unirse a Dios con una vida cada vez más grande, más plena, más íntima que es la plenitud de la comunión.

Esta es la segunda parte de esta primera verdad. Primero Dios, después el hombre que en Cristo ha sido creado para ser Hijo de Dios. Pero ahora viene lo que Ignacio también quiere que meditemos y que pensemos muchísimo. Porque este es el plan de Dios, pero para que se realice tenemos que cooperar nosotros. ¿Por qué? Precisamente porque nos ha hecho tan grandes que al hacernos a su imagen y semejanza nos ha hecho libres. Nosotros no nos parecemos a Dios por el cuerpo, porque Dios Padre, Dios Espíritu Santo, no tiene cuerpo. Cristo tiene cuerpo como Hombre, pero como Dios es el Verbo. ¿Entonces en qué nos parecemos a Dios? En el alma espiritual, en la inteligencia, en la voluntad, en el amor, en la libertad. Ningún animal lo tiene. Las golondrinas siguen haciendo los nidos hoy igual que en tiempo de los faraones. No han modificado la arquitectura. Nada, porque no es más que repetición de instintos. Los animales tienen instintos, no libertad, no inteligencia. El hombre... llega uno y dice, Pero qué barbaridad, cómo ha cambiado esta ciudad, ¡qué maravilla! Pero mira qué parque, pero mira... El hombre tiene inteligencia. Eso es en lo que se parece a Dios.

Y ahora Dios nos dio la libertad porque nos hizo hijos libres, grandes, si no nos hubiera hecho animales más perfectos. Lo que dice la ciencia creyendo honrarnos y nos degrada totalmente, porque nos dice que somos frutos de la evolución natural, animales como otro cualquiera. Cuando la verdad es que hemos sido hechos hijos de Dios, en grandeza única. Entonces, como Dios nos hizo hijos, nos hizo hijos perfectos. Pues qué es lo que hace un padre y una madre cuando tienen un hijo, desde que saben que está en estado. Cuál es la primera oración de unos buenos padres, «Ay, que nazca normal. Que nazca sanito». Y nace sano y crece sano y como nació sano y creció sano, llega un momento que se le desarrolla la inteligencia y el niño empieza a pensar y a lo mejor un día le dice a su papá... «no, pues eso no es así». Ay, Dios mío y ¿qué pensara? Y toda la preocupación de los padres es educarlo bien para que piense bien, para que él quiera bien, porque al final él va a ser el que decida SU VIDA. Porque es libre y es inteligente. Y este es el plan de Dios con nosotros. Hacernos igual que Él en eso, libres, inteligentes, con voluntad. Pero cómo la usará este hijo.

Entonces Dios está viéndonos, nos envía inspiración, gracia, pero al final eres tú el que decides. Y Dios tiene que esperar. La frase que más se lee en el Evangelio es ésta: «El que quiera venir conmigo, el que quiera ser mi discípulo, el que quiera tomar la cruz, el que quiera ser perfecto». Es una llamada a la libertad. Aquí no se fuerza, aquí se invita. Es por invitación. ¿Tú quieres? Y entonces, San Ignacio, con esa lógica formidable, inspiración de Dios y eco también de su carácter y su personalidad, le dice al ejercitante: «Ahora tienes que enfrentarte contigo mismo para ver si de verdad quieres o no quieres, porque esto depende de ti y querer es poner los medios eficaces». Yo quisiera ser Santo. ¿Qué medios estás poniendo? Yo quisiera ser mejor. ¿Qué medios estás poniendo? Ahora eres tú, porque todo lo preparó Dios, pero la decisión es tuya, porque eres libre. Entonces, pues, ahora viene el poner la mano sobre el corazón de cada uno de nosotros y preguntarnos, ¿Cómo yo estoy usando esa libertad que Dios me dio? ¿Esa voluntad que Dios me dio, ese corazón y ese amor que Dios me dio? ¿Cómo lo estoy usando? ¿Para ser hijo de Él, para ser gloria de Él? Para que como unos padres cuando tienen un hijo maravilloso, dicen «No hay con qué palabras dar gracias a Dios, miren cómo me han salido estos hijos o este hijo, una maravilla...» ¡Oír a un padre hablar así!

Dios al vernos a nosotros puede decir, mira esta maravilla de hijo que tengo. Mira esta hija en la que yo gozo tanto, la mayor gloria de un padre. Lo dice San Anselmo, «La mayor gloria de un padre es un hijo grande». Dios quiere que todos seamos grandes. Lo somos en Él, para Él, con Él, como Cristo. Esta es la inspiración ignaciana formidable, que nos hace pensar en quiénes somos de verdad, de acuerdo con el plan de Dios. Y, efectivamente, ese marco de la libertad es constantemente, lo está diciendo siempre la Iglesia, su liturgia, todos nosotros los que leemos las notas litúrgicas, ustedes verán que en castellano una vez al mes viene en los Laudes, vienen aquellos versos tan bonitos:

«¿Qué tengo yo que mi amistad procuras? Qué interés se te sigue Jesús mío que a la puerta cubierto de rocío pasas las noches del invierno oscuras. oh cuántas fueron mis entrañas duras pues no te abrí. Cuántas veces el Ángel me decía, alma asómate a la ventana, verás con cuanto amor llamar porfía, y cuántas hermosura soberana. Mañana le abriremos, respondía, para lo mismo responder mañana».

Mañana. Cristo tocando a nuestra puerta para ver quién quiere ser amigo mío. ¿Quieres unirte más conmigo, quieres que nos identifiquemos más? No, por ahora no, espera. Déjame. Ya en el Antiguo Testamento está aquella frase tan bonita de Dios «Estoy a la puerta y llamo, el que me abra, entraré y comeremos juntos». Comer juntos es la prueba de la amistad. De la intimidad familiar. Dios quiere comer en nuestra mesa. El sueño de Dios después se consumará en la Eucaristía. Comer con nosotros. Ser amigos. Pero, si quieres. Si no quieres, Dios te va a respetar siempre. En el Cielo están los voluntarios y en el infierno también. La Sagrada Escritura dice que los condenados estarán gritando eternamente en el infierno «nos insensati». Insensatos de nosotros. Qué equivocados, para toda la eternidad. Se nos invitó al amor, no lo quisimos. Nos invitaron al perdón, no lo aceptamos. Mil veces Dios nos llamó. Dios no nos va a llevar esposados al Cielo, a la fuerza al Cielo. Esto es de libertad, es de hijos.

Y como ustedes ven, la última escena de la vida de Cristo ocurre dramáticamente de una manera fabulosa, en el Calvario cuando Cristo agoniza entre los dos ladrones. Los dos empezaron igual, blasfemando, echándole la culpa a Jesucristo de por qué ellos estaban allí. ¿Qué culpa tenía Jesucristo? Pero en su desesperación blasfemaban contra él. Y uno que llamamos ahora con razón el Buen Ladrón, cayó en la cuenta y dijo, «No, no, por qué yo voy a insultar a este hombre. Lo que yo estoy diciendo no es verdad. Él no tiene la culpa, nosotros nos condenamos. Fuimos nosotros, Él no tiene ninguna culpa». Se calló, hizo un acto con la voluntad bueno. Y cuando alguien hace algo bueno, ya Dios se cuela por eso bueno como el sol por una rendija de la pared o de la ventana, porque la misericordia de Dios quiere entrar enseguida en el alma. La cosa es que le den una oportunidad, una rendija.

Y por eso los que vivimos en el mundo, tenemos que recomendar mucho, digo en el mundo tratando con los seglares:

–«Tú haz el bien».
–«Bueno, yo tengo ahora este problema terrible que no estoy viviendo como manda la Iglesia».
–«Pues mira a ver cómo vas tratando poco a poco».

—«Pero, mientras tanto, ¿puedo dar comida a los pobres?»
—«Mientras eso no te sirva de pretexto para tapar lo malo, por supuesto. Lo bueno hazlo siempre. Si no puedes comulgar, vete a Misa porque ahí se reza por los pecadores. Se reza por todos. Haz algo bueno, porque por ahí se colará Dios».

El Buen Ladrón se calló, hizo una cosa buena. Enseguida la gracia empezó a entrar en el alma de él. Al poco tiempo ya no sólo ya no insulta, le dice al compañero: «No insultes, que este hombre es bueno». Uyyyy,... se abrió el ventanal a la gracia. Ahora le viene una nueva gracia, confesar que él era un criminal. Y reconocer que está en la cruz por sus propios crímenes «Porque tú y yo estamos aquí por nuestros crímenes, y sabíamos que cuando empezamos este tipo de vida criminal, si nos cogían acabábamos aquí. Por lo tanto no te quejes, tú y yo estamos aquí con razón. ¿Pero éste qué mal ha hecho?»

Cuando habló bien de Jesucristo, de repente el Buen Ladrón consiguió una gracia que yo no sé, pero a mí me parece que quizás no la haya más grande en todo el Evangelio. Porque fíjense ustedes que este hombre nunca conoció a Jesucristo. Por supuesto, nunca lo vio hacer ningún milagro. Los Apóstoles, que habían estado tres años viéndole hacer milagros, cuando lo vieron en la cruz, perdieron la fe. Lo dice San Juan de Pedro y de él, habían perdido la fe. Y este hombre, que nunca había visto a Jesucristo haciendo ningún milagro, ni en el trato normal, sino en la cruz donde sólo estaban los criminales, y por lo tanto tenía que pensar que seguramente cometió un gran crimen ese hombre, de repente, recibe una gracia tan grande que cree, y está seguro, que ese crucificado es Dios, y tiene un Cielo propio, al cual va a ir, que le pertenece. Es increíble, y entonces hace aquella oración maravillosa: «Dios», le llama Dios, a Jesucristo en la cruz agonizando le llama Dios. «Cuando tú vayas a tu reino que es tuyo y te pertenece, podría yo pedirte un pequeño favor. No te pido ir a él porque no merezco, yo voy a ir al infierno que es lo que me corresponde. Pero si yo supiera que cuando tú estés en tu cielo te acuerdas alguna vez de mí, que voy a estar sufriendo, esto me daría tanto consuelo». Figúrense, le tocó al corazón de Cristo en lo más íntimo, en el amor, en la fe, en la grandeza, en la caridad, en la misericordia. Con la humildad total. Un recuerdo. «Tú y yo y juntos en el Paraíso. Te doy mi paraíso». El Buen Ladrón es la única persona canonizada por Cristo en vida. Cuando el Papa canoniza a alguien, es de fe que está en el Cielo, porque usa todo el poder del Espíritu Santo y es ex cátedra la definición. Cristo ex cátedra desde la cátedra de la cruz, le dice al Buen Ladrón «Tú y yo hoy en el paraíso».

Impresionante, ¿verdad? Maravilloso, increíble. Cómo es Jesucristo, lo que puede hacer la gracia en un alma que se abre a ella. Qué transformación puede hacer, qué cambios. ¿Pero cuál es lo tétrico al mismo tiempo? Que el otro muere blasfemando y muere con una blasfemia en los labios. Y ha visto lo mismo, ha oído lo mismo. Tiene a la Virgen ahí a los pies, que seguramente fue la que pidió la gracia de la conversión del Buen Ladrón. Somos libres queridísimas hermanas. Dios nos respeta la libertad. Nos la da y nos entrega la llave a nosotros y Él no tiene copia de esa cerradura. Sólo nosotros la abrimos o la cerramos. Estos momentos son para abrirnos totalmente a Dios. En amistad total, porque esto es lo que... éste es el sueño de Dios. Tener hijos en amor pleno, en la amistad total. Figúrense ustedes si le dice Jesucristo a Teresa, «Sólo por ti hubiera venido en la Eucaristía, hubiera fundado la Eucaristía. Porque tú aprecias este rasgo de amor». Ah, eso es amar. A eso nos llaman. Pero somos libres, somos libres.

Entonces, pues, también aquí podemos resumir un poquito todas estas verdades tan bonitas de nuestra fe tan rica, tan maravillosa, tan regocijante. Es decir, esto nos tiene que llenar de alegría, de grandeza. Pero ¿hay un plan para mí tan grande como este? Claro. Ese eres tú. Aquel soneto de aquella poesía tan conocido que aprendimos de niños muchos de nosotros:

Yo, ¿para qué nací? Para salvarme.
Que tengo de morir es infalible.
Dejar de ver a Dios y condenarme,
Triste cosa será, pero posible.
¿Posible? ¿Y río, y duermo, y quiero holgarme?
¿Posible? ¿Y tengo amor a lo visible?
¿Qué hago? ¿en qué me ocupo? ¿en qué me encanto?
Loco debo de ser, pues no soy santo.

Porque lo lógico es la santidad, ese es el plan, ese es el proyecto. Ese es el horizonte, esa es la idea, para eso está todo. Y cuando comas el desayuno, y la comida y la cena, esta comida es para que yo sea santa. Y cuando veas una flor... esta flor es para que yo sea santa. Y cuando veas una sonrisa de tu hermana, esto es para que yo sea santa. Todo nos lo ha dado Dios para que le amemos a Él plenamente y por Él a todos los demás, y eso es la santidad.

Entonces la vida tiene un sentido maravilloso, maravilloso. Y depende de nosotros y no importa porque, claro, por eso iban los mártires cantando a la hoguera. ¿Qué importa la hoguera?

No me impidáis ser molido por los dientes de los leones –decía San Ignacio de Antioquía en aquellas cartas fabulosas– porque querían impedir que lo mataran. Dejadme ser trigo de Cristo, porque quiero que los dientes de los leones trituren mi carne y me hagan trigo de Cristo, para inmolarme a Él como Él se inmoló por mí. Estos no son cuentos, no son anécdotas. Ese Cristo es el nuestro. La gracia que tenía San Ignacio de Antioquía es la nuestra, la fe era la nuestra. Si la ponemos a funcionar a vivirla, eso es lo nuestro. Pues, con la gracia de Dios pensarlo, mediante esto, dice San Ignacio, como complemento de esta primera gran verdad del principio y fundamento dice: El hombre es creado para alabar y mediante esto ser feliz plenamente, salvarse.

Ustedes aquí en el convento como abejas, haciendo la miel, el panal de Dios que el trabajo, la vida, el amor, la amistad, la compasión, el perdón, la delicadeza, el acto de servicio, la sonrisa, eso es poner un pétalo de flor para hacer ese panal que Cristo come todos los días viéndolas a ustedes en una vida maravillosa de comunidad carmelita, porque fue el sueño de Teresa, y Teresa no ha muerto. Teresa está en ustedes y Dios la quiere ver en cada una de ustedes. Y podemos, con la gracia de Dios, que no nos faltará nunca.

IV

EL PECADO. JESUCRISTO, EL GRAN PERDONADOR

Queridísimas madres y hermanas, pasamos el día de ayer reflexio- nando, meditando sobre esa gran verdad que Ignacio llamó Principio y Fundamento, que fue inspiración tan grande en su vida. San Pablo lo resume con aquella frase lapidaria: El plan de Dios, tener «hijos en el Hijo». Hijos con minúscula, en el Hijo, con mayúscula. En Cristo, el Hijo primogénito, hijos familia divina y Él el padre de toda esa familia.

Es tan claro para nosotros eso, porque el plan de Dios termina en el Cielo. Y el Cielo es lo que va a ser la familia de Dios, presidida por Cristo. Aquí estamos todos aquellos, Padre, por los que Tú creaste todas las cosas y por los que Tú me enviaste al mundo. Aquí estamos todos, se realizó tu plan. El sueño de Dios. La familia trinitaria ampliada, alargada, proyectada en todos los hombres porque a todos los quiere salvar.

Ese sueño de Dios, maravilloso, por suerte, por alegría nos tiene que entusiasmar. Se cumplió en la parte más importante. En el Hijo, con mayúscula. Cristo, como hombre, es la gloria del Padre. Hizo siempre su voluntad. Cristo en Getsemaní, como hombre, sudando sangre, eso no lo podía hacer Dios, eso sólo lo puede hacer un hombre: gemir, llorar, sentir pavor. Eso es humano. «Padre, padre, si fuera posible cambiar el plan, para que yo no tuviera que sufrir tanto». Este es uno de los momentos más grandiosos de Cristo como Hombre. Porque si Cristo lo hubiera hecho todo como un juego, y subiera a la cruz como un deporte, como un entretenimiento, entonces qué queda de lo humano. No, no, no, Cristo va a ir a la cruz con sangre antes, en la voluntad humana. Que se resistía y tenía pavor de lo que le esperaba en la Pasión y la muerte. Pero era la voluntad del Padre. Todo como Dios la quiera.

Parece que la Madre Maravillas captó este momento y según ustedes han puesto aquí en su altar, grabado como ideal de su vida: «Todo lo que Dios quiera, como Él lo quiera y cuando Él lo quiera». Este fue el ideal de Jesucristo, hombre. Y lo realizó tan a plenitud que cuando estaba en la cruz, pudo decir antes de morir: «Consummatum est». Lo que quería mi Padre. Qué feliz soy aquí en la cruz agonizando, porque lo que quería mi Padre se ha hecho todo. He cumplido toda la voluntad de mi Padre. Y San Pablo con esa intuición mística, dogmática, teológica, maravillosa en la que entendió todo el misterio de Dios en Cristo cuando se lo reveló Jesucristo, empata toda la gloria de Cristo con este momento de morir en la cruz cuando dice «Y porque obedeció a su Padre hasta la muerte y muerte de cruz, Dios lo exaltó y le dio un nombre sobre todo nombre para que al nombre de Jesús toda rodilla se doble en el cielo, en la tierra y en el abismo y toda la creación, toda la creación, proclame: Cristo, como Hombre, es el Señor de todo. Se lo ganó todo en la cruz. Esta es la gloria de Cristo, esta es la realización del sueño de Dios en la parte más importante. En el Hijo con mayúscula.

Por eso la Iglesia, que vive la fe, porque está inspirada por el Espíritu Santo, porque su alma es el Espíritu Santo, el alma que anima a la Iglesia, termina todas las oraciones, todas las súplicas, «Por Cristo Nuestro Señor».

Porque, claro, por Cristo todo se abre, en Cristo Dios lo tiene que conceder todo. Porque es el Hijo amado que ha ganado el corazón de la Trinidad. Y en Cristo y por Cristo. Entonces, te lo pedimos por Jesucristo, no mires nuestros pecados sino los méritos de Cristo. No nos mires a nosotros, sino mira a nuestro hermano mayor. Te lo pedimos por Jesucristo nuestro Señor.

El sueño de Dios se ha realizado en Cristo. Qué alegría, qué satisfacción para nosotros, porque hermanas, antes que nuestra propia felicidad, tenemos que gozarnos en la felicidad de Dios. Que Dios sea feliz. Que Dios esté alegre, que Él se lo merece. Que Él se sienta bien. Eso es lo que importa. Cómo me sienta yo, eso no tiene importancia si yo no tengo ninguna importancia, si yo no soy nada. Todo es Dios, Dios se siente alegre. Ah, pues en Cristo Dios se siente alegre. Felicísimo. Porque cumplió todo el Sueño de Dios.

Pero ahora, tenemos que venir a nosotros, los hijos con minúscula. Los hijos con minúscula ¿hemos realizado el sueño de Dios? Pues, por desgracia, no. Por desgracia, no. Y aquí viene y aquí se origina la catástrofe del hombre. La catástrofe del hombre, lo malo del hombre no es ni la pobreza, –el pobre Lázaro no tenía nada y cuando murió los ángeles vinieron a llevarle al cielo. La pobreza pasa, la riqueza también. Eso es secundario. El problema del hombre no es la enfermedad. No. Ahí está Job, comido por una lepra, tirado en un muladar. Y dice de lo profundo de su alma, «No importa, con estos ojos que me está comiendo la lepra veré un día, cara a cara a Dios. Esta es mi esperanza».

El mal del hombre no es el tormento. Los mártires se tiraban a las llamas cantando. ¿Cuál es el mal del hombre? El único mal del hombre es el pecado. El pecado.

Porque éste es el que rompe el sueño de Dios. Este es el que rompe la familia divina. Este es el que hace que todo lo que soñó Dios puede quedar completamente destrozado, inutilizado, destruido. Entonces, si es así, naturalmente ahora vamos a ver a un Jesucristo que quiere la felicidad de su Padre, que sabe que Él ha sido creado como Hombre para tener hermanos y ser familia numerosísima, y ahora Él le va a decir al Padre: Padre, déjame, que yo voy a salvarlos a todos. Que yo voy a morir por todos. Que yo voy a perdonarles todos los pecados. Déjame a mí, Padre. Y aquí viene ahora Jesucristo, el Redentor de los hombres. El salvador de todos los hombres, porque todos los hombres pecamos. «Le pondrás por nombre Jesús, porque Él perdonará los pecados de todos los hombres».

Y entonces, naturalmente, ahora tenemos que ver, es obvio que veamos a un Jesucristo cuando empieza la predicación: «Convertíos. Volved al Padre». Que en toda su predicación usará los argumentos más conmovedores en las parábolas más estremecedoras, como las del Hijo Pródigo, la Oveja Perdida, la Perla Perdida... Busca los pecadores. Es que quiere que se realice el sueño de Dios. Que es que todos seamos su familia. Y le veremos que antes de morir en la cruz, dice San Juan que estaba allí presente, impresionadísimo por lo que oía. Se habla de las siete palabras de Cristo en la cruz, pero hay una, hay una frase que repitió muchas veces, dice San Juan. Y Jesús repetía «Padre, perdónales, Padre perdónales, Padre, perdónales». Él vino a eso, a que por el perdón pudiéramos ser todos familia divina. Y Él es el único que nos podía perdonar los pecados y nos perdona hoy, y sigue perdonando hoy nuestros pecados.

Recuerden aquella escena del paralítico de nacimiento que transportaban en una camilla en Cafarnaum, donde estaba Jesucristo predicando y donde hacía milagros portentosos. Y llegaron allí aquellos hombres con aquel hombre paralítico de nacimiento. Es decir, un tronco humano, nunca había movido las piernas, los brazos, el cuello, era un tronco inmóvil. Lo llevaban en aquella camilla, pero no podían acercarse a Jesucristo porque era tal la multitud que lo rodeaba que por más que quisieron acercarse a Él no podían llegar, porque todo el mundo quería ser el primero que llevase a su enfermo. Y entonces se les ocurrió –parece que estaba Jesucristo hablando en la fachada de una casita que tenía delante un gran solar de terreno y allí estaba lleno por la multitud– y ellos fueron por detrás de la casita, subieron al techo y lo descolgaron con unas cuerdas y lo dejaron caer delante de Jesucristo. Y cuando el paralítico ve a Jesucristo y Jesucristo ve al paralítico, en la mirada se dijeron algo extraordinario. Parece que cuando el paralítico vio el rostro de Jesús, en aquella bondad de Jesús, en aquella grandeza de Jesús, en aquella majestad de Jesús, cayó en la cuenta de que él, antes que paralítico tenía otro problema mayor. Era pecador. Seguramente su pecado consistía en que había renegado de Dios por su enfermedad, no había aceptado la enfermedad. Era un renegado de Dios, un inconforme con la voluntad de Dios. Y sintió vergüenza el paralítico. ¿Cómo voy a pedir un milagro si yo soy malo? Y Cristo que lee el corazón y el alma de cada hombre, viéndole por dentro a través de sus ojos, le dijo: «Ten confianza, hijo, se te perdonan todos tus pecados». Y lo dijo en alta voz Jesucristo. Naturalmente, allí estaban los letrados y los Fariseos que sabían muchísima religión, verdadera, revelada por Abraham, Moisés y los profetas. Y cuando oyeron aquella expresión: Ten confianza, se te perdonan tus pecados, dijeron: «¿Qué ha dicho este hombre? Pero, cómo cree que él perdona pecados? ¿Pero quién puede perdonar pecados sino es Dios?» Y Cristo recoge el reto y les dice a todos ellos: «Muy bien dicho. Los pecados sólo los puede perdonar Dios. Pues para que veáis que yo puedo perdonar pecados...»

Algunos dicen, y ¿por qué Jesucristo no dijo abiertamente que era Dios? Lo dijo veinte mil veces de manera indirecta, porque de manera directa causaba escándalo, no lo podían entender. Lo decía de una manera que todo el que tuviera buena voluntad lo entendía. Y por eso dice Jesucristo: Los sencillos, los inocentes, los bien intencionados lo entienden todo y me siguen. Los soberbios, los pagados de sí, esos, no entienden nada porque quieren que las cosas sean como ellos creen. Entonces, pues, Jesucristo dijo: «Muy bien dicho. Los pecados sólo los puede perdonar Dios. Pues para que veáis que yo puedo perdonar pecados, que soy Dios. ¿Qué es más difícil, decirle a este paralítico, levántate, toma tu camilla y vete a tu casa, o perdonarle los pecados?» Figúrense, se quedaron todos en silencio. Es igual, para decir a este paralítico levántate, toma tu camilla y vete a tu casa, hay que ser Dios. «Pues para que veáis que yo puedo hacer también lo que no se ve, que es perdonar pecados, voy a hacer una cosa que se ve. A ti te lo digo, levántate, toma tu camilla y vete a tu casa». Y aquel tronco de cuerpo humano, toma las cualidades de un joven atleta, salta, brinca, fuerte, joven, toma la camilla. Todo el mundo: ¿Qué es esto?

Jesucristo perdonando pecados. Es el único que nos puede perdonar los pecados. Ustedes saben, perfectamente, como es natural, que la Iglesia muchas veces... digo, alguna vez, a lo mejor señala o describe algún pecado que se llama «reservado». ¿Qué quiere decir pecado reservado? Quiere decir un pecado que no puede perdonar ningún sacerdote más que el Obispo o a quien el Obispo dé autoridad. Esos son pecados «reservados». Puede haber un pecado «reservado» al Papa. Hay pecados reservados en el Derecho Canónigo, por ejemplo uno que profana el sagrario, que pisotee las hostias consagradas. «Yo hice esto». «Yo no tengo poder para perdonarte, tienes que ir al Obispo porque éste es un pecado 'reservado'». En cada diócesis el Obispo tiene autoridad, si en algún momento quiere, señalar algún pecado «reservado» para indicar que es muy grave, que no es así como que yo voy, lo hago y me confieso y ya. No, no, esto es muy grave. Esto está «reservado».

Mis queridísimas hermanas, todos nuestros pecados han estado reservados a Jesucristo, que es el único que los puede perdonar, que es el único que nos ha perdonado. Estamos en paz aunque hayamos sido muy pecadores, porque creemos, sabemos, confiamos en que Cristo nos ha perdonado. Es Cristo el perdonador. Entonces quizás nunca hemos descubierto, este rasgo tan maravilloso, pero ¿quién es el que me da a mí el poder yo vivir en paz, con confianza, con alegría, con esperanza? Cristo, que me ha perdonado. Jesús ha sido para mí Jesús, porque me ha perdonado. Sin Él no hay perdón. Nadie puede perdonar los pecados más que Dios, y Dios se hizo Hombre en Cristo para que nos pudiera decir, «Quédate en paz, se te perdona todo».

Entonces, ¿cuál es el fruto de esta meditación en el plan ignaciano maravilloso? Primero, primero, tener un tiempo, el día de hoy pasarlo diciendo «Pero cuánto me ha amado a mí Dios que me ha perdonado tanto». Porque nos lo ha perdonado todo y no nos puso ninguna condición. Si son cinco pecados, no sólo te perdono tres. No. Ese fue el error de Pedro. Oía hablar a Cristo de que había que perdonar, había que perdonar, había que perdonar y Pedro echándoselas de generoso, como era él, de orgulloso, para creer que era él más generoso que Jesucristo, pues le dice a Jesucristo: Maestro, ¿hay que perdonar hasta siete veces? Y él estaba pensando que Cristo le dijera, hombre, no tantas, no tantas, a la tercera va la vencida, ya está bueno. Pero, se quedó el pobre muy maguado cuando le dice Jesucristo, «Pedro, qué tacaño eres. Siete veces sólo. Hay que perdonar setenta veces siete». Y todas las Biblias ponen de ordinario como comentario de esta afirmación, «Esta es una frase que quería decir hay que perdonar siempre que te pidan perdón. Siempre». Fíjense que en este siempre está hablando Jesucristo de su divinidad, porque nosotros no podemos perdonar siempre. No tenemos capacidad. Yo les digo a las señoras cuando hacen ejercicios, Si tienen ustedes quizás una señora que va a limpiarles su casa una vez a la semana y encuentran un día que robó y ustedes por ser cristianas le dicen, «tenga cuidado, yo sé»... y ella se pone colorada y efectivamente fue la mujer la que robó, tú por ser muy buena le dices «que no vuelva a pasar otra vez, tenga cuidado». Pero si a la semana siguiente vuelve a robar, no sé si ya tú tendrías todavía generosidad para decir, que vuelva. A lo mejor, pues déjame hacer un acto heroico. Y a la tercera que roba, dice «Mire, lo siento mucho, váyase y no la denuncio ni le quiero hacer ningún daño, pero no vuelva». Esos somos los buenos.

Y a Cristo vamos todas las semanas: Falté, pequé, cometí faltas. Perdonado, vete en paz. Todo perdonado. ¿Cuántas veces? Siempre. Porque es Dios. Siempre es una medida divina, no es humana. Por eso hay que recordarles, por ejemplo, a los que se casan, ¿Prometes siempre serle fiel? Y hay que decirles, si se olvidan de Dios no pueden cumplir el siempre. Porque el siempre no es medida humana. Él siempre es medida divina, hace falta Dios, para que esto se realice. Y Cristo, como es Dios, nos perdona siempre, siempre, siempre.

Teniendo en cuenta, queridísimas hermanas, que el perdón de cada falta abarca en sí tres gracias especiales de Dios: Lo primero que tiene que hacer el hombre es reconocer que está haciendo una cosa mala. Y esa es una gracia de Dios. La primera gracia para convertirse es: reconocer que yo hice mal. Ya es una gracia.

Y ahora, otra gracia. Arrepentirse, porque Judas vio que había hecho mal, no se arrepintió, se desesperó y se ahorcó. Porque no basta reconocer, hay que después tener la gracia de pedir perdón. Y después la tercera gracia, la más importante: Que Dios me perdone. Y, hermanas, nosotras hemos jugado como millonarios de la gracia con estas gracias de Dios, toda la vida. Vamos al sacerdote, que es Cristo, porque como persona humana no puede nada. Perdonar seguramente es lo que más le impresiona a un sacerdote al principio. Ya que estamos así en confianza, yo recuerdo lo que a mí me pasó. Yo me ordené en Inglaterra y un compañero mío apenas se había terminado la ordenación, todavía yo tenía las manos juntas, unidas por la cinta con que nos unen las manos para que la unción que el Obispo pone en las manos del que va a ser sacerdote, para que todo lo que bendigan esas manos quede bendito, ese es el poder de la bendición del sacerdote, la unción sacerdotal. Y todavía yo tenía las manos así, juntas, atadas con la cinta y un compañero mío me cogió del brazo en cuanto terminó la ceremonia, me separó un rato y me dijo, «Quiero recibir tu primera absolución». Cuando yo voy a decir «Yo te absuelvo", como que se me cortó la garganta y la mano se me paralizaba. Pero, a mí ¿me han hecho Dios? porque ¿quién puede perdonar pecados si no es Dios?

Pues sí, esa es la maravilla del plan de Dios, que primero lo hizo en Cristo y Cristo ahora dice «A quien ustedes perdonen, quedan perdonados». ¡Qué maravilla de Dios! Para facilitarme el perdón, porque si sólo pudiera perdonar el Papa una vez al año, qué colas habría para ir a Roma a confesarnos. Y Cristo lo ha puesto con toda esa facilidad. Pues, digo que cuando está uno en una ocasión de esas, reconoce que hizo mal. Si no viene la gracia, si no pide perdón, nada se puede hacer. Digo esto para caer en la cuenta, hermanas, que cuánta lluvia de gracias divinas hemos recibido nosotros para que con toda naturalidad cuando cometemos una falta haya el remordimiento; voy a pedir perdón; me confieso. Pero tú no sabes que te estás moviendo por hilos divinos de la gracia de Dios que te quiere y que guía tu vida y que perdona tus faltas y que perdona tus pecados. Tú estás de lleno en el corazón del Padre, de Dios, de Jesucristo, que quiere perdonarte siempre.

Pensemos un poquito esto porque, fácilmente, bueno, voy, me confieso ya me perdonaron, ya estoy tranquilo. Pero a veces ¿caes en la cuenta de lo que esto significa por parte de la generosidad que Cristo ha tenido contigo? Los ejercicios son un momento muy bueno para dedicar un tiempo a esto. «Cristo ha sido mi Jesús tantas veces, y además, señor, déjame agarrarte del manto y déjame agarrarte de tus manos, y si me permites déjame abrazarte porque te voy a seguir necesitando tantas veces. Porque cada vez conozco que soy más débil y que en cualquier momento puedo caer y que nadie es impecable. Que somos muy frágiles, que la tentación, el descuido, la tibieza, nos pueden llevar a lo que no quisiéramos. Algo de esto es muy importante meditarlo, pensarlo, porque forma parte de la verdadera formación ascética, religiosa, de la vida espiritual. Por otro lado, esta meditación, por eso lo pone Ignacio en los ejercicios, como algo muy importante:

la conversión. Vital. Fíjense ustedes en todos los Santos, cuando uno lee la vida de los Santos dice «¿cuándo se convirtió?». Y es cuando se convirtió del todo. Santa Teresa dijo que a los 45 años fue cuando se convirtió. Y llevaba ya años y años de vida religiosa y no se había convertido. ¡Si no necesitaremos nosotros convertirnos, cuando lo necesitó Santa Teresa!

Convertirse es entregarse del todo a Dios. Y mientras no nos hemos entregado no nos hemos convertido del todo. Le damos algo, pero qué no me pida esto, que no me pida lo otro, porque no estoy convertido del todo. Y lo dice ella: «qué años pasé de tortura. Porque ser yo, con mis egoísmos, no me hacía feliz. Y por otra parte no me lanzaba a ser toda de Dios. Entregándole todo». ¡Qué drama tan grande en el alma de Teresa! Pero qué drama tan humano. Esa es la conversión. Por lo tanto ahí estamos todos nosotros metidos siempre. Hasta instintos malos coletean después de muertos.

Segunda cosa que pretende San Ignacio en esta meditación. Muy importante. Lograr para siempre una humildad auténtica. Esto es una maravilla. La humildad es la verdad, dijo Teresa y con esto lo definió para todo el mundo. ¿Y cuál es la verdad mía? Que soy una pecadora, que yo he estado en la lista de los pecadores muchas veces, y eso no lo puedo olvidar nunca, porque si olvido eso, me olvido de mí y estoy engañando y soy una hipócrita. Y estoy mitiendo. ¿Quién es usted? Una pecadora arrepentida. Una pecadora. La humildad verdadera se tiene que basar en el conocimiento auténtico de que sin Dios nosotros no podemos ser más que grandes pecadores. Cojan las Cartas de San Pablo...

San Ignacio sabe que el que se entrega a Dios en ejercicios, Dios lo puede usar para cosas muy grandes. Porque Dios lo que quiere es hacer milagros para salvar a todo el mundo. Visibles o invisibles, eso es lo de menos, pero auténticos. Entonces, dice San Ignacio: A esta alma, si se entrega a Dios, Dios la va a usar para cosas grandes. Hay que hacerla humilde. Hay que ayudarla a ser humilde, porque si no lo estropea todo. Y no logra nada sin la humildad. ¿En qué basar la humildad? Vamos al pecado. Aquí está la verdad toda. Y entonces San Pablo hablará de todos los milagros que ha hecho, de todos los prodigios que ha hecho. Tendrá que decir un día, porque lo tiene que confesar a pesar suyo, que ha estado en el Cielo y que ya ha visto el Cielo. «No me pregunten si en cuerpo si en alma... He estado en el Cielo. Y ustedes no se pueden imaginar lo que Dios tiene preparado para sus amigos. Ni ojo vio, ni oído oyó ni entendimiento humano se puede imaginar lo que Dios tiene preparado para sus amigos. Yo lo he visto en el Cielo». Y de repente dijo «Bueno, no yo. Dios me hizo esto, porque yo de mi parte lo único que he hecho es perseguir a la Iglesia. Yo he sido perseguidor de la Iglesia». ¿Ustedes creen que San Pablo va a olvidar alguna vez en su vida que él promovió la muerte del primer mártir cristiano? Porque a San Esteban le organizó la muerte Saulo. Esteban y él eran compañeros de clase, con el famoso Gamaliel, un gran maestro, letrado del templo de Jerusalén. Y eran compañeros de clase y un día se entera Saulo que Esteban se ha hecho cristiano y dijo «Hay que matarlo» y organizó la muerte, a pedradas. Y por ser él joven no lo dejaron participar en el apedreamiento. «Yo quiero apedrearlo». No, no, eres joven, eres menor de edad, no puedes». «Pero yo quiero hacer algo». «Bueno, cuida el manto de los que lo vamos a apedrear» Y Saulo estaba allí encantado, guardando el manto de los que estaban apedreando a San Esteban y dice que cuando una piedra le dio en la cara y lo tiró al suelo, Saulo aplaudió. Saulo aplaudió! Qué bueno que ya murió. ¿Ustedes creen que Saulo, convertido en San Pablo, se va a olvidar de esto alguna vez? Si él se olvida de esto, no es él. Él va a tener eso siempre presente para que haciendo milagros, yendo al Cielo, convirtiendo, predicando más que todos los apóstoles juntos, como él dice, siempre se acuerda, dice. «No yo, la gracia de Dios conmigo, porque yo de mi parte lo único que he sido es perseguidor de la Iglesia».

Esto, hermanas, es muy importante, porque si somos humildes de verdad, Dios se puede volcar del todo en nosotros. Lo único que estorba la plenitud de Dios en un alma es que falte humildad y no pueda entrar. No pueda entrar. La humildad es la virtud que no tiene límites para dar cabida a Dios ilimitado, infinito. Sólo la humildad. Pues, ésta ¿de dónde la vamos a sacar? De nuestra vida pecadora. Teresa de Jesús repite, «Era yo tan pecadora». Menos mal que se le escapó aquel paréntesis, «Es verdad que no tengo conciencia de haber cometido pecados que llaman mortales». Yo creo que ella ni sabía lo que eran. «Pero era yo tan vanidosa, me agradaba tanto que me halagasen, me gustaba tanto ser preferida». Claro, era humana. Dios la había llenado de talentos, todos ellos atractivos, simpáticos para todo el mundo, tuvo ella que decir, a base de la verdad, porque era la verdad: «De niña dicen que yo era una preciosidad, que era un encanto. Siempre me lo creí. De joven, que era muy bonita. Siempre me lo creí. De mayor que era muy inteligente. Siempre me lo creí. Y ahora empiezan a decir que soy santa y ya me lo estoy creyendo». Esa es la autenticidad. Por qué voy a negar eso si es verdad. Los santos siempre se creen que son los mayores pecadores y a lo mejor no están diciendo más que una verdad. Porque el pecado no es algo así como quien dice... objetivo fuera de la persona. El pecado está en relación con la amistad entre la persona y Dios. Entonces como un Santo es muy querido por Dios y muy protegido por Dios, cualquier faltica de ese Santo a lo mejor delante de Dios es más grave pecado que todos los pecados que puede cometer un pecadorazo, de esos que llamamos pecadorazos, pero que no tienen ni noción ni de Dios, ni del pecado, ni han establecido nunca una relación personal con Dios. Y es Dios el que juzga. Por eso los santos, con toda verdad dicen, yo fui el mayor pecador.

Hay una... Teresita de Lisieux, que no tiene conciencia de haber cometido nunca ningún pecado venial. Y yo decía, bueno y ahora, Teresita de dónde saca la humildad. Porque la humildad viene del pecado. Y resulta que ella, como saben ustedes mejor que yo, dice con toda naturalidad: «¿Saben ustedes por qué yo no tuve nunca ningún pecado venial? Porque yo soy, estoy hecha de un material tan imperfecto, tan frágil, tan miserable, que si Dios no me hubiera prevenido con la gracia de no cometer ningún pecado venial, yo hubiera sido mucho peor que María Magdalena». ¡Qué maravilla! ¡Qué chispazo de Espíritu Santo! Por no haber tenido pecados, se considera la mayor pecadora. Porque es que Dios la conocía y la quería tanto que la previno. Y dice ella: «Igual que si un médico le quita una piedra a su hijo porque va a tropezar en ella y caerse, eso es mucho más que curarle después de la herida porque se cayó. Le quitó la piedra para que no cayera. Eso es lo que hizo Dios conmigo». Qué bonito, pero qué bonito. Y qué auténtico y qué católico y qué dogmático.

Me viene muchas veces a la mente, al hablar de esto, un ejemplo fantástico, de San Francisco de Borja, el Duque de Gandía. Consejero del Emperador Carlos V y educador de Felipe II. Cuando se queda viudo y le viene la inspiración de hacerse religioso. Y le escribe a San Ignacio: Yo quisiera ser miembro de su Compañía. Ignacio le contesta: No diga nada a nadie, no comente esto con nadie, hasta que veamos lo que Dios pretende. Porque esta es una bomba que el mundo no tiene oídos para oírla. Cuando suene en el mundo que Francisco de Borja se hace religioso, el mundo no tiene oídos para semejante bomba. De hecho entró, como ustedes saben. Y entró al igual que todos. En el noviciado existía la práctica de la mendicidad, en aquel tiempo ser mendigo era una profesión de mucha gente, porque no había seguridad social no había el retiro. Cualquier cosa dejaba a una familia en la calle y entonces, ¿qué es lo que la acogía? Una sociedad cristiana, que abría siempre la puerta para ayudar. Iban mendigando. Y era parte de la vida. Yo todavía recuerdo de niño en mi pueblo, el matrimonio que se casaba en enero, es decir, el primero que se casaba en el año, en el mes de enero, o de febrero, cuando fuera, el primero, era el encargado de que cuando llegaba algún pobre al pueblo, llevarlo a la casa donde se iba a hospedar, donde le iban a dar comida, donde podía descansar esa noche. Después le daban algo para seguir al día siguiente a otro pueblo. Eso estaba organizado así en una sociedad cristiana. Y como era tan frecuente, Ignacio quería que todos los Jesuítas fueran mendigos. Que pasaran por lo menos un mes mendigando con los pobres, para que supieran lo que es mendigar y vivir como los pobres.

Y allá fue Francisco de Borja, con otro compañero jovencito, de puerta en puerta a mendigar. Ah, y la orden era que... no aceptaran más que pan y cosas así muy sencillas, ninguna cosa mayor y que lo que no comieran ese día lo daban por la noche a otros pobres. Ellos tenían que quedarse sin nada, para al día siguiente empezar otra vez mendigando la comida del día. Y allá fue Francisco de Borja, el Duque de Gandía. Y, una noche durmieron en un portal... seguramente ustedes conocen esta anécdota porque es muy notable, pero viene bien para esta meditación porque él lo sacó de los ejercicios. Y, durmiendo en un portal con los pobres, el que estaba al lado de él durmiendo tenía un catarro horrible y no hacía por la noche más que escupir y escupir y escupir. Y como no se veía nada, pues el pobre escupía sin saber dónde escupía. Y estaba escupiendo en la cara de Francisco de Borja, que no movió la cabeza en toda la noche. Recibiendo todos los escupitajos de aquel hombre. Y cuando amaneció y el pobre vio.... «Pero señor, ¿cómo usted no me dijo nada? Perdóneme, perdóneme, yo no sabía que yo estaba escupiéndolo a usted. Por favor, perdóneme». Y Francisco de Borja le contestó, «Hermano, muchas gracias. Muchas gracias, sepa usted que ha estado escupiendo en el objeto más digno de ser escupido, que es mi cara, porque yo he sido un gran pecador». Y de ahí sale después San Francisco de Borja Es el estilo de Dios. ¿Y de qué hace Dios santos? De estas personas que tienen este grado de humildad. Porque si he sido pecador yo no merecía nada. ¿Qué voy a pedir yo, si mi lugar era el infierno? ¿Voy a pedir yo algo?

Si no he tenido pecados es porque era más debil que nadie y Dios con tanta bondad me previno. Cuánto me ha amado y qué débil soy, qué frágil soy. Mira como Dios me quiere. Y si he sido pecadora, muy bien, no hay problema ninguno. Porque he dado la oportunidad a Cristo de demostrar quién es Él, perdonándome.

¿Queremos ver otra escena también preciosa? Pedro, Pedro, Pedro, la roca. La Roca. Si no fuera porque Dios la sostiene, cuando fue él solo ¿qué pasó? Y éste que está aquí, ¿quién será? ¿No será un espía? Tembló. Empezó a decir que no, jamás he conocido a semejante malhechor. Llamó a Jesucristo malhechor. Pedro, que ya había recibido la promesa de las llaves. Y cómo dice San Agustín, cayó Pedro. Y es que no hay pecado que cometa una persona que no pueda cometer otra puesta en las mismas circunstancias. Lo que hay que pedir a Dios es «no permitas esas circunstancias que me puedan llevar al pecado». Porque si se permiten las circunstancias, la caída viene sola. Juró y perjuró, un hombre tan religioso, «Juro por Dios que nunca he conocido a semejante hombre. Pedro, por Dios. Y Jesús le sigue amando, e hizo un milagro portentoso Jesucristo con él. Hizo que en ese momento lo trasladaran del lugar donde estaba a otro para pasar por donde estaba Pedro. Para mirarle a la cara, para mirar a los ojos de Pedro. Y dice San Marcos, que es el catequista de Pedro y por lo tanto se lo oyó contar a Pedro miles de veces, porque dicen que Pedro en la catequesis cuando evangelizaba, cuando convertía del paganismo al cristianismo empezaba a contar siempre su pecado. Para decirles, «Si a mí que había sido esto, hice esto y me perdonó, no dudéis que a vosotros que no le habéis conocido, os va a perdonar cualquier pecado que tengan». Y San Marcos se lo oyó contar tantas veces que lo cuenta en el Evangelio con todos los detalles. Y dice San Marcos que sacaron a Jesús de un lugar para otro y pasó por donde estaba Pedro, «Respexit Jesus Petrum» Y Jesús miraba a Pedro. Pedro no miraba a Jesús porque estaba avergonzado, abochornado, pero Jesús miraba a Pedro, y seguramente de tanto mirar, alguno de los que llevaban a Jesucristo a lo mejor le dieron una bofetada a Jesús diciendo «Qué miras, sigue p'alante». Y cuando le dieron la bofetada a Jesús, Pedro no pudo menos que mirar. Qué le dijo Jesús a Pedro en aquella mirada, que Pedro electrocutado, transformado, empezó a sollozar, se alejó, «Pero, qué he hecho yo, Dios mío, qué he hecho yo, Dios mío». Qué hizo él, pues una cosa muy mala, pero como lloró, para ver cómo es Cristo perdonando, hay que tener la oportunidad y el privilegio de poder ir un día a Roma y llegar a aquella gran plaza inmensa, en que la Iglesia, como con los brazos de aquella columnata está queriéndole decir a toda la humanidad: Vengan a mi seno. Y subir aquella escalinata gigante y avanzar, avanzar y llegar bajo la cúpula. Y cuando uno llega a la cúpula, leer: «Tú eres Pedro y sobre esta piedra edificaré mi Iglesia».

Dios mío, qué grande es Jesucristo perdonando a Pedro que le hizo esto y mira cómo le perdonó, y mira cómo lo engrandeció.

Nadie podrá decir nunca que ya no puede ser santo por haber sido pecador. El mayor impulso para serlo lo saca San Ignacio de esta meditación, cuando dice: «Cristo murió por mí... ¿qué he hecho yo por Cristo? Cristo murió por mí, ¿qué voy a hacer en adelante por Cristo?»

V

CONSOLACIONES. DESOLACIONES

San Ignacio no se contenta con que el ejercitante llore sus pecados. San Ignacio es un estratega. Dios lo va a usar dadas sus cualidades humanas que fueron muchas veces dedicadas a la estrategia de la guerra, pues Dios coge las cualidades humanas y las sublima para que se orienten a las estrategias del espíritu. Y uno de los títulos que tiene San Ignacio en la Iglesia es Patrono de la Estrategia Espiritual. Una estrategia y una lucha en la vida espiritual. Y él es patrono en ese sentido de eso.

En este momento San Ignacio se nota que coge un cariño muy grande al que hace ejercicios. Y por eso está con nosotros. Y aunque nos encomendemos a todo lo bueno, empezando por Nuestro Señor, la Virgen, por supuesto, todo, pero no nos olvidemos que Ignacio está con nosotros también. Y ¿por qué está con nosotros? Pues porque en cierto modo lo hemos cogido de maestro y el maestro está con los discípulos y les coge cariño. Pero además, sabe que podemos estar pasando por una experiencia un tanto o mucho parecida a la de él. Y ahora me dice a mí, el que da los ejercicios:

«No dejes de explicar, aunque sea sucintamente, sencillamente, en síntesis, pero no dejes de ninguna manera de decir a todo el que des ejercicios el conflicto, el problema, la realidad, la pedagogía que se necesita para entender qué cosas pueden venir de Dios y qué cosas pueden no venir de Dios. ¿Por dónde nos puede atacar el mal espíritu?»

¿Por qué dice esto San Ignacio? Porque él fue víctima de estos errores, enormemente. Lo reconoció al final. No tenía ninguna culpa, al contrario, fue su gran generosidad la que le hizo caer en estos errores. Ignacio no tuvo, como Teresa, confesores, directores espirituales, ni sabía que existía eso. Ignacio tomó aquella decisión quijotesca, humanamente hablando, loca, en la forma de hacerlo imperfectísima, de aquel día decir, «San Francisco hizo esto, pues yo voy a hacer más». Vean qué manera de ser humilde, que es el camino de la santidad. Santo Domingo hizo esto, yo voy a hacer más. Me voy a hacer el santo mayor. Figúrense ustedes. Y claro, como Dios nos entra también por nuestros puntos débiles, como veremos ahora que enseña él, que el demonio trata de entrarnos por los puntos débiles, también Dios nos entra a nosotros por los puntos débiles porque no tiene otros puntos por donde entrarnos. ¿Cómo le entró Jesucristo a Pedro? Pues figúrense, Andrés, hermano de Pedro le había hablado el día anterior de Pedro: «Tengo un hermano muy famoso... tiene un carácter... es tremendo». Y al día siguiente se lo presenta Andrés a Jesucristo: «Este es mi hermano Simón». Y Cristo dice «¿Este es el famoso Simón?» El Señor lo llamó famoso y se lo ganó. Y él se lo ganó. Y además le dijo «Tú serás la roca». No entendió nada, pero sonaba bien. Aquello sonaba a alabanza y eso era por donde a él se le podía ganar. A Ignacio había que ganarle por la grandeza, porque había nacido para ser grande. Y entonces, pues, voy a ser santo, más que todos, si me decido. Y ahí está él.

Y entonces qué hace para ponerlo en práctica. Pues, como había leído aquellas vidas de santos horribles, porque estaban escritas también en un estilo muy... dando a entender que santo era imposible ser si no se nacía para ello ya con unas dotes únicas, extraordinarias. ¿Saben ustedes por qué este santo era siempre tan penitente? Claro, como no va a ser penitente si desde que nació ya era penitente. Los viernes no mamaba. Desde niño. Por lo tanto si tú no hiciste esa penitencia, olvídate de ser santo. Era el tono en que estaban escritas las cosas. Y entonces él, como Ignacio había sido tan vanidoso en su porte, desde los 12 hasta los 28 años estuvo en la corte de los Reyes Católicos, alternando con toda la nobleza, con todos los gentilhombres, y entonces siempre vistió como tal y se educó como tal. Pues, eso hizo nacer en él una vanidad tremenda de lucir bien, de aparecer bien. Y cuando, como saben, ya se repuso de las heridas tremendas de la bala de cañón de Pamplona, cuando ya se fue a vestir de gentilhombre notó que al ponerse la bota militar, el hueso del empalme del pie había quedado un poco más grande, y se notaba un poco. Y dijo él al médico: «Esto hay que quitarlo, no luce bien, se nota un poco en la bota. Desdice». Y el médico, figúrense ustedes, el médico, vamos a llamarle médico porque le curaron como si fueran carpinteros, le dijo: «Mire usted, señor, cortar ese hueso le va a significar a usted mucho más dolor que todos los que ha tenido los meses que lleva de convalecencia». Y dijo, «Yo no he hablado de dolor, eso es mío, eso lo pago yo. Yo he hablado de lucir bien, por lo tanto tiene que cortarme el hueso. ¿Lo podemos hacer hoy?» Y sin más, el hombre cogió un serrucho, un serrucho, Ignacio se sentó, estiró la pierna, el pie lo puso allí en un tronco, donde fuera. Y cuando lo fueron a amarrar porque suponían que en cuanto le empezaran a cortar el hueso iba a dar un salto, iba a brincar, dijo, «No, que nadie me toque. Esto es un capricho mío». Cerró los puños, mordió los labios, y aguantó el cortarle con un serrucho el hueso, sin decir nada. Para que la bota luciera bien. Este era el Ignacio mundano.

Ahora, cuando toma la decisión de ser santo, va al otro extremo. Ahora, a quién tengo yo que imitar, ¿al santo que sea más humilde, más zarrapastroso, mas...? Y entonces había leído la vida de un tal San Onofre. Que la vida de él decía entre otras cosas... más que hombre era un orangután. No se había cortado nunca el pelo, lo arrastraba. Nunca se cortó las uñas de las manos ni de los pies. Lavarse, jamás. E Ignacio dijo, éste es mi modelo. A éste tengo que imitar. Y se metió a imitar a San Onofre. Y claro, todos le empezaron a decir, «el loco, el loco». Y él decía, esto es lo que yo necesito que todo el mundo me llame loco. Y sucio, yo, el elegante. Una imprudencia enorme, pues él mismo luego dijo, si para ser santo no tenía que haber hecho eso. Igual, imitó unas penitencias horribles que acabaron con su estómago para toda la vida. Se quedó delicado del estómago porque abusó enormemente. Él cayó en la cuenta de eso después. Y decía, «cuántas imprudencias hice yo. No tenía director, no tenía quien me aconsejara nada. Y yo creía que todo lo que se me ocurriera era de Dios». Y claro, mucho más en el campo ya espiritual donde, por suerte, el demonio se pasó de rosca y le pudo ver un rabo muy largo cuando, precisamente, en este momento de la conversión que estamos meditando hoy, cuando estaba llorando en la Cueva de Manresa sus pecados y diciendo que lo que él merecía era ir al infierno, y que le mandara al infierno, y que le mandara al infierno, el demonio se cuela y le dice: «Pues mátate y así vas al infierno». Y le tentó al suicidio. Y claro, como San Ignacio era tan católico por nacimiento, por tradición: «Esto es pecado, ¿quién me propone a mí un pecado? ¿Aquí hay alguien conmigo que no sea Dios?» Y ahí descubrió, el pobre, por pura experiencia, que además de Dios podía haber un mal espíritu que se colara en la vida para aconsejarnos mal. Y como él era tan prudente, tan reflexivo, empezó a reflexionar, a reflexionar, y cayó en la cuenta «mira, mira esto, mira esto». Y se hizo un sabio de la discreción espiritual, del discernimiento espiritual. Es uno de los tratados más largos de su retiro, «El Discernimiento Espiritual».

Bueno, pues, vamos en síntesis, porque naturalmente ustedes lo saben y lo conocen, pero siempre viene bien renovarlo y tenerlo al día, hay ciertas cosas que San Ignacio me pide a mí, por lo tanto soy yo el primero que tengo que obedecer, que no se den los ejercicios sin aclarar ciertos puntos que son importantísimos para poder ir seguros por el camino verdadero de la espiritualidad. Y entonces, hablando así en síntesis, podemos decir: Primera gran verdad: no vamos solos en el mundo, vamos acompañados por alguien que nos quiere bien y por alguien que nos quiere mal. Propiamente no es que nos quiera mal a nosotros, es que no aguanta que seamos amigos de Dios. Odia a Dios. Y no aguanta que alguien se haga amigo de Dios. Y como él está condenado justamente por Dios no quiere que nadie sea amigo de Dios y pone obstáculos para que no nos hagamos amigos de Dios. Y hay que leer la vida de santos, los más modernos que podamos tener, y ver lo que el demonio ha hecho para poner obstáculos a su vida santa. Esto es una realidad. Y el Catecismo de la Iglesia Católica, el nuevo Catecismo de ahora, en once capítulos habla del mal espíritu.

¿Quién nos quiere bien? Dios, nuestro padre. Y todo lo que le acompaña. Cuando decimos Dios, con la palabra Dios queremos decir todo lo bueno. ¿Quién nos quiere bien? Pues figúrense, normalmente es la familia, los buenos amigos, el buen ambiente, las buenas amistades, esos nos quieren bien. Un buen libro. Todas estas son cosas buenas que nos ayudan, las fomenta Dios. Las quiere Dios, las inspira Dios, las conserva Dios. Todo padre y toda madre viven en constante providencia por sus hijos. Estén donde estén. Y ustedes religiosas lo saben muy bien, como no importa la distancia, no importa nada, el padre, la madre, es como una sombra protectora que uno tiene.

Yo estaba en Cuba cuando murió mi padre, no lo vi. Y la primera sensación que tuve fue así como quien se queda, como que el padre es un árbol que lo protege a uno y de repente lo talan. Ay, ahora yo me quedo sin protección, sin sombra, sin apoyo. Porque eso es lo que Dios hace que sea la familia, apoyo, sostén, fuerza, aliento. Entonces eso es un rayito, una gotica de la providencia que Dios Padre, con mayúscula, tiene de todos nosotros. Y como Él puede estar siempre a nuestro lado, inspirándonos lo bueno, aconsejándonos lo bueno, evitando lo malo. De cuántas cosas nos habrá librado Dios que no sabemos. Y que lo veremos en el cielo, en su providencia.

Vamos acompañados de alguien que nos quiere bien, y de alguien que quiere que no seamos amigos de Dios. ¿Quién es ese? Pues, figúrense, hablando a los ejercitantes del mundo, hay que decirles es el mundo en que ustedes viven. Todo, la radio, la televisión, las revistas, el cine, el ambiente, todo es inmoral. Todo es amoral, todo lucha en contra. Quizás el demonio tiene ya poco que hacer porque ya ha montado su sistema para alejar a los hombres de Dios y tenerlos amarrados a su yugo y a su tiranía. Pero todos nosotros, los sacerdotes también, los religiosos también, ustedes también, tenemos siempre a uno que nos quiere bien, un buen espíritu, y alguien que quiere que no seamos amigos de Dios.

Y entonces, ahora dice Ignacio, ¿cómo se nota, cómo actúan el buen espíritu y el mal espíritu? Primero en ejercicios, haciendo ejercicios. Porque aquí se da una batalla espiritual y Dios quiere ganarnos y el demonio que no nos gane Dios. Y entonces él dice hablando en general, y esto lo he visto yo tan claro, tantas veces, dice, para ver lo que pasa en el alma de cada ejercitante el primer día de ejercicios, hay que saber primero quién es el que ha venido. Si el que ha venido a ejercicios es un pecador, que vive en pecado normalmente, ahí, el cuadro es específico, dice él. Y qué bueno que vienen. Hay que decirles, bendito sea Dios. Ojalá las casas de retiro se llenen de pecadores, porque Cristo los busca para convertirlos, para perdonarlos. Por lo tanto a nadie se le dice si eres pecador no vengas a ejercicios. Dios me libre. Pero, ¿qué pasa? Yo he visto muchas veces, el primer día de ejercicios a algún hombre no levantar la cabeza, no mirar. No poderme ver de frente. Está cabizbajo, camina con la cabeza baja, está bajo la cadena del pecado que le amarra y que él ve, porque ahora Dios le dice «Rompe, éste es el momento, éste es tu momento. Mira aquí lo tienes todo. Todo te da la facilidad para convertirte, para salir del pecado, para romper la esclavitud en que estás». Pero el demonio le dice: «Ya no puedes, es imposible. Esto implicaría un cambio, romper con tal amistad, romper». Y el hombre está que no puede mirar. Y hay un momento, y yo lo he notado muchas veces, en que a lo mejor en una meditación, de repente levantar la cabeza, mirar y respirar profundo. Fue el momento en que dijo, me confieso, me convierto. Y después venir a verlo a uno y decir, «Padre si usted ve que día pasé anoche, ayer por la mañana y el día fue terrible hasta que dije, pues yo me convierto, pues yo me confieso, pues yo». Lo que dice San Ignacio: «Si el que viene a ejercicios es un pecador que está amarrado por el pecado grave, la primera reacción es resistencia, afianzarse y querer decir que no. Y hasta que no diga que sí... no hay». Porque el que le remuerde en este caso es Dios, que le dice «Este es el momento, este es tu momento». Pasa también con mujeres. Bueno, no es tan frecuente ni muchísimo menos, pero el sacerdote de hoy debe estar preparado para todo porque vivimos en un mundo de mucha amoralidad.

Es aquí en la confianza y en la intimidad con ustedes para ver la alegría que tiene uno como sacerdote, porque se encuentra uno con casos... yo me he encontrado a veces con señoras que vienen, Padre.., y echarse a llorar. «Yo tengo un problema muy grande, muy grande, pero es que no puedo hablar, no me puedo confesar. «¿Cómo no va a poder, señora?» «Es que no puedo, padre, es que no puedo. Llevo con esto tantos años». Hoy una joven a lo mejor de quince años, de dieciséis años sale embarazada y para que no sepan nada sus padres comete un aborto. Y se queda con eso dentro. Años y años. Y es buena, y comulga y se casa, pero no puede decir eso, porque cuando quiere decirlo se le forma un nudo... «No puedo». Sólo en unos ejercicios muy buenos, muy buenos, muy buenos, donde se cree un clima de confianza, de bondad, de oportunidad, para liberarse de cualquier cosa, para vencer al demonio, y entonces decírtelo. Y cuando salen de una cosa de esas, dicen «Padre, hoy he nacido. Hoy nazco yo. Hoy empiezo a ser yo». Vean el demonio lo que hace. Para pecar, toda la facilidad. Para salir del pecado, todos los obstáculos. Ignacio lo enseña y por eso un ejercitador debe estar preparado para todo eso. Y no sólo no extrañarse sino felicitarla, congratularse: «Cuánto la quiere Dios que la ha traído a este retiro. A mí me ha dado usted la mayor alegría del mundo, por la confianza que ha puesto. Yo sé que la ha puesto en Jesucristo a quien represento, pero en lo que hay de humano, gracias, gracias». Entonces es alma no sabe qué hacer. Pero sale decidida a ser ya en adelante...

Conversiones tremendas de este primer momento. En ejercicios, dice Ignacio. En el primer día, si vienen con pecado esto es lo que pasa. Y es verdad, verdad.

Las almas buenas –vamos a llamarnos buenos– pues ya sabemos que ese título lo tiene que poner Dios. Pero bueno, cuál es el principio. De ordinario al venir a ejercicios y esto lo he visto siempre: ¡hay qué alegría estar aquí otra vez, padre, qué bueno, ya tenía ganas, ya tenía necesidad, porque hay un desgaste tan grande en la vida y uno tiene que volver a cargar energías y volver a oír estas verdades, y entonces la casa de Ejercicios le vuelve loco, y en la capilla haciendo oración». Encantadas de la vida. Pues sí, Dios está premiando esa fidelidad que han tenido de ser buenas. Pero dice San Ignacio a los que son buenos, que van de mejor, subiendo, Dios primero les da alegría, todo eso. Pero, el amor siempre es exigente y pide más. Y Dios les va a decir: «Hombre, qué bueno si en este momento tú dieras un paso más en esto. Podías ser un poco más caritativa, podías ser más comprensiva, podías ser un poquito más sacrificada. Podías ser un poquito más alegre. Podías ser un poquito más servicial. Podías ser». Claro, Dios nos quiere, paro lo mejor y siempre nos sugiere una cosita más. ¿Qué pasa en ese momento? dice San Ignacio. Que el demonio les va a decir: «Pero todavía quieres ser más perfecta. Si ya todos te tienen porque eres una maravilla». Ya que no nos puede sugerir algo malo, quiere frenarnos para que no seamos mejores. Esto hay que tenerlo en cuenta para las personas, como dice San Ignacio, que van de bien en mejor, subiendo. Que venimos a ejercicios porque queremos mantenernos donde estamos y superarnos y ser mejores. Y entonces pues dice San Ignacio «Ten en cuenta que todo lo que venga impulsándote a ser mejor viene de Dios. Y lo que te desanime para no serlo –porque crees no voy a poder, que no– eso es del mal espíritu. De modo que ten cuidado, ten cuidado».

Otra cosa importantísima en la que ustedes seguramente son maestras como en todo esto de la vida espiritual, porque Teresa es una maestra de todo eso. San Ignacio habla de las «Consolaciones y desolaciones de la vida ordinaria». Dice San Ignacio, «Mira, yo no puedo evitarte, ni muchísimo menos, de lo que la vida normalmente da a todos, que es días de euforia, de alegría, de entusiasmo, de fuerza, de calor, de energía, de fe, de esperanza, de optimismo y días de oscuridad, tristeza, amargura, desánimo, desaliento, oscuridad en el alma. Eso va a pasar, eso pasa». Está hablando San Ignacio a personas normales, no ya enfermas, no ya a una patología psicológica donde tenga que entrar un psiquiatra. No es eso, lo normal. Esto va a pasar. Esto ocurre, no te lo puedo evitar. Pasa en todo, en el trabajo, en la profesión, en el matrimonio. En el matrimonio, muchísimo. Esto es un desastre, no camina, ganas de echarlo todo a rodar. Pues eso en la vida pasa y ahora Ignacio dice: «Mira, sábete que esto va a ocurrir, vas a tener días de consolación y días de desolación».

Qué bonito que San Ignacio nos enseña que Dios es Dios de consolación. Porque dice «Cuando estés en consolación no hay problema. Lánzate, ten ánimo, haz, actúa, porque Dios está al volante en ese momento en tu alma». Y con Él, adelante. Pero, prepárate para la desolación, porque viene cuando menos te lo pienses. Igual que un día de mucho sol y un atardecer precioso, un amanecer brillante, de repente nubes y después tormenta, aire huracanado, truenos, relámpagos. Pero, ¿qué es esto? Esto es la naturaleza, esto pasa siempre. Esto va a ocurrir. Tienes que estar preparada para ello porque si cuando te viene la desolación te desesperas, que es a lo quiere llevar la desolación, al desánimo, al desaliento, a la desesperación a la amargura, la desolación trata de amargar el alma. Y entonces con la lengua, si no tenemos mucho dominio de nosotros mismos y mucho control, sale la palabra dura, seca, amarga, contra la hermana. ¿Por qué? Porque estoy en desolación. Bueno, porque estés tú en desolación no tiene que pasarla otro. Ese es un trago tuyo, es una prueba que tú tienes que superar con conciencia, responsabilidad, naturalidad. No pasa nada.

Y entonces, qué dice Ignacio ante estos fenómenos que no puede evitar que ocurran ni puede decirle al ejercitante «Si haces esto no te ocurren, si haces esto sí te ocurren». Aunque después veremos que da unas normas muy sabias para poder conocer un poquito de dónde pueden venir muchas de nuestras desolaciones. Pero él dice «Yo sí te puedo aconsejar una cosa. Que cuando estés en desolación, no tomes decisiones. Porque todas las decisiones que tomes son equivocadas. Vienen inspiradas por el mal espíritu». Al mal espíritu le encanta la oscuridad, la amargura, la tristeza, la pena, el dolor... todo eso es el nido donde el mal espíritu hace su cama. Por lo tanto, Ojo, que como estoy en desolación tengo que vigilar mucho qué hablo, qué digo, cómo lo digo, porque si no lo único que va a salir de mí son palabras amargas, secas, duras, injustas, injustas. Y a veces los casados si no saben estas cosas, si no se controlan, se dicen cosas que después no tienen remedio. Porque a lo mejor en un momento en que él está en esa desolación le dice a su esposa «Ojalá yo nunca te hubiera conocido, porque tú has sido la desgracia de mi vida». Cuando a una esposa se le dice esto, ¿qué le queda dentro para poder seguir siendo una esposa cariñosa, si la ha matado? Y a lo mejor dicen a un hijo «Tú nunca has servido para nada, ni servirás para nada». «Pues muy bien, si no sirvo para nada bueno, como dice mi padre, pues me iré por el camino malo. A lo mejor ahí hago algo». Todo por no tener control de uno mismo.

Estas cosas se dan también en las comunidades. Me hace gracia ahora pensar que nos decía el instructor de Tercera Probación: «Nunca vayan a pedirle a un superior nada después de la siesta. Porque todos están en desolación». Es un momento muy malo. No, busca otro momento. Pues esto es muy importante. Ahora, dice San Ignacio, para oír palabras de él porque son muy sabias, y claro cuando decimos, bueno pues esto es normal y entonces esto lo tuvieron los santos, recuérdense que Teresa comulgando más seca que un palo de escoba, dice «Pero yo iba aunque no sentía nada, porque allí estaba Jesús. La fe nunca me faltó». Pero el sentimiento, sí. Uno no manda en los sentimientos, ni Dios nos juzga por los sentimientos. Si vienen, bienes bendito sea Dios, pero si no, no pasa nada. Tú cumple con tu deber. Tú has hecho ya un plan de vida. Tú estás dentro de un marco, ahí hacerlo todo a la perfección. Para eso siempre vas a tener gracia. Para eso siempre vas a tener oportunidad. Con consolación o con desolación.

Pero, al oír estas cosas, pues fácilmente nosotros decimos, bueno, como los santos tuvieron muchas desolaciones, a lo mejor ya yo soy santa por esto tengo tantas desolaciones. Bueno, pero hay que andar con cuidado, porque San Ignacio nos va a decir aquí al explicar un poquito las causas por las que podemos entrar en desolación, y no son siempre la santidad. Sino dice, «Tres causas principales son porque nos hallamos desolados. La primera, por ser tibios». Claro, a un tibio Dios no le puede dar regalos porque le confirma en la tibieza. ¿Qué padre premia a un hijo que trae una nota mala del colegio cuando podía tenerla buena por su talento? Eso no se le premia. Si somos tibios en nuestro modo de actuar, de vivir la vida religiosa, pues, desolación. «Por ser tibios, perezosos o negligentes en nuestros ejercicios espirituales, y así por nuestras faltas se aleja la consolación espiritual de nosotros». Primero, alerta, si soy tibio no tengo que andar buscando otras razones de por qué estoy desolado, porque soy tibio. Claro, ahora, con verdad, no creer que soy tibio porque eres muy humilde y siempre crees que tú eres el culpable. No, no. Tibio de verdad, que sabes tú que estás haciendo las cosas de mala manera, en una forma que podía haber sido mucho mejor, que podía ser mucho más caritativa, mucho más humilde, mucho más comprensiva, mucho más servicial. Y todo eso, pues no lo quiero hacer, y entonces estoy en tibieza. Pues si estás en tibieza, es natural que estés en desolación. Y así por nuestras faltas se aleja la consolación espiritual de nosotros.

La segunda. Esta es la que estoy seguro que es la razón para la mayoría de ustedes, ojalá sea para todos nosotros. «Por probarnos para cuánto somos y en cuánto nos alargamos en su servicio y alabanza, sin tanto estipendio de consuelos y crecidas gracias». Al niño se le da papita y todo eso, pero al mayor ya, que conca hueso. Y que sepa comer ya manjares fuertes, duros. Dios ya nos tiene que tratar como personas mayores y no estar siempre con que tienes el regalito ahí... tienes el dulce a la vista. Si no el niño no viene, si no el niño no hace. Dice San Ignacio, «Para probarnos, a ver si lo hacemos por Él y no por nosotros, no por nuestros gustos, no por nuestros caprichos». De modo que para probarnos. Eso es muy bonito. Estás a prueba, magnífico. Muy bien.

Tercera. «Para darnos vera noticia. Verdadera razón. Y conocimiento para que internamente sintamos que no es de nosotros tener o no tener devoción crecida, amor intenso, lágrimas u otra alguna consolación espiritual. Más que todo es don y gracia de Dios». Ah, que no creamos que eso es mío, que yo me lo he merecido y por eso cuando tengamos la consolación: Gracias, Dios mío, tú qué bueno eres, yo no me merezco nada de eso, pero gracias, porque tú sabes que me ayuda tanto, de vez en cuando sentir tu mano, sentir tu presencia, sentir tu amor, sentir tu alegría. Gracias, señor. Pero cuando no esté, bueno, pues muy sabio, muy bueno, y entonces aquello que dice Ignacio: «En tiempo de desolación, no hacer mudanza». Yo siempre le digo a la gente: ¿Qué ocurre cuando uno va en el avión y el avión empieza a moverse? Que en todo vuelo tiene que hacerlo, eso es normal. En seguida se ilumina un letrero que dice: Amárrense los cinturones. Ahora, no caminen, ahora no cambien de lugar porque el avión está agitado. El alma está agitada, quieta, a cumplir tu deber, un día y otro día y otro día. Maravilloso. Y entonces, pues saber combinar eso, esto es santo. Santa Catalina de Siena decía que muchas veces pasaba por cambios de desolación y consolación y que a veces se sentía en el cielo. Y entonces cuando estaba en el cielo, tan alegre, pues pensaba «Si yo no merezco nada de esto, si lo mío es el infierno. Lo que yo merecía era el infierno, no esto». Y entonces, cuando estaba desolada, pues, entonces pensaba: Bueno, pero un día voy a llegar al cielo. Y dice que un día le dijo el demonio, «Maldita, Catalina. Si yo te subo al cielo tú te vas al infierno. Y si te bajo al infierno, tú te vas al cielo. No puedo contigo. Good bye. Adiós». Y la dejó tranquila. Es que vio que ya le había cogido el juego.

San Bernardo era un gran predicador, doctor de la Iglesia, fabuloso, el predicador de las Cruzadas. Y dice que cuando estaba predicando y el público, pues emocionado y convertido y tal, el demonio decía: «Ah, qué bien lo haces, que bien lo haces, Bernardo». Y Bernardo le contestaba, «Ni por ti subí aquí, ni por ti voy a bajar. Sábetelo». Pues muy bien. Porque él lo que quisiera es llevarnos siempre a lo que no conviene. Saber manipular esto es de sabios. Y en la vida religiosa es muy importante y de ordinario los Jesuitas debieran de tener un don un poco especial, para dirigir almas por esto, porque San Ignacio enseña mucho. «Usted tiene que poner más de su parte, porque tal cosa». Y así es. Muy importante en la vida.

Consolación y desolación son etapas por las que hay que pasar y amigas mías es fácil decir 50 años de vida religiosa, 50 años de vida matrimonial. Pero en 50 años ha habido muchas horas y días de desolación, consolación. Y todas se han ido superando con la gracia de Dios. Y por eso delante de una religiosa que arrastra los pies por la edad hay que ir besando, porque es el ejemplo de la perseverancia en la consolación y en la desolación. Qué maravilla. Y eso para las jóvenes tiene que ser un estímulo tremendo. Se puede, cómo no se va a poder.

Recuerdo que una vez estaba yo celebrando una misa para dos ancianos que cumplían sesenta años de casados, pero además se habían casado ya bastante mayores. Aquello era un caso bien original. Porque hoy en día cualquiera cumple cincuenta años. Eso no es nada. Pero este era un caso muy típico, y los dos tenían la mente bien, aunque ya un poquito... bastón, etc. Y cuando llegué allí y dije, bueno, aquí hoy el Sermón no lo tengo que hacer yo, aquí lo hacen ellos. Y dice él, «Sí, yo quiero decir dos palabritas. Porque yo quiero decir que todo ha sido posible gracias a ésta,» y miró a su esposa. Y la esposa dice: «No, todo ha sido posible gracias a éste». Gracias a los dos. Gracias a la comunidad se pueden cumplir cincuenta años de religiosa y sesenta y setenta y los que sean hasta que Dios nos llame. ¿Por qué? Porque todos nos ayudamos en el momento de desolación, de prueba, de crisis... juntas. No hacer mudanza, no tomar decisiones a lo loco, sino al contrario en unión, en amor, en armonía, para lo mejor de la comunidad, para lo mejor inspirados por Cristo que busca siempre lo mejor. Con la Virgen que siempre busca lo mejor. Y así nos ayudamos todos para seguir adelante.

Otra cosita también importante que dice aquí San Ignacio en esta doctrina: «El mal espíritu nos estudia para conocer cuál es nuestro punto débil. Y cuando lo descubre, por ahí nos ataca y nos conquista y nos vence». Por el punto débil. Claro, una ciudad amurallada en tiempos de las murallas, como Ávila, pues se defiende contra el enemigo. Si el enemigo descubre que han dejado un muro, una puerta, una parte de una torre sin defensa, dice por aquí, y entra y toma la ciudad. Dice él, «El enemigo nos estudia para ver cuál es nuestro punto débil». Y cuando ve que tenemos un punto débil por ahí nos ataca. Y uno de los frutos más auténticos y más exitosos de un buen retiro es: Descubrí mi punto débil. Y me decidí a fortificarlo, a fortalecerme en él. Descubrir el punto débil. Cuando se habla de esto en ejercicios, todo el mundo naturalmente pone como ejemplo típico de este problema del punto débil, a nuestro querido Pedro. ¿Quién era Simón Pedro? Un hombre noble, bueno, espontáneo, orgulloso. Yo no me atrevo a decir nunca soberbio, porque la soberbia es más bien intelectual. Era orgulloso porque él era líder. Por algo lo escoge Jesucristo para Papa. Porque tenía cualidades de líder, de autoridad. Y el hecho es que lo vemos siempre. «Lo vio Pedro». Ah, pues ya todos creyeron que Cristo había resucitado porque lo vio Pedro. Los otros no tenían autoridad. Algo tenía él consigo mismo. Pero, claro, ¿cuál es el peligro del que tiene esa cualidad? Ser orgulloso. Y Pedro era muy orgulloso, el pobre. Lo vemos en la última cena cuando Cristo dice a todos: «Esta noche todos ustedes me abandonarán». Y Pedro levanta la mano y dice: «Maestro, no generalices, que aquí no somos todos iguales ni muchísimo menos». Y sin tener ninguna consideración para los demás, afirma: «Aunque todos estos te abandonen, y no doy por ellos mucho, yo nunca te abandonaré». Retratado, retratado... Y ahora, Cristo dejando a todos los demás, se dirige a él y le dice: «¿Que tú no me abandonarás? Pues ahora te digo a ti y a ti sólo que esta noche, antes de que el gallo cante dos veces, ya me habrás negado tres veces». Se indignó Pedro, se levantó, salió del cenáculo y a los diez minutos vuelve con una espada en la mano. «Aquí está la prueba de que yo estoy dispuesto a morir por ti, Maestro. No hables de esas tonterías». Pedro, Pedro, qué pena me das. El demonio te va a cribar, te va a agitar esta noche. Ora, para que no caigas en la tentación. Nada, no hizo caso de nada. Cuando fue a verlos Jesucristo, Pedro durmiendo. No dormido así superficialmente porque el Evangelio dice «profundamente dormido» que en castellano quiere decir «roncando». Roncando estaba Pedro. A él no le puede pasar nada, ni le va a pasar nada, no tiene por qué orar. Y entonces, por amor imprudente, se mete en la ocasión.

Pedro no cometió un pecado de mala fe, ni nada de eso. El desconocimiento de sus fuerzas, de creer que lo podía todo. Y entonces se mete allá en el palacio de Caifás. Él iba creyendo que iba a decir «¿Dónde está Jesucristo que vengo a buscarle? Vengo por él». Y cuando llega allí se encuentra un ambiente... Cristo estaba ya condenado a muerte, y ahora se estaba planeando hacerlo en cruz, matarlo en cruz. Se quedó paralizado, pálido. ¿Por qué cayó Pedro? Por imprudencia, por no conocer su punto débil. Si hubiera hecho lo que le dijo Jesucristo...

Bueno, pues queridísimas, ejercitantes, vamos a ver un poquito: Mira a ver tu punto débil. Quizás ese pronto que tenemos a veces. Ese poco de egoísmo con el que reaccionamos muchas veces, pensando primero en nosotros antes que en las demás. Lo que sea, porque en eso hay una gama tan grande. Cada uno somos parecidos pero no idénticos. Entonces ver si hay algo que yo... precisamente los ejercicios son un momento bueno porque hace uno un poquito de examen del año y «¿cuáles son mis faltas mayores siempre?». Y seguramente notamos que casi siempre vienen por el mismo camino. Es esto, esto, esto. Bueno pues no sería el momento ideal de unos buenos ejercicios, para decir: Esto se va a cambiar, se va a poner lo que haga falta hacer para esto superarlo. Sería magnífico. El punto débil.

Otra verdad que enseña San Ignacio muy importante también. Las famosas «aficiones desordenadas». Apegarse excesivamente a algo o a alguien. Diríamos que llega un momento de depender de algo o de alguien. Esto para los seglares tiene unas realidades tremendas, porque están metidos en un mundo todo desordenado. Entonces apegarse al dinero desordenadamente, a la autoridad desordenadamente, a la vanidad desordenadamente, a amistades desordenadamente, que después traen consecuencias terribles. La afición desordenada. El depender de algo. Dios quiere que seamos libres. San Agustín tiene aquella frase tan bonita: «El águila nació para volar a las alturas». Si está amarrada no vuela. Puede estar amarrada con una cadena, y entonces figúrense... ni puede romper la cadena, ya se amarró. Pero puede estar amarrada por un hilo, que es rompible, pero mientras no lo rompa no vuela. Y dice él, un alma espiritual puede estar amarrada por hilos, pero mientras no los corte, no vuela. No vuela. Entonces, son los ejercicios el momento ideal para romper aficiones desordenadas. A cosas, personas, yo, egoísmo, fama, nombre, creer que... ¿cómo me van a hacer a mí eso? Pero, ¿quién eres tú? Nada. Si hay algo ahí desordenado, es algo que hay que profundizar, estudiar, conocer. Los ejercicios son un momento buenísimo para esto. Desde luego, en la vida religiosa estas aficiones desordenadas, pues claro, destruyen lo más importante que es la santidad. Con una afición desordenada, consentida, tolerada, no se puede ser santo. Se está amarrado. A los pecadores les lleva a las cosas más horribles una afición desordenada.

Ejemplo tristísimo, dolorosísimo de esta doctrina, la sufrió Cristo en el corazón, en la persona de un Apóstol: Judas. Judas fue buenísimo, apóstol, hizo milagros, ocupó un cargo, el único que sabemos que había en el Colegio. Jesucristo vio que había muchas personas y era natural que cuando Él curaba a un enfermo, al verlos... y esa gente de qué viven? Se les puede dar una limosna, se les puede ayudar? Y Cristo dijo: «Si alguien quiere dar alguna cosa, alguna vez, que haya uno que sea el que lo recoge y lo conserva y, para todos. ¿Quién podría ser ese hombre?» Pues, Judas es muy bueno... «Pues bien, Judas» Y Judas empezó siendo muy bueno y haciéndolo todo perfecto. ¿Qué le pasó a Judas? Que un día tuvo la tentación de quedarse con una peseta, diríamos... total una peseta no es nada... Pero Judas, que esto es de todos, que se la dieron a Jesucristo... «Va, pero una peseta, con esto me quedo yo». Y la conciencia se empieza a anestesiar y se empieza a endurecer. Y después, ya, todo lo que era una peseta, la cogía él. Y al poco tiempo empezó a decir... «Cinco pesetas,» y todo billete de cinco pesetas, para él. Y así fue aumentando porque las pasiones nunca dicen basta, sino siempre atropellan al que las cultiva. Y dice San Juan: «Se hizo un ladrón. Judas se hizo un ladrón». Y, fíjense a donde llegó Judas. Porque yo estoy seguro que si eso se lo dicen un día a él, hubiera dicho: «Jamás, esto por supuesto, ni hablar. Cómo se les ha ocurrido semejante barbaridad». Eso no llega más que con el tiempo. Dejar que crezca la pasión, dejar que te siga dominando, dominando, dominando... y cuando oyó un día que Cristo tenía enemigos y que lo querían matar, dijo: «Pues si se los entrego seguramente me dan dinero». Y, por dinero ...

Esta meditación, que San Ignacio dice debe darse a todo ejercitante, tiene un carácter preventivo, hoy se dice que ésa es la mejor medicina: la preventiva. Cuidarse de no caer en esa enfermedad que después es casi incurable.

VI

TRES LLAMADAS Y TRES RESPUESTAS

La gracia de Dios nuestro señor y nuestro esfuerzo personal, nuestra respuesta generosa, son las dos ruedas con las que Dios quiere guiar nuestra vida, Él y nosotros, nosotros y Él. No Él solo. Decir que todo lo hace Dios es una herejía y decir que lo podemos hacer solos nosotros es otra herejía. Como suele pasar siempre, la verdad está en el medio. Dios y nosotros, nosotros y Dios. Él, el principal, por supuesto, pero cooperando, cooperando. «Todo lo puedo en aquel que es mi fortaleza, pero lucho por ello,» decía San Pablo, como buen atleta de Cristo. Es la cooperación nuestra siempre guiados, impulsados, por la gracia de Dios, que es la primera fuente de toda la energía y de toda la inspiración y de todas las gracias y de toda santidad. Pero nosotros cooperando. Y San Pablo dice en otra ocasión: «Yo fui perseguidor de la Iglesia. Pero cuando la gracia me tocó, desde ese momento la gracia no ha estado en mí en vano, sino que yo me he puesto a trabajar con todo el corazón por ella».

Pues, con la gracia de Dios y nuestra cooperación, nuestra buena voluntad, se hizo la primera tarea en esta experiencia espiritual que llamamos ignaciana, porque en el trasfondo de todo ello está lo que Ignacio hizo o lo que Dios hizo con Ignacio. Allá en la Capilla de Loyola donde se convirtió San Ignacio están escritas con letras de oro en la misma viga que estaba allí entonces, «Aquí se entregó a Dios Ignacio de Loyola». Lo demás ya es historia. Pero lo difícil fue la entrega, el momento de la entrega. Aquí se entregó. Y después ya, oigan lo que Dios hizo con él, pero tenía que entregarse. El problema es entregarse... entregarse.

Ustedes son esposas de Jesucristo y a la esposa se le pregunta: «¿Te entregas por esposa?» Y la entrega es dejar de ser yo para ser él, como quien dice.

Pues Ignacio habla, primero, en ese sentido, tan magistral: «vamos a poner primero en orden lo que está desordenado». Porque sobre el caos no se puede construir nada. La Encíclica de Juan XXIII, «Pacem in Terris», la Paz en la Tierra, comienza con esta frase tan lógica: «La paz que es fruto del orden». Donde no hay orden, no hay paz. Figúrense lo que nos pasa a nosotros cuando a lo mejor tenemos una infección aunque sea en el dedo meñique de la mano o del pie, dolor de muelas... resulta que no me puedo lavar porque tengo aquí en este dedo, por pequeña que sea, como está desordenada, desequilibra, molesta, perturba todo el cuerpo. Ahora, cuando lo que está desordenado es la columna vertebral, que es sobre la que descansan todos los miembros: cabeza, brazos, piernas, organismo en general, pues, cómo se va a sentir. En el orden espiritual, la columna vertebral es Dios. Si no ponemos a Dios en el centro, nada tiene sentido. Nada tiene armonía, nada tiene apoyo, nada camina fácil. Y entonces, Ignacio, inspirado por Dios, dice vamos a poner en orden las cosas.

Orden de valores. ¿Qué es lo primero? Dios. Arrodíllate delante de Dios, como criatura que eres, admirable, porque te ha hecho por amor, hijo de Dios. Y allí, de rodillas delante de Dios le preguntas: ¿Señor, qué quieres de mí? De rodillas delante de Dios, pero de rodillas delante de nadie más. No seas esclavo de nada ni de nadie. Esta es la grandeza de los hijos de Dios. Porque los que dicen que no se arrodillan delante de Dios son unos... esclavos de todas las pasiones. No se arrodillan delante de Dios y les dominan la envidia, la avaricia, la lujuria... todo. Son una hoja llevada por el viento de las pasiones a la cloaca de todos los vicios. Ese es el hombre sin Dios. Pero no me arrodillo delante de Dios.

Bueno, nosotros sí nos arrodillamos con una veneración de criatura que lo ha recibido todo, con un amor de corazón que me lo ha dado Dios. Con una alegría y con un entusiasmo de... Dios mío, ¿pero cómo me has querido tanto? Se cuenta como anécdota, pero parece cierta y si no es igual, ¿verdad? Dicen que cuando Miguel Ángel terminó la famosa escultura del Moisés –Miguel Ángel además de la Pieta famosa y otras muchas esculturas una de las más famosas que tiene es la de Moisés. Y cuando lo terminó, lo hizo tan fabuloso –es una de las piezas más grandes de la escultura universal, le dio con el cincel, cuando ya lo vio terminado le dio en la frente y le dijo: «Moisés, háblame, háblame». Claro, Moisés no habló porque es de piedra. Pero si hubiera podido hablar ¿qué le hubiera dicho Moisés a Miguel Ángel? Gracias, Miguel Ángel, pero ¿por qué me has querido tanto, por qué me has estimado tanto, por qué has pensado tanto en mí? ¿Cómo me has dedicado tantas horas de tu vida?

Pues, Ignacio quiere que el ejercitante, de rodillas delante de Dios, cuando Dios le diga, «háblame», nosotros que sí podemos hablar, le digamos a Dios, «Señor, ¿pero por qué pensaste tanto en mí? ¿Por qué me quisiste, por qué dedicaste tanto tiempo para darme a mí todo lo que me has dado, siendo yo un trozo de roca, no valiendo para nada, pudiendo haber quedado en el anonimato de una montaña? ¿Por qué me has querido?»

Ahí nos pone Ignacio, de rodillas delante de Dios y de rodillas delante de nadie más, para poner en orden las cosas. Después había que rectificar otra cosa, la voluntad, la libertad, que Dios nos la dio para que usándola para lo que él nos la dio, podernos premiar. Porque sólo se premia lo que se hace en libertad. La Iglesia entona de un modo especial cuando ha muerto a lo mejor alguien muy poderoso, muy rico, muy influyente y que ha sido muy bueno y dice que «pudiendo haber hecho el mal, hizo el bien». Este es el mérito, este es el mérito. Esta mujer podía haber brillado en el mundo del arte, de la ciencia, del teatro, de la literatura, pero me lo dedicó todo a mí. Pues, nos preguntábamos nosotros, bueno, nos preguntaba Ignacio: «¿Cómo has usado la libertad?» Y con la mano en el pecho, con honestidad y con sinceridad, dijimos, «muchas veces muy mal, muchas veces la usé para mi egoísmo, para mi conveniencia, para mis pequeñeces, sin pensar si eso le gustaba a Dios o no. Creí que como yo podía pensar lo que quisiera, hacer lo que quisiera, en cosas leves, pero hice mi voluntad». Eso es lo que le rompía el corazón a Teresa, ¿por qué yo tantas veces me olvidé de preguntar primero si era lo que Dios quería?

Pues, nosotros, con la mano en el pecho y con sinceridad fuimos a Dios ayer y le dijimos: «Señor aquí está esta pecadora. He hecho muchas cosas, muy malas. Te lo digo todo, tú lo conoces, aquí estoy señor, pero vengo confiada en tu perdón». Y, Cristo me dijo: «Vete en paz, se te perdona todo». Y en ese perdón católico, y digo católico porque claro ahí es donde está toda la verdad, porque el protestantismo predica que los pecados se tapan pero no se borran.

Nosotros sabemos que el perdón nuestro es eliminar el pecado primero y después inundar el alma de vida y de gracia. Porque el chorro de la sangre de Cristo corre por nosotros y la vida divina corre por nosotros y el pecado es como el coágulo en la sangre, que impide que corra la sangre. Quitado el pecado, en seguida, la vida. Y entonces, una vez que se le han perdonado los pecados, y nos hemos llenado de vida. Hemos vuelto al hogar, hemos vuelto a la vida, hemos vuelto a la felicidad, estamos llenos de alegría y de contento. Y ahora viene lo bueno de Ignacio. Porque ahora entramos en lo más importante, éste es el momento cumbre de los Ejercicios Ignacianos.

Y ahora fíjense lo que me dice a mí San Ignacio. Lo que le dice al que da los ejercicios. No te extrañes que en este momento haya ejercitantes que quieran irse. ¿Por qué? Porque vinieron agobiados por el pecado, torturados por los remordimientos de conciencia. Y entonces, ahora... «Ay, ya tengo paz, ya me perdonaron, ya estoy en gracia de Dios. Ya no tengo nada que hacer. Me voy». Y dice Ignacio, conocedor de hombres, extraordinariamente conocedor de hombres por talento natural pero también porque él había participado en una experiencia terrible que es una guerra perdida. Porque en una guerra ganada, todo el mundo es héroe, todo el mundo desfila, a todo el mundo le aplauden, le condecoran. Pero en una guerra perdida... ah... ocurre cada cosa terrible. Gente que se quita los galones, gente que dice, yo vine aquí equivocado, yo no quería venir. Veía que había gente de todas clases y sabía que en unos ejercicios no se puede cambiar la personalidad de una persona. E Ignacio sabe que hay mucha gente... y es verdad... que han nacido creyendo, que han nacido para que les den, pero ellos no dan nada. A mí que me den, a mí que me traten bien, a mí que me respeten, a mí que me consideren, a mí que me premien. ¿Y tú que haces? No, yo en eso nunca he pensado. Figúrate tú. Hay personas así. Entonces con ése no se puede hacer nada de lo que de ahora en adelante quiere hacer Ignacio. A esos, como Dios es tan bueno, pues los perdona y... nada, que vayan al montón de los salvados.

Pero es que ahora Ignacio quiere a los que se quieren distinguir en el servicio de Nuestro Señor. Ahora empieza todo. Ignacio dispuesto a dar la vida por su Rey veinte veces. Él era para dar. Anoche terminamos los ejercicios con la meditación de ayer, del pecado, con aquellas tres preguntas ignacianas: Cristo murió por mí, ¿yo qué he hecho por Cristo? Fíjense que San Ignacio no se quedó diciendo, «qué bueno que murió por mí, gracias Dios mío, ya me salvé». Más nada y nada más. Más nada es cubano, salió espontáneo. Dicen más nada. «Murió, qué bueno, me perdonó, qué bueno. Qué bien me siento». Ah, éste no era Ignacio, ésta no era Teresa. Ella siempre decía: «Y yo qué tengo que hacer, y yo qué puedo hacer, y ahora, qué hago yo. Y ahora llegó el momento mío, porque eso no puede quedar así». Y claro, tenía que saber que había mucha gente egoísta. Señor Jesucristo, dijo con un corazón herido por la ingratitud, porque tenía un corazón igual que el nuestro, igual que el nuestro, esto conviene irlo diciendo cada vez más porque esto para mí es uno de los secretos de Teresa de Jesús, descubrir que el corazón de Jesús es humano, y que tiene en todo lo que es noble, todos los sentimientos nobles del hombre. Y que en esa línea nos podemos entender muy bien con Él, porque somos iguales, sólo que yo soy imperfectísimo y Él perfectísimo. Pero sentimos en la misma onda de los sentimientos. Esa fue una fuente inexhausta de riqueza espiritual en el alma de Teresa.

A Jesucristo, se le presentaron diez leprosos, y si hubieran sido cien, cien. A los leprosos nadie los podía ver, les daban una campanilla para que tocaran si veían a alguien. Podían juntarse con otros leprosos para morirse más rápido. Contagiarse, y si tenían algún familiar piadoso en el monte les dejaban algo de comida, pero cuando ellos no estuvieran. Cristo se acerca a ellos. «¿Qué queréis?» Si nos curases... «Cómo no. Buscad el documento de la curación». Porque si alguno se curaba tenía que buscar un documento en que constara que estaba curado para poder tratar otra vez con la sociedad, con la familia. Y ellos tuvieron el mérito, todos ellos, de creer en la palabra de Cristo. Porque sin haber sido curados, fueron a buscar el documento.

Podían haber dicho, bueno, pero primero cúranos... tuvieron fe y fueron a buscar el documento y, por el camino, todos curados. Y ahora viene la reacción espontánea, la que vale, la que busca aquí Ignacio en el ejercitante. A ver qué ejercitante... cómo reaccionan. ¡Nueve curados! ¡Fantástico! ¡A vivir, a gozar, a trabajar, a negociar! Olvidados de todo. Uno, uno de diez. Curado, vuelto a la vida, «éste hombre me devolvió la vida», corriendo en busca de Jesucristo. Se arrodilló delante de Él: «Maestro, usted me ha devuelto la vida, ¿Puedo hacer algo por usted?» Y Cristo, hombre, como decimos, humanísimo: «¿No curé yo a diez? ¿Los otros nueve dónde están?» Se fueron. Cristo no va a devolverles la enfermedad porque no se va a poner a nivel de ellos. Cristo es grande, Cristo es generoso, siempre, con todos. San Pablo dice: «No le falles a Jesucristo porque Él no te va a fallar a ti». Y qué vergüenza cuando veas que yo le fallé y Él no me falló, y Él me siguió amando y Él me siguió amando, y yo le olvidé, y yo le abandoné.

Tengo todavía grabado un recuerdo allá en Miami. Fue cuando volvían los vencidos invasores de Cuba, había mucha gente de la Agrupación allí y les perdonaron la vida porque el gobierno americano dio millones de dólares en cambio. Fue una compra, no los mate y le damos tantos millones. Y volvieron. Y cuando estábamos allí esperándoles, yo vi una señora que lloraba y lloraba y lloraba, desconsolada. Y me acerqué a ella. Siendo sacerdote uno tiene unas confianzas que nadie tiene y todos tienen con uno las que no tienen con nadie, que es lo que tenemos que pensar siempre, lo que nos da el ser sacerdotes, las puertas que nos abre. Y yo me acerqué a ella: «Señora, he oído que usted está esperando a su marido, ¿por qué llora tanto?» Dice, «Ay, padre, a usted se lo puedo decir porque es sacerdote. Yo, cuando mi marido cayó preso y lo iban a fusilar, recé, fui a misa, comulgué, ofrecí y ofrecí, pero como pasaba el tiempo y pasaba el tiempo y no se arreglaba nada, me reviré contra Dios. Y renegué de Él. Y hablé contra Él, diciendo que no me oía las oraciones, que Dios no existía, que Dios no podía ser bueno porque mira lo que ha hecho con mi marido. Y ahora, padre, me lo devuelve. ¿Dónde yo me meto? ¿Dónde yo me meto, padre?» Y yo la animé mucho, le dije «En el corazón de

Jesús, que es tan generoso que no tiene en cuenta nuestros fallos. Él no falla.»

Queridísimas hermanas, yo muchas veces pienso en el cielo, vamos a tener que pedir perdón a Jesucristo porque a veces nos hemos quejado de cosas que no nos han gustado, que no entendíamos, que no creíamos, y resulta que era lo que más nos convenía, que era lo mejor. Y no lo sabíamos y nosotros no confiamos, y no tuvimos fe. «No le falles», dice San Pablo, «porque Él no te va a fallar». Pues en este momento Ignacio pone delante del ejercitante a ese Jesucristo vivo, vivo hoy, ahora, vivísimo.

Ignacio de Loyola, en los Ejercicios, propone al ejercitante que se encuentre con Cristo en persona. Que está allí en ese momento preguntándole: ¿Puedo contar contigo? Yo estoy metido en una empresa, yo necesito colaboradores. ¿Quieres ser tú uno de ellos? ¿Apunto tu nombre? ¿En qué condiciones? Hoy, porque Cristo vive hoy, está en una empresa hoy, está salvando al mundo hoy y hay millones de almas que en este momento dependen de Cristo y de los Apóstoles de Jesucristo que están a su lado para salvarse. Hoy, no ayer ni mañana. Hoy.

Ignacio está llorando sus pecados, él está avergonzado: «Si yo pudiera hacer algo por Cristo... lo pide mi alma, me lo pide el corazón. Es que no puedo vivir sólo con haberlo recibido todo de Él». Pero, claro, él cree que como ha sido tan pecador, Cristo a lo mejor ya no quiere ni nombrarle, mucho menos llamarle, mucho menos confiarle un puesto importante. Eso se le hace a un amigo, no a un traidor. Y así está Ignacio allí. Y, de repente –por decirlo así– oye que le llaman: «Ignacio»,

«¿Quién me llama a mí?»

«Ignacio, soy Jesús».

«¿Jesús, pero tú todavía nombras mi nombre? El nombre ya es algo de cariño, y es una cosa de amor. Si me dijeras, individuo, pero, Ignacio. Tú todavía conoces mi nombre, Señor...»

«¿Cómo no voy a conocer tu nombre, Ignacio? Te llamo a ti, Ignacio, porque te necesito. ¿Podía pedirte un gran favor?»

«¿Favor a mí? Tú que me has dado la vida, tú que has muerto por mí. Y tú eres Jesús. Y yo ¿quién soy? Un gusano miserable, pecador. ¿Tú me pides a mí un favor?»
«Sí, Ignacio, te necesito en mi Iglesia».

Fueron días terribles que dieron pie a Ignacio y a Teresa, porque cuando una crisis es grande, surgen los grandes. Fíjense lo que tenía que suponer en la cristiandad oír: hoy se fueron los Obispos de Holanda, rompieron con el Papa. Al día siguiente, al poco tiempo, los de Alemania. Después, toda Inglaterra. Inglaterra era catolicísima, se la llamaba en la cristiandad «la dote de María». Unos santos extraordinarios en Inglaterra. Y Enrique VIII el que rompió con Roma, el título que tenía era «Defensor Fidei, ¿defensor de la fe católica. Entonces, estas noticias eran terribles. ¿Aquí qué va a pasar? Y Cristo, al frente de la Iglesia. Porque por suerte la Iglesia no la llevan los hombres, la lleva la Trinidad. Porque cuando decimos Iglesia en todo el sentido de la palabra, tenemos que caer en la cuenta de que estamos diciendo el Padre que la sueña, el Hijo que la funda, y el Espíritu Santo que la anima. Esa es la Iglesia de Dios. Y a esa Iglesia, la Trinidad invita a los hombres: «¿Quieres venir a participar en nuestra vida, con nosotros, y te damos la vida por el Bautismo, por la Eucaristía?» La vida de Dios. Y allí vamos los hombres a la Iglesia como somos: imperfectos, frágiles, pecadores. Por eso no hay que extrañarse nunca ni perder nada de fe, al contrario, entusiasmarse más, como hizo Ignacio y cómo hizo Teresa cuando vio que muchos humanos de la Iglesia, aunque fueran Obispos, estaban fallando. Ahora es cuando me toca a mí.

¿Que los humanos fallen? Eso no toca en nada a mi fe. Me obliga a mí a ser más fiel. Porque yo no quiero ser hijo desertor. Y entonces, Cristo le dice: «Mira, Ignacio, necesito un hombre leal». Leal sí lo era. Por lealtad expuso la vida, y «ahora necesito un santo leal en la Iglesia». Y viene. Cuando Ignacio entiende que Cristo todavía le quiere y le quiere confiar un puesto de importancia en ese sentido, se vuelve loco. Y Teresa, cuando oye que la Iglesia está sufriendo y es la de Jesucristo y Cristo tiene un corazón triste, dice: «Yo tengo aquí un corazón para amarle. ¿Qué puede hacer una mujer ante este momento por la Iglesia?» Estamos en el corazón de lo heroico, de lo grande de lo bonito y vivimos en cierto modo también de lo hispánico, porque es curioso, cuando nosotros nos reunimos en un seminario, en un día de estudio, con americanos y con otros para estudiar los ejercicios, siempre hacen esta pregunta. Ya yo la espero siempre. Siempre vienen: «Oiga, Padre, usted que es español». (Risa) Bueno, porque quiero que sepan que, en la carrera tuvimos compañeros australianos, ingleses, alemanes, «¿por qué están ustedes aquí?» Porque nos destinan a ser profesores de espiritualidad. Y, en espiritualidad, no hay maestros que le alcance ni a mil leguas a Juan de la Cruz, Teresa de Ávila y también Ignacio de Loyola. Si quieres hablar con alguna autoridad, tienes que saber español. Y por eso venimos a aprender español, para poder hablar de espiritualidad, con autoridad.

Pues entonces aquí ahora cuando Cristo llama a Ignacio, Ignacio se vuelve loco. Ignacio dice ahora: Todo el que hace ejercicios tiene un encuentro personal con Cristo, que en un momento y es ahora, le dice: «¿Puedo contar contigo en la empresa, para la empresa en que estoy metido de salvar a todo el mundo?» Esto es lo grande, lo inspirado por San Ignacio. Esto le da a la vida un sentido completamente distinto. Porque descubre la vocación cristiana, que es ser cooperadores con Cristo en la obra de la salvación de Dios. La más grande dignidad que puede tener un hombre. Corredentores con Cristo. Entonces, San Ignacio, otra vez, sensato, prudente, generoso, valiente, valiente, me dirá a mí: Seguramente que entre los ejercitantes habrá de tres clases. De los que se han quedado ya, porque a los otros ya les hicimos la maleta. Ya les despedimos amigablemente. Esos ya están, Goodbye, God Bless You. Qué Dios te bendiga. Sigue con tu aparente humildad, sé bueno, para que no te condenes, pero contigo no podemos ir a la conquista de nada.

El Reino de Dios es conquista, y por eso Teresa sale como una conquistadora incontenible. Porque hay que conquistar el mundo para Jesucristo. Y por eso Ignacio sale como un conquistador, porque si Ignacio no hubiera sido San Ignacio de Loyola, es fácil que hubiera sido Hernán Cortés. Es la misma madera. El mismo espíritu, conquistar todo el mundo para Jesucristo. Entonces dice San Ignacio, de los que se quedan va a haber tres maneras de respuesta, estate consciente de esto. *Primero*: Cómo no, yo sí quiero, claro, haber estado haciendo los ejercicios, ver que Cristo murió por mí, y cuando me pregunte, ¿quieres hacer algo por mí?, decir, no quiero hacer nada, es terrible no. Dice, bueno, sí, sí, como no. Yo voy a hacer algo, dice él. Pero poniendo muchas condiciones. Sí, pero, con tal de que no me pida tal cosa, tal otra. Como Cristo nos quiere salvar a todos, pues nos acepta lo que le demos. Es mendigo de nuestra amistad. Cuando los mendigos teníamos que ser nosotros.

Eso es lo que a Teresa le rompía el corazón. Cómo Cristo le pidió a la Samaritana agua y no se adelantó ella siendo mujer, al ver que sudaba, que estaba cansado, cómo no fue ella la que le dijo «Señor, usted necesita agua. Mire, yo tengo un cubo para sacarla. ¿Quiere un poco de agua?» Esa espina se le clavó a Teresa toda la vida. Porque lo tenía en el cuadro que tenía en su casa y que está hoy en el Museo de la Encarnación. Y dice que desde niña veía aquel cuadro, y aquello la ponía a ella.... «cómo una mujer». Porque es que Teresa se sentía como que encarnaba todo lo bueno de la mujer. Qué cosa más maravillosa, todo lo bueno femenino repercutía en ella. Una mujer no puede hacer eso, decía ella, si es mujer como debe ser. Precioso. Pues ahora, dice San Ignacio, habrá quien diga: Bueno sí, yo algo... pero siempre que no me pida tal cosa, tal otra. Con condiciones. Muy bien. Ese es uno. Yo sí, con condiciones. Pero ahí estamos todos nosotros también, ¿eh? Sí, voy a hacer por Jesucristo, pero con tal que no me pida esto... que no me pida lo otro, tengo miedo que me pida esto.

Segunda manera de responder, pone San Ignacio. ¿Puedo contar contigo? Sí ¿alguna condición? Incondicional, incondicional, las condiciones las pones tú, yo no pongo ninguna. Preciosa actitud. Igual que decía San Ignacio a los Superiores, vamos a poner en sus manos gente incondicional. Usted es el que tiene que tener mucho cuidado de qué pide, cómo lo pide, porque él va a decir que sí. Por lo tanto en usted está la atención, la comprensión, la delicadeza, el caer en la cuenta si tendrá fuerzas suficientes para ello, porque él va a ser incondicional. Él va a ser incondicional. Fantástica actitud. Incondicional.

Yo no sé ustedes seguramente igual, pero yo recuerdo en el noviciado, por lo menos en mi tiempo, firmábamos siempre un papel al entrar que decíamos, entramos incondicionalmente. Nadie puede decir yo entro para ser profesor de matemáticas o para ir a las misiones. No, usted entra incondicional. Ya después los superiores lo destinarán y usted, incondicional. Firmábamos aquel papel, yo me acuerdo, porque a lo mejor alguno pensaba, yo entro en la Compañía de Jesús para tal cosa. No, no, no. Si usted pone la condición, no puede entrar. Es incondicional. Bueno, entonces dice uno, pues incondicional. ¿Será lo mejor que existe?

Todavía no. Ignacio se queda callado, asombrado, agradecidísimo, abrumado por la predilección de Cristo que lo ha escogido. Pero por dentro hay una inquietud, pero no se atreve a hablar, porque quién es él para hablar, si él es un rescatado del infierno. Si él tenía que haber sido condenado al infierno. ¿Qué va a pedir? ¿Cómo va a poner ninguna condición? Pero Cristo lo nota. Dice: «Ignacio, no estás tranquilo. ¿Te pasa algo? ¿Quieres decirme algo?» «Maestro, es que no puedo hablar porque no tengo moral para hablar. He sido un desertor». «Pero, Ignacio por Dios, olvídate de eso, que eso está todo perdonado. Háblame, ten confianza. Pero ¿en qué quedamos, vamos a ser amigos o no vamos a ser amigos?» «Maestro, ¿de verdad que me dejas hablar lo que siento?» «Claro». Y ahora viene Ignacio de Loyola, con su carisma para la Iglesia universal. Lo peculiar de cada santo, lo que aporta cada santo a la Iglesia. Nada es invento del santo, todo está en el Evangelio. Pero es el modo de vivirlo. El modo de vivirlo. Porque en el Evangelio está que hay que amar a los pobres, que hay que consolar a los enfermos. Pero cuando el mundo veía a la Madre Teresa de Calcuta abrazar a los leprosos, vivir con ellos. «¿Qué es esto?» Ah, es que una cosa es amar y otra el grado, la intensidad, la forma. Esto es lo que los santos añaden.

Ignacio, dice: «Maestro, ¿de verdad que puedo pedirte algo y ponerte alguna condición?» «Ignacio, claro que sí». «Maestro, ¿te puedo pedir que me des lo que nadie quiera y donde más peligro haya?» Ese es Ignacio en la Iglesia de Dios. Lo que nadie quiera y donde más peligro haya. Esta fue la idea. Formar un grupo de hombres bien formados, con talento, cualidades humanas y decirle al Papa: «Aquí tiene usted este grupo para lo que nadie quiera y donde más peligro haya. Disponga de ellos incondicionalmente. Para eso le hacemos a usted un voto especial». Este es el famoso Cuarto Voto de los Jesuitas. Que además de pobreza, castidad y obediencia, dicen y un voto al Santo Padre para que me mande donde nadie quiera y donde más peligro haya.

Y a pesar de todas nuestras faltas, imperfecciones, deserciones, pero esto gracias a Dios existe en la Compañía y constantemente está uno viendo ejemplos admirables. No sé si ustedes oyeron –hoy, quizás sí, porque fue una noticia muy grande para rezar por ella– cuando hace unos pocos años un día en la Embajada Japonesa de Lima en Perú, entraron unos terroristas con armas, granadas y estaban allí celebrando una fiesta, que era la fiesta del Japón y cogieron a casi trescientas personas como rehenes. La idea era... eran terroristas, y entonces todo el mundo quedó allí preso, con los hombres armados y granadas, ametralladoras, si alguien tocaba allí, lo volaban todo. Y moría todo el mundo. Y entonces cuando ya pasó un día, pasó otro día, los guerrilleros empezaron a sacar... que salgan los niños, que salgan las mujeres. En esa fiesta estaba un Jesuita, que era profesor de economía en la Universidad de Lima y el Embajador del Japón lo conocía y lo invitó a la fiesta. Y estaba allí. Y cuando llegaron a él, le dijeron: «Usted salga». «No, yo no salgo. Mi puesto es aquí, yo tengo que correr la suerte de ellos, o morir con todos o salvarme con todos. No sería yo Jesuita si yo saliera de aquí». Salió en la prensa eso, pero nadie captó lo que eso significaba como nosotros. Este hombre vivió la meditación del Rey temporal y el Rey eternal. Cristo llamándonos a lo difícil, a lo heroico. Y esto es lo que ha dado pie a todas las misiones de los Jesuitas y de los puestos difíciles y que pueda la Iglesia contar con ellos.

Pero este espíritu no es sólo para los Jesuitas. Es para todo católico que haga ejercicios, esto es lo bueno. A mí me llaman los párrocos de Miami, algunos de ellos me dicen: «Padre, siga dando ejercicios, porque aquí vienen hombres y mujeres con un estilo que yo nunca había oído. Porque vienen, «Padre, qué hay que hacer en la Iglesia, en la parroquia, que nadie quiera y lo que sea más costoso, más difícil. Y que no se sepa nada, que no lo sepa nadie pues yo vengo a servir a Jesucristo. No vengo a servirme a mí.» Porque es que, claro, ha llegado el momento de los seglares en la Iglesia. Gracias a Dios. Y eso es del Espíritu Santo. Pero si los seglares no son virtuosos, no hacen nada más que subirse en el pedestal de la Iglesia para buscar vanagloria. Y entonces muchos movimientos seglares se destruyen porque todos quieren ser presidentes, todos quieren mandar, todos quieren... No hay humildad. Ignacio busca esto. Y ésta es Teresa de Jesús. Y estas personas con esta actitud, resuelven todos los problemas. Aquí no hay problema ninguno: lo que nadie quiera y donde más peligro haya, donde más anonimato haya.

Queridísimas hermanas, he oído, me ha dicho la Madre Priora que pida a Dios nuestro Señor con ustedes, no me atrevo a decir por ustedes, sino con ustedes, en compañía, porque ustedes son mucho mejores que yo para que yo pida por ustedes, que van a tener un momento de cambio quizás de autoridad en la comunidad. No tengan ningún problema, todo va a ser una maravilla. Porque aquí no hay más que unas religiosas que quieren lo más difícil para servir mejor y complacer únicamente a Jesucristo. Y cuando eso se hace en grupo, esto es Pentecostés. De aquí no va a salir más que más gracia, más don de Dios, más celo, más amor, más alegría, porque es Cristo el que lo dirige. Porque hay espíritu. Y ustedes están en un sitio tan importante, queridísimas religiosas. Me da una devoción tan grande pasear por aquí, por el Cerro de los Ángeles, pensar que es el punto céntrico de España, ver a ese Cristo levantado ahí. Porque en este momento, ustedes lo sabrán, el cincuenta por ciento de los católicos, rezan en español. El cincuenta por ciento de la Iglesia universal. El Papa lo ha dicho varias veces para estremecer al mundo hispano. Para ver la responsabilidad que tienen. Como quien dice, la fe descansa en sus hombros. Y cuando yo pienso que todo eso salió de España, porque Dios lo quiso, podía haber escogido a otro pueblo. Pero igual que escogió a Israel para que en él naciera el Mesías, escogió a España para que América fuera católica. Y que están ustedes aquí en el centro... Dios mío, éste es el «Big Bang». De aquí va a salir la energía. De aquí tiene que salir. Y cuando uno oye a Abraham llorando al ver que le dice Dios: «Si encuentras diez justos yo perdono a todos y Sodoma y Gomorra seguirán en pie». Y busca diez y no los encuentra, y por eso son destruidas Sodoma y Gomorra. Yo digo, pues en el Cerro de los Ángeles hay más de diez justos. Hay más de diez amigas de Jesucristo. Íntimas hijas de Dios, deseosas nada más que de complacerlo. Se salva España, se salva el mundo, se salva la Iglesia. Y estas no son palabras, es el modo que Dios tiene. El estilo de Dios. Él quiere salvar al mundo con un grupo de amigos. Escogió a doce. Podía haber hecho otro plan. Y sigue así. «¿Dónde están mis amigos? ¿Vosotros sois mis amigos?» Y tan es así que va a salvar al mundo. Por eso es que dice: «Por eso ustedes, los que han dejado a padre, a madre, se sentarán conmigo en el mismo palco a juzgar a todas las tribus de Israel. Son los salvadores del mundo».

Hermanas, nosotros somos los salvadores del mundo. ¿Estamos viviendo a ese nivel, a la altura de esa vocación tan divina, tan de Cristo, tan del Espíritu Santo? Pues todo es verdad. Y no estoy diciendo cuentos ni cosas piadosas. No, no. Esto es dogma. Eso es todo verdad. Y nos lo pone aquí San Ignacio ahora. Por lo tanto, yo me siento muy emocionado y muy conmovido y muy agradecido a Dios. Dios mío, ¿por qué me has dado esta oportunidad? Porque viendo desde América así, uno mira... y veo además que ese Dios, y perdonen la confianza pero estamos aquí en la intimidad, Dios las ha escogido a ustedes, al grupo del Cerro de los Ángeles, para salvar el espíritu auténtico teresiano. HOY. Y les ha dado una Madre, santa Maravillas. Esto no es casualidad... esto es el plan de Dios.

VII

LA ENCARNACIÓN. LA VIRGEN

En la meditación de esta mañana, tan importante en la trayectoria de los Ejercicios Ignacianos, la invitación de Cristo a unirnos a Él: ¿Quieres venir conmigo? Y respondimos con toda honestidad, con toda sinceridad de acuerdo con el nivel en que nos sentíamos seguros, quizás poniendo alguna condición porque no nos sentimos todavía tan fuertes, a lo mejor muy generosos incondicionalmente, a lo mejor generosísimos para lo más difícil. Bueno, pero había un peligro de creer de entrada que iba a consistir sólo en hacer cosas grandes, en hacer muchas cosas, hacer, hacer. Y la Iglesia, creo que fue Pío XI el que habló cuando comenzó tanto en todo el mundo la famosa Acción Católica, Acción Católica, Acción Católica, que hizo un bien muy grande en toda la Iglesia, pero quizás el énfasis en la acción se excedió un poco y entonces fue el mismo Papa el que llamó y dijo la herejía de la acción, que puede haber en la acción una herejía, es creer que todo está en hacer, hacer. Porque para el cristiano antes que hacer, o al mismo tiempo, mejor, al mismo tiempo hay que ser. Y esto es lo nuevo del cristianismo. Que Cristo se lo dijo al sabio Nicodemus cuando tiene la entrevista con él, aquella entrevista tan importante, que un letrado notabilísimo, que sabía todo lo que era la Biblia, el judaísmo, y se encuentra con Cristo, un obrero de Nazaret, carpintero, seguramente Nicodemus hablaba mejor. Los galileos tenían un dialecto, un poquito el tono de hablar que parece que algunos de Judea como que lo despreciaban. Seguramente Cristo hablaba como un galileo. Esta entrevista tan tremenda es maravillosa porque se encuentra en lo más selecto del judaísmo. Además era miembro del Sanedrín, una cosa enorme. Este maestro que vino de Galilea, ¿de Nazaret puede salir algo que valga la pena? Oíamos ayer al Evangelio. Pero ¿de Nazaret? Pues, de Nazaret. Y a la primera de cambio le dice el carpintero de Nazaret: «No sabes nada, cómo lo siento. Hay que nacer de nuevo. Todo es nuevo en el plan de Dios».

De modo que trae un mensaje completamente superior, nuevo, distinto. Y lo nuevo es que hay que nacer de nuevo. Hay que ser otra persona distinta de la que uno nace. Hay que renacer, y el bautismo es un nacimiento y la vida espiritual es un crecimiento. Y la santidad es el perfeccionamiento de esa vida. Y entonces la cosa no está en hacer, hacer sólo. Y esto, está bien claro en el Evangelio cuando cuenta Jesucristo, dice Él a modo de parábola: «Llegarán a la puerta del cielo gente que ha hecho muchas cosas. Lo primero que van a sentir es «¿Cómo es posible que a nosotros que hemos hecho tanto no nos esté esperando la orquesta celestial, bajo un arco de triunfo, para celebrar todo lo que hemos hecho. Porque hemos hecho esto y esto y esto...?» Y dice Jesucristo que mirándoles tendrá que decirles con muchísimo sentimiento: «Nescio vos» Ustedes no son de aquí. Aquí no pueden entrar. Todo el que entra aquí entra lleno de humildad, lleno de gratitud, convencido de que no se lo merece, de que él no ha hecho nada. Y ustedes vienen exigiendo, obligando, forzando. Ustedes no son de aquí. Aquí ustedes no podrían vivir veinticuatro horas».

Fíjense que San Pablo tiene aquella afirmación tan bonita y tan aleccionadora en ese sentido de que no podía describir lo que había visto en el cielo en cuanto a las maravillas que Dios tiene preparadas. Pero hay una cosa que describió, como un periodista que va a otro sitio, a otra nación y dice, lo que más me llamó la atención fue esto... ¿Qué fue lo que le llamó la atención a San Pablo cuando vio el cielo? Que todos se parecían a Jesucristo, que era una familia y que todos tenían el aire de familia. La pinta de familia, que decimos nosotros. Eso que tienen los hermanos que uno es alto, uno es bajo, uno a lo mejor es grueso, otro delgado, otro... pero cuando hablan, un gesto con la mano, una sonrisa, un modo de caminar, ahí está el aire de familia. El aire de familia... hay que tenerlo para entrar en el Cielo. Y el aire ¿quién lo da? Jesucristo. Y por eso San Pablo, el gran apóstol de la evangelización geográfica, pudiéramos decir, es el gran apóstol de la predicación interior. Cuando dice: «Revestíos por dentro de Nuestro Señor Jesucristo. Que Cristo crezca dentro de vosotros. Que lleguéis a la plenitud de Cristo». Pudo decir él, vivo yo. Pero ya no soy yo el que vivo, es Cristo el que vive en mí. Por eso es el Apóstol más grande. Y un día encontró a varios de sus discípulos comentando allí, es una manera de explicar lo que dice una carta, pero podría ser muy bien que ocurrió esto. Que estaban allí hablando los discípulos: ¿Tú conociste a Jesucristo? Y alguno lo había conocido y a lo mejor había estado en el monte cuando la multiplicación de los panes, o cuando las bienaventuranzas, porque eran contemporáneos de Cristo. Y, claro, otros nunca habían visto a Jesucristo. San Pablo nunca le vio, en la vida. Tuvo que venir del Cielo Cristo, lo vio ya resucitado. Y entonces estaban comentando allí y parece que los que habían visto a Cristo estaban muy contentos, los que no lo habían visto estaban muy tristes. «Yo que no lo conocí, con lo que a mí me hubiera gustado ver si era, cómo era, cómo hablaba, cómo sonreía. Haberle podido dar la mano, haberle abrazado un día». Y Pablo corta por lo sano y dice: «Bueno esa preocupación está bien que la tengan otros, pero ustedes no tienen porque tener esa preocupación, porque como me conocen a mí, imítenme a mí como yo imito a Cristo y somos todos igual que Cristo». Qué fantástica evangelización, qué fantástica.

Y eso es lo que Cristo dijo: «Como el que me ve a mí, ve al Padre, el que les vea a vosotros que me ve a mí en vosotros». Yo no había caído en la cuenta así de lo que esto quería decir en un sentido vivido, porque las cosas no valen nada hasta que no se viven, mientras son pura teoría, doctrina, opinión... La cosa es que sean vivencias, eso es lo que vale. Y, cuando murió la Madre Teresa de Calcuta, yo tengo... no sé qué decir... como un poco de suerte en ese sentido. Figuro un poco de capellán de ellas y confesor de la comunidad que hay allí en Miami, porque cuando se fundó pues la Madre Teresa nos dijo a los sacerdotes que estábamos allí con el Obispo en la casita que abrían en el barrio más pobre. Y nos dijo a los sacerdotes: «Queridos sacerdotes, yo tengo que decir aquí lo que dijo Pedro al que le pedía limosna a la entrada del templo. Oro y plata no tengo... mi riqueza son estas hermanitas, cuídenmelas». Y yo me sentí tocado y esperé que se fuera la Madre Teresa de Miami. Fui por allí de hecho nada más que para ofrecerles la Agrupación que no está lejos, y que es un sitio muy acogedor porque tiene el mar y tiene un patio, y ellas las pobres viven en un barrio pobrísimo, todo lleno de drogadictos, todos los vicios de la sociedad moderna. Allí están colocadas, para ser la sal de la tierra.

Y les digo, miren cuando quieran, allí está la Agrupación, vengan por acá. «¿Padre podría decirnos la Misa algún día?» «Bueno, algún día.» Otro día ¿podría confesarnos? ¡Y cómo yo les digo que no, si la Madre Teresa lo pidió! Pues, bueno, cuando murió yo fui allí eufórico, porque para mí la muerte de la Madre Teresa, me parecía verla en el Cielo, ya. Y llegué allí riendo, digo, con cierto tono de alegría. Y me las encuentro a todas llorando. Ah, yo cambié de cara en seguida y dije qué es esto. ¿Qué hago yo aquí, Dios mío? Les dije, es que yo venía, porque como yo sé que está en el cielo, que tal y cual... y me dicen: «Sí, pero She was our mother, ella era nuestra madre». Y estaban llorando como hijas que lloran a su madre. Es natural. Y entonces se me ocurrió a mí una cosa que a cualquiera se le hubiese ocurrido, y a ustedes mucho mejor, pero que me sirvió de... anda, esto es lo que quiso decir Jesucristo. Bueno, pues, ¿saben lo que se me ocurre para que la Madre Teresa no haya muerto, sino que se haya multiplicado? Que cada una de ustedes sea una Madre Teresa, para eso son sus hijas. Y entonces no desapareció la Madre Teresa, se multiplicó.

Y cuando yo dije esto, que es una cosa que se le ocurre a cualquiera... Dije, anda, pero si esto es lo que dijo Jesucristo cuando se despidió de los apóstoles: «A mí ya no me va a ver la gente. La gente les va a ver a ustedes. Si ustedes me reproducen a mí, me verán a mí en ustedes. Si no me reproducen, desapareceré». Qué tremendo. Y esto es ser cristiano. Y esto lo tenemos nosotros, figúrense ustedes, cuántas Madres Teresas, cuántas Carmelitas hay en el mundo. Imagínense lo que sería el mundo si una Madre Teresa hizo lo que hizo. Y esa es la vocación. Es decir, lo nuestro implica transformación interna, no es una firma, no es una identidad con una tarjeta de identidad exterior. Es el alma, es el corazón, es la vida. Yo tengo que actuar... Esto lo diría la Madre Teresa, así pensaría la Madre Teresa. Porque yo soy su hija espiritual con la misma gracia de Dios que me quiere identificar con ella. Y ése es el cristianismo. La identificación con Jesucristo. «El que les vea a ustedes, me ve a mí». Ya nadie va a encontrar a Jesucristo, de ordinario. Sería un milagro, una visión... no, no. Ese no es el plan de Dios. Es que se vea en los cristianos.

Bueno, pues ahora San Ignacio, después que hemos dicho, sí, apúntame, apúntame, yo quiero, yo quiero, San Ignacio dice: Ahora, amigo mío, a transformarte por dentro. A la labor lenta, constante, diaria de ver cómo yo voy siendo mejor por dentro. Y entonces, hay que bautizarlo todo. «Padre yo tengo este carácter, yo tengo este genio, yo tengo esta personalidad». Todas son cualidades bautizables, evangelizables. Porque no hay nadie que no pueda ser santo. Con esas cualidades, tú puedes ser santo. Ahora, mira a ver cómo las bautizas, mira a ver cómo las injertas en Cristo para que den frutos cristianos, no frutos salvajes. Porque sino eres una salvajita. Si te dejas llevar de los impulsos, de los instintos, de la reacciones, sin injertarte en Cristo. Pero es que se supone que el bautismo nos injertó, la gracia, y la Eucaristía nos transforma en Él. Entonces tenemos una facilidad enorme para si utilizamos esas cosas para lo que Cristo las hizo, irnos transformando en Cristo.

Los Ejercicios Ignacianos están hechos para que duren hasta treinta días más o menos, no se sabe exactamente, más o menos. Lo que sea, lo que haga falta para que yo salga de ellos, cristiforme, como Cristo. Y, entonces, para eso ahora vienen lo que San Ignacio llama las Contemplaciones. Es decir, la vida de Cristo, contemplada, no meditada precisamente. También se reflexiona y todo, pero es, contemplar es, delante de una noche estrellada tú contemplas y te quedas admirado, qué maravilla, mira qué cosa. Delante de un amanecer, al atardecer, frente un jardín de rosas, frente a un gesto sublime de amor... una madre abrazando a un hijo enfermo, que se le muere. Contemplar eso es, no hay que meditar para eso, basta dejarse impresionar. Lo que ves deja que te afecte, que te entre, que te empape de esa virtud que tiene ese gesto que ves en otro. Entonces, ésta es la idea ahora de San Ignacio de llevarnos con paz, con calma, a observar la vida de Jesucristo. Para lograr, dice él, un conocimiento íntimo de Jesucristo. Íntimo, ¿qué quiere decir íntimo? No histórico. Uno puede saber de Jesucristo maravillas, porque nació en tal época y entonces el judaísmo era esto, el imperio romano era esto, Egipto era esto, Palestina era esto. Cosas preciosas, muy bonito. Y cuando eso se sabe para poder amar más a Jesucristo, una maravilla. Pero lo sabe gente que ... es histórico. Mucha gente sabe de las Escrituras, pero ¿es santo ése que sabe tanto de eso? No... ¿teológico? Sí, sabe mucha teología, es profesor de Cristología, pero... ¿se está transformando en Cristo? Ignacio quiere transformarnos en Cristo. Y entonces, todas las contemplaciones ahora van orientadas hacia eso.

Como es natural la primera contemplación, ¿cuál va a ser? ¿Cómo y en qué marco y entre qué personas, nace y aparece Cristo en la historia? ¿Cuál era el marco, qué clima, qué ambiente, qué personas intervinieron? Y, figúrense ustedes, si siempre esta contemplación tiene muchísima importancia, este año del Jubileo del 2000 ...¿Qué es el Jubileo del 2000? Que hace dos mil años que nació Jesucristo. Que hace dos mil años que Dios se hizo hombre en Jesucristo. Que hace dos mil años que se realizó el sueño que Dios tuvo desde toda la eternidad, que era en Cristo y por Cristo y con Cristo. Y por eso el Papa lo preparó con tanto interés, un año y otro año. Y para todo el mundo, porque lo de Jesucristo es para todo el mundo, lo sepan o no lo sepan. Entonces, queridísimas hermanas, caemos en la cuenta que esto es una maravilla. Jesucristo, y espero que me entiendan y todos ustedes son cultísimas, estoy seguro, en religión. Jesucristo, como Jesucristo, no existió siempre. Existió como Verbo, como la Segunda persona de la Santísima Trinidad. Pero como Jesucristo apareció en la cueva de Belén hace dos mil años, cuando los ángeles entonaron en el aire «Gloria a Dios en el Cielo, y en la tierra paz a los hombres». Os traemos la gran noticia... Nació Jesús, el Salvador, el Libertador, el Mesías. Eso ocurrió hace dos mil años. Ignacio quiere que le demos la importancia que tiene, naturalmente y que lo contemplemos. Entonces, como saben, él pone como puntos de referencia para esta contemplación, pues, tres cuadros impresionantísimos todos. Uno, la Trinidad. La Trinidad está en el Cielo. Y es Padre, Verbo y Espíritu Santo. No existe Jesucristo todavía. La Trinidad está viendo el mundo que la Trinidad creó y entonces, dice San Ignacio, como el mundo estaba, perdido. Nuestros primeros padres rompieron con Dios y se fueron alejando cada vez más de Dios y el mundo llegó a una degradación y a una monstruosidad increíbles. Sabemos algo del mundo más culto, como se dice, en cultura, diríamos, profana. Sabemos como era una Atenas, como era Roma. Pues, ahí, donde en algunas cosas llegaron a donde nadie ha logrado superar, porque no ha habido un poeta que haya superado a Homero. Cuando se estudia literatura y poesía, Homero es el padre... en oratoria nadie se lee que haya podido superar a Demóstenes, un griego. En filosofía, un Aristóteles y un Platón, imagínense ustedes. Bueno, pues, en ese mundo donde había alguien tan notable culturalmente, la vida era una monstruosidad.

Se dice de un escultor conocidísimo, griego, estupendo escultor, se llamaba Fidias. Ese escultor quiso hacer una estatua de un dios torturado por los dioses, porque eran muchos dioses y todos se combatían. Y entonces se pusieron de acuerdo varios dioses para lanzar al infierno a otro dios. Y entonces ¿cómo sufriría ese dios en el infierno? Y, quiso hacer una escultura de ese dios sufriendo en el infierno. ¿Cómo lo hizo? Esto es histórico, según los historiadores era el modo de actuar, de vivir. Pues en su taller de escultor mandó venir uno por uno esclavos y entonces daba la orden de que los torturasen hasta que murieran, para ver cómo ponía los ojos un hombre que moría torturado. Para ver cómo ponía los ojos. Cuando lo mataban, se llevaban el cadáver, y él había copiado los ojos de ese hombre torturado para ponérselos al dios torturado por los dioses. Y después, que traigan otro, tortúrenme hasta matarlo a ver qué hace con los brazos. Así, dicen que mató a doce esclavos para copiar gestos y llevarlos a la escultura. Y todo eso se dice alabándolo.

Un historiador mexicano, no hace mucho ha escrito que para inaugurar la pirámide de la Capital de México que es igual a la que está en Egipto, una pirámide gigantesca que levantaban a sus dioses, para inaugurar esa torre, esa pirámide, se mataron durante una semana, ochenta mil personas. Se sacrificaban. Y que los sacerdotes, que eran los verdugos, eran tan expertos en matar gente que en diecisiete segundos cortaban la cabeza, la tiraban para un lugar, sacaban el corazón, lo echaban para otro, y el cadáver lo tiraban por la escalinata, para que cayera chorreando sangre. Y allí estaba el dios de los Aztecas contemplando aquel sacrificio, con todo el gobierno allí presente. Y una fila de ochenta mil personas esperando la muerte. Ese era el modo de vivir antes de Cristo.

Queridísimas hermanas, yo digo ahora, en este año dos mil que se conmemora la venida de Cristo, si el mundo fuera un poco justo, si el mundo fuera honrado, tenían que levantar todas las capitales del mundo un monumento a Jesucristo. Que este del Cerro de los Ángeles fuera una miniatura al lado de lo que todo el mundo le debe a Jesucristo. Todo lo trajo Él. No había ninguna humanidad hasta que vino Él. Nadie tenía lástima de un enfermo hasta que vino Él. Nadie consoló a un triste hasta que vino Él. No había ninguna obra de caridad hasta que vino Él. La mujer era despreciada prácticamente en todas las culturas hasta que vino Él. Derechos humanos, con los que se llena la boca hoy el mundo... ¿quién trajo los derechos humanos al mundo? Jesucristo con el Padre Nuestro. Cuando dijo: «Digan todos, Padre Nuestro que estás en los cielos», ya lo dijo todo. Que había un padre común y que todos éramos hermanos. Eso nadie lo había predicado nunca. Eso es novedad cristiana. Y todavía, ¿por qué el Papa dice esto? y ¿por qué la Iglesia se mete?

Pues San Ignacio quiere que captemos la necesidad que había de que viniera Jesucristo. ¿Dónde hubiéramos ido sin Jesucristo? Lo que le debemos a Jesucristo. Y, ése es el Segundo Cuadro. Porque decíamos que el Primer Cuadro era la Trinidad, el Segundo, el Mundo. Y hay un Tercer cuadro. Importantísimo, maravilloso, idílico. Una jovencita de 14 o de 15 años llamada María, que vive en Nazaret. Es indispensable en el plan de Dios. Es necesarísima, sin ella no va a caminar nada. Se va a contar con ella para todo este plan. Y va a ser libre. No podemos imaginar... Claro, Dios la ha estado preparando. Como dice la Iglesia tan bonitamente, cuando hacía los montes pensaba en ella. Es que los montes se hicieron por Jesucristo y Cristo iba a nacer de la Virgen. Cuando fijaba las estrellas, pensaba en ella. Claro que pensaba en ella. Entonces, nunca podremos nosotros entender del todo ni mucho menos, pero sí acercarnos un poquito a la grandeza, la belleza, la santidad, la dignidad de María, como mujer, como criatura, porque María no es diosa, es sólo mujer. Pero claro, cómo poder conocer a María si nunca hemos conocido a nadie que no haya tenido pecado original. Entonces, como ella no tuvo pecado original, pues primero, negativamente, no tuvo nunca una mala inclinación. Nunca inclinada al egoísmo, nunca inclinada a la vanidad, nunca inclinada al capricho. Nunca inclinada al yo. Negativamente, ninguna tendencia mala. Figúrense ustedes, esto no lo habíamos visto nunca. Positivamente, llena de gracia. Y dice Santo Tomás de Aquino que la Virgen, desde el momento de su concepción, tuvo más gracia que todos los santos juntos. Por su vocación de madre de Dios. Y que todo eso lo fue viviendo cada vez más, creciendo cada vez más, multiplicándose cada vez más por sus actos de amor libres, en que actuaba como cualquier persona, en el sentido de «todo por Dios, todo por Dios».

Claro, tenemos que distinguir aquí, al hablar de María, como es natural, la obra de Dios y la obra de ella, por así decirlo. Lo más grande de María lo hizo Dios. Figúrense, quién va a hacer una filigrana de esta naturaleza. Lo hizo Dios ¿por qué? ¿Quién la hizo inmaculada? Dios, ella ahí no hizo nada. Inmaculada cuando fue concebida por sus padres, no cuando ella concibió a Jesucristo, ya se sabe. Que el demonio estaba acostumbrado a que cuando alguien fuera concebido ponerle el sello de su propiedad. Me pertenece. Y cuando fue concebida María y el demonio fue a ponerle el sello de su propiedad, se siente alejado... Ni toques aquí. Se tuvo que quedar aterrado el demonio. ¿Qué pasa aquí? ¿Qué me espera a mí? ¿Qué ha nacido hoy? María, concebida sin pecado original y llena de gracia. ¿Por obra de quién? De Dios. Eso, ella no puede hacer nada. Llena de gracia, por obra de Él. Esposa del Espíritu Santo, obra de Dios. Madre y Virgen, obra de Dios. En cuerpo y alma al Cielo. Obra de Dios. Todo es obra de Dios, ella no tiene nada que ver en esto. Como dijo ella después muy bien, «el Todopoderoso ha hecho en mí cosas portentosas. Me hizo Inmaculada, me hizo llena de gracia, me hizo virgen y madre, me hizo esposa del Espíritu Santo, madre de Dios.» Todo, obra de Dios.

Entonces qué hizo ella, por lo cual estarle nosotros sin límites de gratitud y de amor. Pues, ella mucho hizo, muchísimo. Pero dos cosas en especial. Primero, creyó que Dios podía hacer cosas imposibles. Creyó. Una fe... Fíjense queridísimas hermanas que Zacarías, un sacerdote en el templo, cuando el Ángel le revela que va a tener un hijo Isabel, dice: «Pues no lo creo ni lo puedo creer..» «Pues, créelo, que sí que Dios va a hacer el milagro relativo, porque va a ser naturalmente el nacimiento, la concepción.» «Pero sí es vieja, si es estéril, si es imposible. No lo creo, no lo creo.» Y el ángel tuvo que castigarle dejándole mudo, porque no creyó. Y María, cuando va preguntando con una sabiduría, con una inteligencia, «Pero esto cómo va a ser esto, pero esto cómo puede ser». Y se le dice: Sí, esto. «Bueno, pues Dios todo lo puede hacer, yo creo en Dios, yo me fío en Dios, yo me entrego a Dios. Yo soy toda de Dios. Yo, para lo que Dios quiera.» Por algo Isabel, cuando la ve, lo primero que exclama es: «Bendita, tú, porque creíste cosas imposibles». La fe de María.

Hermanas, tenemos que tener fe en Dios. Nosotros somos creyentes. Dios puede hacer lo que nosotros ni nos podemos imaginar. No le fallemos en la fe. Porque entonces le fallamos en algo vital. Cómo va a pasar aquí, qué va a pasar aquí... Ten fe. Apóyate en Dios, pide a Dios, confía en Dios. María nos da este ejemplo portentoso, increíble. Y la otra virtud de María: la humildad. La humildad de María. Si podemos pensar con la cabeza cosas lógicas, y Dios nos la dio para eso, para que pensemos, podemos imaginarnos qué problema tenía la Trinidad cuando soñó en el plan de que Cristo naciera de una mujer. Porque a Cristo lo podía haber creado Dios de la nada, y hacerle hombre, y ya. Pero el plan de Dios fue que fuera hombre igual que todos los hombres. Que empezará siendo un embrioncito de niño en el vientre de una mujer. Pero ¿cuál era el problema de la Trinidad? ¿Habrá alguna mujer tan humilde que cuando sepa que va a ser esposa del Espíritu Santo, porque el Espíritu Santo la cubrirá con su sombra, cuando sepa que lo que va a nacer de ella es Dios, y por eso el que nacerá de ella será Santo, será Hijo de Dios, habrá una mujer que sabiendo esto se mantenga humilde? Porque no olvidemos, queridísimas hermanas, que Dios le dio a Eva el dominio del paraíso terrenal y quiso tener el dominio del paraíso celestial. «¿Y por qué no comes?» «Dios ha dicho que». «No, hombre, eso es cuento. Lo que pasa es que Dios tiene miedo de que tú si comes serás igual que Él y entonces pues lo desbancas de su trono». «¿De verdad que yo podría ser diosa?»

«Claro, si comes». Y ahí vino toda la muerte nuestra. Por el gesto de soberbia de Eva.

Ahora nos viene a redimir otra mujer, que es María. ¿Cómo va a ser? Con humildad. Y por eso todo el encuentro del Arcángel Gabriel con María es el «test», una prueba maravillosa a la humildad de María. Viene el saludo. Primero viene ese encuentro con la Virgen y la Virgen habla al Arcángel de tú a tú, como la cosa más natural del mundo. Dice el Padre Rhaner, y eso me gusta mucho que sea un Jesuíta el que lo dice, porque para esto deberían ser los teólogos, para enseñarnos cosas que nosotros podríamos encontrar difíciles... Dice el Padre Rhaner muy bien, antes del pecado original, Adán y Eva veían a los ángeles y hablaban con ellos. Porque ese era el plan de Dios. Y como María no tuvo pecado original, veía a los ángeles, hablaba con ellos. Ella creía que todo el mundo hacía lo mismo. Como era una niña inocente... lo que ella veía, lo veía todo el mundo. Ella nunca se ha creído distinta ni mejor. De modo que dice, claro, que hablara con el Ángel y no se perturbara, natural, porque no tenía pecado original y estaba en el plan. Cuando Dios creó todo, sin mancha, sin pecado. El pecado es el que nos ha separado a unos de otros. Antes del pecado, todo era conocido, todo era vivido, se compartía junto todo y Dios caminaba con Adán y Eva por el paraíso. Lo sentían con ellos, porque ese era el plan. Todo lo rompió el pecado. Y como María no tiene pecado, sigue con el plan primitivo de Dios, de hablar con Dios, ver al Ángel.

Y llega el Ángel Gabriel. Yo estoy seguro que al Ángel Gabriel la Trinidad le tuvo que ensayar muchísimo, para decirle, a ver cómo vas a ir. ¿Cómo la vas a saludar? ¿Qué vas a decir primero? ¿Cómo vas a decir lo segundo? Porque esto es muy importante, mira que como se perturbe, mira que aquí hay que lograr que diga que sí. De modo que ensaya otra vez. A ver, lo primero qué va a ser. Porque ella va a reaccionar en humildad. Y entonces, el saludo primero es «aie María que aritoneme», en griego, el saludo del Ángel es... en castellano tenemos una palabra clásica, muy bonita, poética, que es «Albricias, María». La palabra albricias que ya no se usa tanto, pero que era muy usada antes. Cuando había una batalla, los mensajeros del rey, el rey tenía mensajeros hasta el frente de combate, a caballo, jinetes que iban a todo galope porque no había otra manera de comunicar la noticia. Y entonces cada x kilómetros un caballo. Y si se ganaba la batalla, el jinete que había presenciado la victoria en el frente de batalla, cogía el caballo, y corriendo, según llegaba al otro decía «¡Albricias, albricias!» Albricias era, se ganó la guerra. Era la palabra albricias. Era una noticia de alegría universal para todo el pueblo no es una cosa pequeña, no. «Albricias, María. Llena de gracias, el Señor está contigo». El Señor está contigo es una frase bíblica, con un contenido doctrinal enorme. Quiere decir que Dios va a hacer una cosa muy grande y quiere contar contigo. Eso es lo que le dijo Dios a Moisés: «Saca a mi pueblo de Egipto. Yo estaré contigo. Tú no lo puedes hacer. Yo estaré contigo». Eso es lo que Jesucristo les dijo a los Apóstoles: «Id por todo el mundo y predicad el Evangelio. Yo estaré con vosotros».

María que era cultísima en religión... ¿Por qué sabemos que María era cultísima en religión? Bueno, a priori, es decir por adelantado, por así decirlo, tenía que serlo porque como estaba llena del Espíritu Santo y la Sagrada Escritura era inspirada por el Espíritu Santo, cuando ella oía a algún rabino decir algo lo entendía todo. Pero otra vez, creía que todos lo entendían como ella. ¿Por qué sabemos que era cultísima en religión? Porque figúrense ustedes, cuando Isabel la felicita por su fe y exclama María el Magníficat, del cual hay libros así de gordos para poder explicar lo que dice ahí María. María que era cultísima en religión oye al Ángel que le dice «Llena de gracia, el Señor está contigo». Como entiende aquello, dice el Evangelio muy bonitamente, se turbó y discurría. Ah, se turbó y discurría... Esto es muy interesante, porque el que se turba con la mente no discurre. Y por eso, se dice mira, es que me perturbé y no pensé, e hice una cosa tonta. No... la mente de María no se ha perturbado nada, lo ha entendido todo. Y ¿qué es lo que se perturba? Su humildad. Que dice, esto no pega conmigo, está equivocado el Ángel. Esta es una misión para alguien importante. Yo no soy nada. Ah, el Ángel está equivocado completamente de creer que yo... El Señor está contigo es para hacer algo importante... y conmigo, imposible. Y se turbó la humildad, de María. Porque el «test» lo pasó perfecto. Cuando oyó esto... no dijo qué

bueno, no, no, imposible... El Ángel, que venía muy bien preparado....
«Vas a concebir y vas a dar a luz un hijo. Y le pondrás por nombre
Jesús, porque Él será grande y se va a llamar Hijo del Altísimo». Y
cuando termina de hablarle el Ángel, María respira profundamente y
dice: «Efectivamente, equivocado de arriba a abajo. Eso no va conmigo. El concebir, el tener un hijo, el ser madre, no va conmigo, porque
yo estoy consagrada a Dios y ni he conocido, ni conozco, ni conoceré
varón». Así le contesta al Ángel. Esto es increíble. Porque ser madre
del Mesías era el sueño de toda mujer judía. Dicen todos los historiadores que como ya todas las profecías indicaban que se iba a cumplir
la época de la venida del Mesías, todas las mujeres estaban casándose
temprano, para ver si eran madres del Mesías. Y cuando una joven no
podía tener hijos, decían Dios la ha castigado para que no sea madre
del Mesías. Y la única a la que el Ángel le dice que ha sido... dice, «yo
ni hablar». Contentísima María de no ser madre del Mesías. Qué
humildad, la humildad de María. Y entonces, claro, el Ángel al que la
Trinidad le había dicho, te va a contestar esto, va a decir que ella no
puede ser madre, porque nunca se va a entregar a un varón. «Sí,
María, yo sabía que tú me ibas a decir eso. Lo tuyo es distinto. El
Espíritu Santo te cubrirá con su sombra, y lo que nacerá será obra del
Altísimo. Permanecerás Virgen. Esto es obra de Dios. Esto es obra de
milagro. Este es el plan que Dios tiene para salvar a los hombres. Y
María se queda en silencio, porque esta es la voluntad de Dios, con
ella. Y ahora, qué hace ella. Este momento de silencio de María, yo
creo, por lo menos a mí me da mucha devoción pensarlo, es el momento más grande de la Virgen. En este momento, la Trinidad, el
Mundo, todos dependíamos de lo que dijera esa niña, porque era libre.
Más aún, yo estoy casi seguro que, naturalmente, cuando el Ángel le
dijo eso, le tuvo que añadir más cosas que no están en el Evangelio.
Porque Dios nunca pide nada sin decir, de una manera por lo menos
implícita los problemas que va a significar si dice sí. A nosotros nos
dicen, ¿Quieres ser religioso? Mira implica esto, implica lo otro. En
general. Claro, lo otro hay que vivirlo. En el matrimonio yo muchas
veces me siento un poco incómodo, porque el día de la boda, figúrense
ustedes, allí no hay más que flores, música, luz, cola, ¿verdad? Y allí

dos jóvenes, todo el mundo encantado, y ahora tiene que venir el sacerdote, con un jarro de agua fría y decir, «bueno, recuerden que en la salud y en la enfermedad, en las alegrías y en las penas». ¿Quién habla ahora de penas? Si esto todo es alegre. ¿Quién habla ahora de salud y enfermedad si tienen veinte años? Ah, pero la Iglesia está mirando con ojos de eternidad, para siempre.

Seguramente que el Ángel le dijo a María: «Piensa lo que dices, porque esto va a traer consecuencias para tu vida». A una virgen no se le podía de repente presentar que su Hijo iba a morir en la cruz sin saber nada. Que tenía que nacer en una cueva, sin saber nada. Que tenía que ir al exilio, sin saber nada. Le insinuó. Esto va a implicar enormes sacrificios. Un sacrificio constante de tu vida. De hecho, desde este momento ya todo va a ser para ella distinto. Se acabó la paz de Nazaret, la sencillez, la familia, todo ya es conflictivo. Porque tiene que ir a dar a luz en Belén, porque por las profecías tiene que ser en Belén. Pero por ser en esa fecha tan mala, no hay más que una cueva. Y al poco tiempo huye a Egipto porque Herodes busca al niño para matarlo. Y María rompe el silencio, ese silencio del que dependíamos todos. San Bernardo tiene un sermón precioso en que se dirige a la Virgen en ese momento y le dice: «María, habla, por favor, habla. Que estamos todos dependiendo de ti. Que la Trinidad depende de ti. Que la humanidad depende de ti. Que la salvación depende de ti. Habla, te lo pedimos todos». Y María habla. Y ¿qué dice? María podía haber dicho: Albricias, con toda razón. Muy bien. María podía haber dicho: «Bueno, ¿y dónde voy yo a ir a vivir de ahora en adelante? Porque todo eso tendrá que ocurrir en una casa mejor que la que tengo». María podía haber dicho tantas cosas. María sólo dijo: Yo no soy más que la siervecita de Dios. Que siga haciendo conmigo lo que quiera». En la Biblia hay tres «fiats» históricos. Cuando Dios dijo «Fiat lux», que se haga la luz. Cuando Dios dijo «Fiat homo», hagamos al hombre. Son dos «fiats» de Dios. Hay un tercer «fiat» que es de la Virgen, redimamos al hombre: Y María dice «Fiat», que se haga. Se lo debemos a la Virgen. Si les da devoción, la palabra que usó la Virgen de ancila «siervecita» que en griego San Lucas usa una palabra que a lo mejor les da devoción, a mí me da devoción pensarlo. Ella usa la palabra «brefos» en griego y es la misma palabra que usa San Lucas para decir que cuando dio a luz al Niño Jesús, colocó al «brefos» en el pesebre, al bebito, al niñito. Brefos quiere decir niñita, nenita. «Yo soy la bebita de Dios, la niñita, yo no soy nada». Esta es la espiritualidad de María, que captó y vivió Teresita de Lisieux, como dicen hoy muchos de los que están estudiando la espiritualidad de Teresita de Lisieux, dicen: Descubrió la espiritualidad de María y se contagió con ella. Y trató de reproducirla. Y «Verbun caro factum est» Allí en la casita de Nazaret, hoy una basílica grande, hay un altar en la cuevita que era la casita de ella. Un altar de mármol y delante con letras de oro pone: «Verbum caro factum est hic» Y el Verbo se hizo Hombre aquí. Aquí estaba la Virgen.

¿Y, ahora qué? Pues de todo lo que le dijo el Ángel lo único que le queda en la mente es que Isabel va a tener un niño y que hay que ayudarla y que hay que servirla. Y ella, María, qué grande es María. Y, lo más grande, pensar que bueno ha sido Jesucristo que después de habernos dado todo lo que es Él y haberse entregado Él como se nos entrega en la Eucaristía, nos ha dado a su madre por madre nuestra. María es nuestra Madre. Ontológicamente, sobrenaturalmente biológica. ¿Por qué? Porque la que es madre de la cabeza es madre de los miembros. Y si María es madre de la cabeza que es Jesucristo y nosotros somos miembros de Cristo, es Madre nuestra. Y porque desde la cruz nos la dio. Le dijo a Juan: «Hijo, he ahí a tu Madre. Madre, he ahí a tu hijo». Y Juan nos representaba a todos nosotros. Decir que Teresa de Ávila, destila por todos lados su amor a la Virgen es no decir nada. Rezuma, vibra, goza, se apoya, se inspira, se ilumina en la Virgen. Para nosotros María tiene que significar tanto, tanto, tanto. Que esté tan llena de Dios y sea tan Madre nuestra, cómo no nos va a dar eso una confianza ilimitada.

Quizás algún día tengamos temor de ir a Jesucristo porque es al que yo crucifiqué, porque es el que va a ser mi juez. Pero ¿quién no va a la madre? Y ella está ahí siempre, para interceder por nosotros. Recuerdo en un congreso en Chicago que lo cerró el famoso Fulton Sheen, de quien quizás han oído hablar. Un obispo muy notable, muy notable americano, literato, locutor de televisión, que llegó a ser el que tuvo la más alta audiencia en Estados Unidos en un momento, como locutor. Un hombre notabilísimo, escribió muchos libros. Y, tan extraordinario que está introducida ya la causa de su beatificación. Esto va a significar algo muy grande para Estados Unidos si se canoniza a este hombre. Porque fue un hombre que tuvo todo lo que humanamente podría tener uno para desorientarse en su vida espiritual. Prestigio, fama, popularidad. Pero era un santo. Y recuerdo que cerró él el Congreso de Chicago y se lo dedicó a la Virgen. Y terminó con aquellas palabras: «Yo estoy seguro que cuando yo me muera, y me presente delante de Jesucristo donde todos nos tenemos que presentar y me diga 'Cómo te llamas tú?' y yo le diga Fulton Sheen '¿Ah, tú eres Fulton Sheen? Pasa, pasa inmediatamente, porque mi madre me tiene mareado contigo.' Porque desde niño mi madre me enseñó a rezar el Rosario y no lo he dejado de rezar nunca. Y todos los días le rezo a la Virgen cincuenta y tantas veces, Ora por mí a la hora de la muerte. Y como ella hace lo que yo le pido, pues no tengo problema, porque Cristo me va a recibir en el Cielo y llevado de la mano de María».

Esta es la Virgen, y nosotros estamos en Ejercicios para renovar nuestra vida espiritual, para enriquecerla. La Virgen tiene que ocupar también una reflexión: cómo amo a la Virgen, cómo la quiero, cómo la imito, cómo la reproduzco. Algún protestante ha dicho: «Ustedes los Católicos honran mucho a la virgen». No, nosotros no. Dios, Dios es el que ha honrado a la Virgen. Dios es el que ha hecho a la Virgen única. Y yo la conozco y me encanta que haya sido así. Eso es lo que hace el catolicismo, gozarse de tener una Madre cómo esa. Y por eso decimos que es el orgullo de nuestra raza. Qué bonito Ignacio de Loyola sembrando en nosotros este amor a la Virgen. Él se lo debía todo, fue siempre devotísimo de la Virgen. Le debía... él estaba seguro que le había salvado. Hubo una noche después de la herida de Ignacio que lo dieron por muerto. Y ya estaban preparando la sepultura al día siguiente, y resulta que él dijo, «Ay, dormí, soñé que vi a la Virgen y que tenía el niño en los brazos y que le decía la Virgen, 'Tienes que curar a este hombre porque va a ser un gran amigo de Jesucristo y va a ser un apóstol de Jesucristo.' Que la Virgen le pidió al Niño que le curase. Soñé esto». Y resulta que soñó, pero al día siguiente empezó a mejorar y a mejorar y él estaba seguro que había sido la Virgen y por eso cuando pudo, todavía con muletas, arrastrando sus piernas, lo primero que hizo fue ir a una ermitica que había allí cerca de Loyola, para ir a la Virgen y agradecerle que le había devuelto la vida. Después, cuando ya tomó la decisión de ser santo y no sabía por dónde empezar ni qué hacer: «Vamos a la Virgen, pues como ella es mi madre me enseñará». A Monserrat, y allí toda la noche, delante de la Virgen, vestido todavía de gentilhombre y de caballero, de soldado, postrado de rodillas, diciéndole a la Virgen: «Tengo que cumplir la palabra, la he dado. Como di la palabra tengo que cumplirla. Tengo que ser santo. Pero no sé qué hacer, por dónde empiezo, qué hago» después de esto, comulgó, le entregó la espada a la Virgen, y la Virgen lo llevó a Manresa. Y desde allí, cuando tenía problemas en los Ejercicios, miraba para los picachos de Monserrat y le decía a la Virgen: «acuérdate que me puse en tus manos, acuérdate». Y por eso en los momentos cumbres de los Ejercicios, siempre acude a la Virgen, siempre.

Pues, eso es ser católico. El amor a la Virgen que ustedes tienen, figúrense, como nadie, pero que los Ejercicios nos lo confirmen. Y que nos preguntemos muchas veces cada una de ustedes que pueden tan fácilmente reproducir a la Virgen: ¿Lo diría así la Virgen? ¿Pensaría así la Virgen? ¿Hablaría así la Virgen? ¿Jugaría así la Virgen? Qué bonito poder poner delante el ideal más maravilloso que nos puso Dios en María.

P. Llorente en la Plaza de la Evangelización de la ACU.

VIII

VIDA DE NAZARET
SAN JOSÉ Y VIDA DE FAMILIA
VIDA DE COMUNIDAD

Vamos con mucha tranquilidad, con mucha alegría a contemplar algo de la vida de Jesucristo. San Ignacio llama a esto Contemplaciones en contraposición a la Meditación. La meditación supone más bien un trabajo mental, intelectual, del entendimiento, de la lógica, de la razón. La contemplación es observar y dejarse impresionar por lo que uno ve. Ignacio aprendió esto en la Vita Christi que leyó en Loyola, de Rodolfo de Sajonia. Aquel detalle que tuvo la cuñada de San Ignacio, Magdalena, casada con su hermano mayor que eran los que ya habitaban la casa de Loyola y cuando, como saben, él le dijo a Magdalena: «¿Magdalena, tienes por ahí alguna novela de caballería?» que era lo que a él le gustaba leer, novelas que después ridiculizó Cervantes magistralmente en El Quijote, y que coge muchísimas cosas. Hay en la vida de San Ignacio varias cosas que están en El Quijote, completamente. Que él leyó y aprendió en los libros de caballería. Varias cosas, inclusive diríamos que aquello de San Francisco hizo esto, ¿por qué yo no? Santo Domingo hizo esto, ¿por qué yo no? En el Quijote sale allí una escena en que un día le dice Sancho a Don Quijote, «Pero Don Quijote, todo esto que estamos haciendo con tantos sacrificios, expuestos a la muerte, peleando contra molinos de viento, apedreados por los pastores», que con las hondas le rompieron las muelas al pobre Don Quijote, porque creía que el rebaño era un ejército que tenía que combatir, «todo esto que estamos haciendo con tanto trabajo, ¿no lo hacemos pa' lograr fama?» Y le dice Don Quijote, «Así es, hermano Sancho». «Pues entonces, ¿si lo que queremos es fama, por qué no nos hacemos santos? Porque son los que más fama tienen, y los llevan en andas en procesión y les levantan templos». Y le dice Don Quijote a Sancho, «Así es, hermano Sancho. Tenemos que ser santos, pero cada uno en su oficio. Tú como escudero y yo en mi oficio de caballero andante. Si en esto me ves algún defecto, dímelo». Eso estaba ahí y lo aprovechó Dios. «Quieres ser famoso, Ignacio, hazte Santo».

Y para matar el tiempo empezó a leer. En esa Vita de Rodolfo de Sajonia decía que ayudaba mucho a la vida espiritual no leer el Evangelio así como el que lee un libro, sino vivir, acompañar a Jesucristo, compartir su vida, oír lo que dice, sentarse a oírle. Que cuando viera que está Cristo multiplicando los panes, que él se meta en la multitud y reciba el pan, y coja el pan que Cristo multiplicó y que oiga las parábolas. Es una cosa preciosa que aprendió Ignacio en Loyola de esta vida y ahora nos lo trasmite él en los Ejercicios. Las Contemplaciones: ver las personas, oír lo que dicen, dejarse impresionar por lo que uno ve. Acompañar, bendita imaginación que nos puede hacer vivir escenas buenísimas. En esto Teresa, como en todo, como ya saben ustedes, modelo, cuando ella dice: «Yo voy muchas, muchas veces a Getsemaní, para encontrarme con Jesús que está llorando. Y allí lo encuentro siempre solo. Porque la gente le acompañaba cuando le pedían milagros, pero cuando él estaba solo y triste nadie lo acompaña». Y Teresa iba allí a acompañarle. Y sacaba un fruto enorme.

Francisco de Asís sintió porque lo deseaba, amaba tanto a Cristo, que él decía: «Dios mío hubiera querido estar allí presente para desclavarte de la cruz. Y abrazarte después». Y dicen que Dios le concedió esa gracia y que un día sintió que él le pudo quitar los clavos a las manos de Cristo y a los pies. Y que Cristo cayó sobre él y que él lo abrazó. Gracias extraordinarias. Claro. Si Dios trabaja con todo, no hay que ponerse.... si eso era verdad o no era verdad... Mira, da igual. Lo grande es que le hizo un fruto espiritual inmensísimo porque lo hacía con fe y lo hacía con amor.

Bueno, pues esa fe y ese amor es el que quiere San Ignacio que pongamos nosotros ahora en la contemplación de la vida de Cristo. De hecho, como ven, San Ignacio no hace en los ejercicios más que lo que hace la Iglesia en el año litúrgico. Porque ¿qué es lo que hace la

Iglesia? El Año Litúrgico es la vida de Cristo puesta en película viva delante de todos los fieles. Año tras año. Y entonces, ¿dónde empieza el Año Litúrgico? En Adviento. Preparémosnos que va a venir Jesucristo. Y en cinco semanas resume la Iglesia y vive la Iglesia lo que el pueblo de Dios vivió durante siglos esperando aquella promesa que Dios hizo a Adán y Eva. Porque Dios tuvo con Adán y Eva rasgos de padre y, yo diría, rasgos de madre, cuando pecaron. Rasgo de padre cuando para que no se desesperaran les dijo «un día vendrá quien arregle esto». Fue la promesa del Redentor. Y un rasgo de madre: los vistió, porque estaban desnudos. Como una madre viste a un niño. Dios nunca olvidó a los hijos pecadores de que Él era padre y Él era madre. Y tuvo ese rasgo.

Pues, la Iglesia empieza teniendo durante cinco semanas aquellos sentimientos que tuvo toda la humanidad esperando que venga el Mesías, que venga el Mesías, que venga el Mesías... Y entonces, naturalmente, el actor principal de este tiempo pues es el precursor, Juan Bautista. Y Juan Bautista empieza a predicar: «Preparad los caminos del señor». Y entonces, según dicen los comentaristas, cuando un Rey iba a visitar a una ciudad o un pueblo, en aquellos tiempos en que todos eran caminos rurales o de cabras y de animales y no carreteras, pues lo primero que había que hacer era rectificar caminos, allanar lomas, quitar piedras, para que pase la carroza del rey y llegue al lugar que quiere visitar. Y Juan Bautista toma esta imagen tan bonita para decirles a todos: «Preparad el camino del Señor, rectificad la vida, convertíos que el pecado es un camino equivocado, tortuoso, laberíntico, hipócrita, mentiroso; rectos, allanad, sed humildes que el monte es soberbia. Por el monte no sube la carroza, por ahí no entra Dios, allanad el camino. Suavizad la senda. Piedras, obstáculos, fuera, para que las ruedas caminen suaves. Llenaos de caridad, llenaos de bondad». Era la predicación de Juan Bautista para decir que viene el Mesías. Preparémonos, y esto la Iglesia nos lo repite todos los años durante el Adviento. Preparémonos, preparémonos.

Ahora viene la gran noticia. Nació, llegó Jesús. Y ¿dónde está? Y el asombro... en un pesebre. Se acabaron todos los falsos valores del mundo. El mundo cree que para que una persona valga tiene que tener dinero, tiene que vivir en palacios, tiene que tener honores... todo mentira. La verdad está en Jesús que yace en un pesebre. Y ahí está todo. Qué ejemplo de evangelización, qué shock, qué golpe para toda la humanidad y la soberbia mundana. Y, como dice tan bonitamente, el que en otra ocasión les cité, el famoso Fulton Sheen, que tiene una Vida de Cristo preciosa, y dice él: «Y Cristo está en una cueva para que todo el que quiera verle tenga que inclinarse y bajar la cabeza y el cuerpo, porque a Dios no se llega sino por la humildad. De pie no se llega a ver a Jesucristo. Hay que inclinarse. Hay que bajarse». Pues, claro, toda la Iglesia aprende esta leccción fabulosa. Y entonces, pues, claro viene la vida de Jesucristo. Y ahora viene la vida de familia. Fíjense ustedes que las órdenes religiosas, todas han nacido inspiradas por el Espíritu Santo al fundador, a la fundadora para que reproduzcan de una manera eminente algo que vivió Jesucristo y que fue Jesucristo.

Porque Jesucristo enseñó, órdenes religiosas de la enseñanza, predicadores; porque Jesucristo hizo penitencia: órdenes penitentes. Porque Jesucristo curó, órdenes para curar enfermos. Porque Jesucristo oró y se retiraba en las noches a orar y al amanecer estaba orando y por la tarde oraba: órdenes contemplativas, que imiten al Cristo orante, que está salvando al mundo en la oración, en el silencio, en la contemplación con el padre. Todos estos son reflejos de la vida de Cristo. Bueno, pues, naturalmente, si las órdenes religiosas nacen de lo que hizo Jesucristo, hay que reconocer que lo que más hizo Jesucristo fue vida de familia. Treinta años. Pero aquí, ustedes entran también tan de lleno, porque Teresa de Ávila dejó su familia. Pero el sueño de ella fue hacer familias de Nazaret en cada convento. La familia de Jesús. La reproducción de Nazaret. Ese fue su sueño, y por eso ella no tuvo vocación de anacoreta, sino de familia. Y ella nos va a decir que cada vez que tenía que dejar una comunidad después de fundarla, que se le arrancaba el corazón por separarse de las hermanas a las que quería tanto. Ah... Teresa es mujer de familia. Enormemente de familia.

Bueno, pues, vamos a dedicar este rato a sacar alguna lección, útil, quizás de contemplar la vida en Nazaret, porque es una fuente de riqueza extraordinaria. Pablo VI inauguró la Basílica de Nazaret –fue el primer Papa después de San Pedro, aunque San Pedro no sabemos que volviera a Palestina después de ser Papa. Pero bueno, fue el primer Papa de allí. Y ahora ha vuelto Juan Pablo II cuando fue el otro año. Ningún otro Papa había podido ir allí. Pablo VI fue a inaugurar y bendecir la Basílica de Nazaret. Y Pablo VI cuando dijo la misa en la casita de Nazaret, lo que queda de lo que la tradición dice que fue la casita de la Virgen, se emocionó mucho y pronunció una Homilía preciosa que la tenemos y ustedes seguramente la leen todos los años; la Iglesia la ha acogido, la ha recogido y la ha puesto en las Horas Litúrgicas. En que una de las lecciones es lo que dijo Pablo VI en Nazaret. Estoy aquí, en esta escuela de Nazaret, en esta cátedra, escuela de silencio, escuela de trabajo, escuela de familia, escuela de amor. Si aprendiéramos las lecciones de Nazaret, el mundo se convertiría en la antesala del cielo, porque aquí estaba el cielo ya en la tierra, en Nazaret».

Pues vamos a ver un poquito nosotros también, a tener esa gracia, de poder entrar un día en Nazaret para pasar allí un rato. Ojalá pudiéramos mucho tiempo. Pero durante el año tenemos oportunidades para todo eso. Y contemplar, como dice San Ignacio, ver las personas, ver lo que hacen, oír lo que dicen reflexionar para sacar algún provecho. Nazaret, uno se queda asombrado porque realmente hay palabras que uno une con la fe católica y en cierto modo uno las hace como misterios. Es decir, yo nunca creí que yo iba a estar en Nazaret algún día. Nazaret era un poco así cómo qué sé yo... la unión hipostática del hombre con Dios. Un misterio, eso ocurrió en Nazaret, pero Nazaret quién lo va a tocar, quién lo va a ver. Antiguamente eso era mucho más difícil. Hoy es relativamente fácil, se hacen visitas constantemente y para un católico bueno Nazaret, Tierra Santa, le imprime un carácter. Nazaret deja un huella que no se olvida nunca. Y como constantemente estamos leyendo el Evangelio, pues cada vez que uno lee el Evangelio ve la escena, ve el lugar, aquí fue... Y hace un bien, como digo, muy grande. Por suerte la imaginación puede suplirlo todo.

Nazaret está en una loma, es un pueblecito hoy ya bastante grande, muy alegre, muy... la primera vez que yo fui allí vi como realmente los árabes dejaron mucha huella entre nosotros. Porque lo primero era, cómo hablaban. Cuando uno está en América, una de las maneras como conocen en seguida si uno es español es por como pronunciamos la J. Nosotros decimos hiJos. Ellos dicen hijos. Las jotas han sido suavizadas. Nosotros tenemos unas JOTAS terribles. Eso es árabe. Cuando estás allí dices: qué JOTAS hay aquí, Dios mío. Cómo habla esta gente con la jota. Eso es así. Bueno, pues la gente es muy alegre, muy habladora, los niños jugando por las calles, un ambiente completamente distinto de lo que uno está acostumbrado en América. Nazaret está en una loma, es una cordillera. De hecho acaba en un farallón por donde quisieron una vez matar a Cristo, cuando vieron que no hacía milagros a su capricho, para exhibirse y para decir que en su pueblo hacía más milagros que en ningún sitio, pues se indignaron y un grupo se preparó para engañarlo e irlo llevando hasta la orilla del precipicio donde estaba el pueblo, y se habían apalabrado para que cuándo estuviera allí darle un empujón y matarlo. Y Cristo cuando vio esto dijo: «Un momento, abran paso, que no ha llegado mi hora. A mí nadie me quita la vida. Yo la voy a entregar». Y le abrieron paso.

Nazaret está así, en una loma, y dicen los especialistas que en aquel tiempo a lo mejor tenía treinta, cuarenta casitas que eran cuevas excavadas en la loma y entonces con una fachada un poquito mejor, un poquito peor. Como el clima es seco dentro de una cueva de esas se puede dormir muy bien, vivir, relativamente bien. El techo era la montaña. Eran cuevas como pueden ser un poco aquí en España las famosas bodegas que en unos sitios hay, que las excavan en la roca. Así eran las casitas de Nazaret. Dentro, a lo mejor tenían sus pieles de cordero en el suelo, de otras cosas de acuerdo con la familia... Treinta o cuarenta chocitas. La última vez que yo fui en una peregrinación estaba un padre andaluz, franciscano, loco de contento, porque acababan de descubrir otra casita al lado de la Basílica del Nacimiento. Otra casita... por lo tanto una vecina de la virgen. Y la casita era eso, un gran horno excavado.. Se veía toda la chimenea y salía el humo cuando hacían lumbre. Un banco que era hecho de la misma tierra, y claro, esa casita, esas casitas se podían agrandar más según quisieran. Y ahí vivían los profetas. Y ahí vivieron santísimos en sitios tan humildes y, por supuesto, ahí vivía María. Y al lado, si todo es verdad según la tradición, la casita donde San José tenía el taller, está allí enfrente. Otra casita un poco más grande. No nos imaginemos que San José trabajaba en un taller con maquinaria moderna. Cuando ya nos íbamos acercando a Nazaret nos dice un padre Franciscano, que conocen todo aquello con tanta perfección porque han vivido allí toda la vida: «Por estas casitas que ustedes ven por aquí, por estos caseríos, vendrían San José y después Jesucristo a buscar trabajo. A ver si había alguna puerta que arreglar, una ventana, un árbol que cortar. No crean ustedes que él tenía un taller moderno. Haría también algún trabajo en la casa, naturalmente, pero tenía que buscar trabajo por allí.

Allí, ¿quién forma esta familia? Jesús, María y José. De Jesús estamos hablando siempre, como es natural, seguiremos hablando, nunca se hablará bastante. De María hemos dicho alguna cosita... pero, ya que pronunciamos por primera vez el nombre de José, hay que descubrirse por un momento y dedicarle algo que cada vez más tenemos que admirar para ver cómo Teresa descubrió esta vena maravillosa de la grandeza de Dios en un hombre como San José. Porque a él le ha tocado ser el anónimo, el ignorado, del que no se diga nada. Pero se ha dicho bastante. La Biblia ha dicho bastante para que nosotros podamos deducir toda su grandeza, o mucho de su grandeza. Porque en primer lugar nos dice el Evangelio «...y José que era santo». Ah ¿era santo? Pues si era santo, amigo mío, aquí hay materia teológica para rato. Porque la teología enseña que la santidad está a la medida de la vocación de cada uno. Que para que uno sea santo tiene que llenar el ideal de su vocación. Porque no es santa una monja Carmelita porque guarda los mandamientos. Eso tiene que hacerlo. A lo mejor eso es santidad heroica para un labrador, porque su vocación era esa. Pero ¿cuál era la vocación de San José? Suplir al Padre Eterno como padre de Jesucristo. Buscado por Dios. De todos los hombres posibles que había para poder ser padres de Jesucristo, el escogido por la Trinidad fue José. ¿Quién sería José para ser el escogido y hacerlo a la perfección?, porque él fue santo, padre de Jesucristo. Segundo, porque al ser padre de Jesucristo y Cristo tomarlo como padre, y vemos como la Virgen le llamaba padre: «Mira a tu padre como te busca». Entonces, quiere decir que Jesucristo, Dios, miraba a San José y no hacía más que aprender de él virtudes, actitudes, respuestas, palabras, modo de vivir, modo de actuar, de sonreír, de cantar. Todo lo aprendía de San José. El carácter que vemos asombroso, maravilloso, perfecto de Cristo, como hombre, lo aprendió de José.

Entonces ¿quién era San José? Pues, su vocación, esposo perfecto de María. ¿Qué quiere decir esposo perfecto de una buena esposa? Almas gemelas, ideales idénticos, amores iguales, inteligencia perfecta mutua, uno con otro, hablar de Dios era el lenguaje, y José le decía a la Virgen algo que a ella no se le habían ocurrido, y ella le decía a José cosas que a él no se le había ocurrido. Porque los dos estaban en la misma onda. Entonces, ¿cuál es el alma de San José que puede competir con el alma de María en virtudes? Muere José, pero muere José en brazos de Jesús y de la Virgen. ¿Se puede morir así? Se durmió...

¿Ustedes pueden aceptar por un segundo que alguien que viviera con la Virgen pudiera dudar de su virtud? No, es imposible. ¿Por qué José quiere alejarse de la Virgen? Porque no puede aceptar que él tape el misterio fabuloso de la concepción inmaculada de María. «Yo no puedo ser el parabán. La verdad es tan grande que yo tengo que retirarme». Y por eso, si él hubiera sido un judío más, tenía que acusarla por la ley. «No, me retiro. ¿Por qué me retiro? Para no estorbar. Obligar a Dios a que manifieste el milagro». Pero ese no era el momento y el plan de Dios era otro y le dice: «No, José, no se te ocurra abandonar a María, porque es obra del Espíritu Santo y tú tienes que estar ahí». Y entonces él acepta. Qué maravilla, todo el mundo queda bien. Queda bien Dios, queda bien la Virgen, queda bien San José y queda bien el niño que tiene que nacer con un aparente padre para estar protegido por toda la ley. Todo esto es obvio y todo esto es San José. En el momento en que surge la vida pública de Cristo, tú desapareces para que Él sea.

Entonces, claro, tengan en cuenta que la verdad cristiana es tan rica, es tan fabulosa que por siglos la Iglesia necesitó Concilios y

Concilios y Concilios sólo para poder enseñar esta verdad. Que Cristo era Dios y Hombre y que había muerto por nuestros pecados y había resucitado. Eso era todo. No había tiempo para más. Y fíjense que fue el año 1950 donde se declara el dogma de que la Virgen está en cuerpo y alma en el cielo. Mil novecientos cincuenta años tardó en definirse. Pero estaba en el ambiente de la Iglesia, pero definido no, porque no había habido tiempo para eso. La verdad es que uno va viendo, cuando va uno creciendo como cuando alguién empieza a saber algo, casi es en el momento en que se muere. Ahora que estoy aprendiendo algo, ahora que veo con perspectiva ciertas cosas que nunca vi, ahora qué tal... y a empezar con quién, con el kindergarten, con los niños, ABC, en el nombre del Padre del Hijo y del Espíritu Santo; Padre Nuestro y Ave María. Ya está, y hay años, y a enseñar un poco de catecismo. Y cuando sabemos un poco... ya.

A José le tocó desaparecer de la plataforma doctrinal para que no fuera ningún obstáculo al misterio divino. Pero esto es un mérito de él inmenso, y esto para Dios tiene que ser algo fantástico para engrandecer a José. Entonces, naturalmente, San José hoy día... yo no sabía... pero leyendo, y buscando un poquito de él, en ejercicios, así en privado, yo les decía: «Oigan, no digan que yo ando predicando esas cosas por ahí, porque a lo mejor me tienen por hereje». Pero, uno tiene derecho a tener devociones también. Yo no puedo aceptar que San José esté en el cementerio. El cuerpo de San José. Y que esté el cuerpo de Cristo resucitado en el cielo y el cuerpo de la Virgen. ¿Y San José? Es una familia modelo. ¡Pues vaya un modelo! De modo que para sufrir, el primero, porque fue a él, no a la Virgen a quien el ángel dijo: Toma el niño y a su madre y huye a Egipto y aliméntalos y búscales casa y comida, y sufre y trabaja. Y ahora, me he encontrado en que ya hay muchos santos, que aseguran que San José está en el Cielo en cuerpo y alma, por supuesto. Pero no, la Iglesia no ha tenido necesidad de definirlo porque no ha hecho falta. Si algún día hiciera falta...

Nuestro Padre Suárez, Francisco Suárez, es el mayor teólogo Jesuíta que ha habido hasta ahora, y él dice «Para mí no dudo que San José está en cuerpo y alma en el Cielo». ¿Dónde va a estar? Y entonces, claro, Teresa de Jesús viene en aquel carruaje de fundar, creo que era por Andalucía, ustedes lo saben mejor, y de repente que se espanta el caballo, la mula, y que caen por un precipicio y que un hombre aparece, coge las riendas, coge el caballo, la mula, los lleva al camino y desaparece. Y dice Teresa: «Ese era San José, que siempre nos está protegiendo». Ahora imagínense ustedes lo que Santa Teresa amaba a Jesús, era una enamorada de Cristo a plenitud, y cuando hace la obra filigrana de su vida, que es el Monasterio Primero de la Reforma, le pone San José. Cualquiera hubiera dicho, le llamará Jesús, le llamará Nuestro Señor, como ella dice. Señor también era para ella una cosa que la iluminaba, a quien servir, por quien hacer cualquier sacrificio, porque ella era conquistadora y a las órdenes de su Señor, cualquier cosa. Pues, José, José, Monesterio de «San José».

Bueno, pues, esto así, entre paréntesis, yo sé que no digo nada que no sepan ustedes mucho mejor, pero vale la pena confirmarlo. Aquí tenemos a Jesús, María y José. ¿Qué hacen en esa casita treinta años? Trabajar, lo primero que se ve. Trabajar ¿para qué? Para vivir, para subsistir malamente, porque cómo le pagarían a San José los trabajos. En aquel tiempo casi ni existía la moneda, trueque: usted me hace esto y yo le doy una docena de huevos, usted me hace esto y se lleva esta fruta, usted me hace esto... y a lo mejor un día un cordero. Sí, Cristo a los veinte, veinticinco años, si un día hubiésemos tenido el privilegio y lo podemos hacer con el amor y con la imaginación, de tocar y entrar en aquel taller: Venimos a buscar a Jesús de Nazaret. Y Él, quitándose el sudor de la frente y el polvo, el aserrín, «Jesús de Nazaret soy yo. ¿En qué le puedo servir?» Jesús de Nazaret, obrero, sudando, para que coma su madre, para mantener aquella casita limpia, ordenada, digna. Trabajan todos.

San Ignacio mandaba que a los enfermos se les tratara muy bien. La enfermería tenía que ser un sitio alegre, tenía que tener pájaros que cantaran, jaulas y flores. Y llegó a decir San Ignacio: «Si para tratar a un enfermo hay que vender los cálices de la Iglesia, que se vendan los cálices. Porque el cáliz que más quiere Dios en nuestra casa son nuestros hombres». Ese es el cáliz mejor. Pero no estando enfermos ¿cómo no vamos a trabajar? si ya el trabajo lo puso Dios antes del pecado original como una virtud, «trabaja la tierra». Y Cristo es trabajador. Y el mundo se está asombrando hoy al ver a nuestro Juan Pablo II, que a mí me gusta llamarlo como el nuevo Moisés, que ahí, anciano, esté trabajando, dejando la vida a pedazos por evangelizar.

Teresa de Ávila, se muere por trabajar. Porque tiene que ir a Alba, porque hay que agradecerle a la duquesa lo que ha hecho por ellas. «Pero le puede costar la vida, madre». Qué importa eso. Qué grande, Dios mío. Qué alma, qué corazón. Y así, es decir, no trabajar es lo peor que puede haber en una comunidad. No trabajar. Figúrense ustedes, si no trabajan. En Nazaret todos trabajan, es la colmena, no hay ninguna abeja que no trabaje para hacer el panal. Una comunidad religiosa, como decíamos en otra ocasión, es la colmena. Y cada hermana trae su flor... y entonces el conjunto es la armonía. El que la Superiora tenga que estar diciendo, «No trabaje tanto, hermana, no se angustie. Tómelo con más calma». Pero nosotros, dar el máximo, darlo todo, porque es un trabajo redentor. Cristo coge la cruz después de la flagelación y la abraza y va con ella, cayendo y levantándose. Había aprendido en Nazaret a trabajar, y lo llevó hasta la muerte. Por lo tanto, una virtud indispensable es trabajar.

En Nazaret, cómo se estiman todos. Si tú quieres preguntarle qué piensa de San José, pregúntaselo a Jesús. «Estoy tan orgulloso de mi padre, es tan maravilloso». Pregúntale que hable de su esposa, figúrense. Pregúntenle a María que hable de Jesús, que hable de José, ¿qué dice? Y, claro, decimos nosotros, bueno, pero claro, eso es muy fácil porque Jesús, María y José todos eran... «Pero, padre, en nuestra comunidad somos buenas, pero no crea que somos Jesús, María y José. Tenemos muchas imperfecciones». Miren, ustedes queridísimas hermanas, una tontería que les voy a decir, pero que es lógica, nunca han vivido juntas personas tan distintas como Jesús, María y José. Nunca. Jesús era Dios. Si hubiera juzgado sólo como Dios a María y José, diría: «Aquí tengo a estas dos personas, las pobrecitas, tan contentas. Ella dicen que es muy buena, la pobre. Buena, pero una cosita así. Yo soy Dios». Y diciendo una verdad tremenda, ofendería enormemente. Y haría sufrir enormemente a la Virgen y a San José. Y si le preguntamos a la Virgen que hable de San José, si fuera egoísta diría, «Bueno, aquí tengo a este buen hombre, no me consta que no tuviera pecado original, no me consta. Por lo menos no es dogma, pero yo sí, yo estoy sin pecado original. Llena de gracia desde que fui concebida. A él mucha gracia, mucha, pero lleno, no sabemos». Figúrense, diciendo pesadeces y verdades.

Hermanísimas, si nos fijamos en los demás por nuestro propio criterio, por nuestro modo de pensar, por nuestras propias categorías de apreciar personas podremos estar siempre ofendiendo a todos. Porque no es como yo creo, como yo quisiera, como a mí me gustaría... Pero sí es, como la hizo Dios. Nosotros tenemos el ejemplo precioso de San Juan Berchman, San Juan Berchman es un santo como saben, diríamos, normal. Esta palabra es tonta, porque todos los santos son normalísimos, pero bueno. En el sentido que nunca llamó la atención porque vivió cerca de dos santos que eran prefabricados y asombrosos, que eran San Luis Gonzaga y San Estanislao de Kosta. A San Estanislao de Kosta le dieron la comunión los ángeles muchas veces. Cuando venía camino de Polonia a entrar en el noviciado de Roma y entraba en una iglesia y era el momento del cambio al protestantismo y se encontraba con que la iglesia se había hecho protestante y no tenían Santísimo. Empezaba a llorar por no poder comulgar y el ángel de la guarda le dio muchas veces la comunión. A San Luis Gonzaga fue la Virgen la que le habló con ojos abiertos y voz sonora: «Luis, quiero que entres en la Compañía de Jesús». Juan Berchman nada, ninguna revelación, ninguna cosa sobrenatural extraordinaria que sepamos. Nada. Muere a los 24 años, estudiando filosofía. Y todo el mundo, decía, era un santo. Pero, ¿por qué era un santo? Y apareció su cuaderno espiritual y allí tenía, en el cuaderno, por orden alfabético los nombres de todos los que vivían en la comunidad. Y al lado él decía «imítale en la alegría, imítale en el trabajo, imítale en la puntualidad, imítale en la caridad, imítale». Todos eran para él una inspiración en alguna virtud en que le superaban a él. Y los miraba a todos como superiores. Y eso le hizo ser un santo. Porque claro, todo el mundo después decía: pero si era un santo, qué caridad tenía. Claro, empezó a apreciar a todos. Por arriba de él. Él era el peor, en todos veía una virtud superior y se transformó su vida en una vida de santo. Pero sin llamar la atención en nada. Cuando era la hora de comer, comía normal. No era un penitente. Luis Gonzaga era penitensísimo. Figúrense ustedes, si los tres santos hubieran vivido en la misma comunidad y no fueran santos, no harían más que criticarse el uno al otro. ¿Por qué? Porque resulta que... Este Luis Gonzaga no cóme nada. Parece que nos está diciendo que nosotros somos unos comelones. Cada vez que le veo en la mesa me molesta. Estanislao de Kostas, ¿dónde está? Siempre llega tarde. Estaba medio en éxtasis. Cuando, Juan Berchman siempre a tiempo. Pero, claro, podría decir Luis Gonzaga, «Y este Juan Berchman, ¿no se mortifica nunca?» Y Estanislao de Kosta, «no le veo tanto en la capilla». Distintos y los tres Jesuítas y los tres jóvenes y los tres santos.

Hermanas, todas ustedes están aquí porque las ama Dios, porque las quiere tanto, tanto les quiere a cada una que todos los días Jesucristo se da a cada una de ustedes totalmente en la Eucaristía. Y cuando entra en el corazón de cada una de ustedes, Cristo les dice: «Te amo de todo corazón. Te aprecio con toda el alma». Y a la que Cristo ama y aprecia, ¿puedes tú no amarla y no apreciarla? Te atreves a tener tú un criterio más exigente que Cristo. Esto es incorrectísimo. Entonces, tenemos... digo tenemos, yo estoy hablando aquí, ustedes lo hacen, pero quiero decir a mí me toca ahora, ustedes me han pedido que hable y predique, pues tengo que predicar. Yo quisiera estar ahí donde ustedes para oír a una de ustedes que hablara. Para oírla y aprender y convertirme y mejorar. Pero a mí me han dado ese papel, no me queda más remedio. Pues, estimarse, si no nos estimamos.... Lo primero es estima, apreciar lo bueno de cada una. Cristo las aprecia tanto y, como consecuencia de esa estima, viene después, amarnos. María, José y Jesús se aman entrañablemente, entrañablemente. Fíjense lo que dice María en el templo a Jesús cuando a los doce años se queda allí, porque el Padre se lo pide, porque el Padre quiere que enseñe a José y a María que Él tiene otra dimensión además de la humana, que tiene que oír a Dios si le pide algo especial. Y si se lo pide, pues tiene que hacerlo. Digo que ese aprecio que se tienen está en la base de todo lo que hacen y se aman entrañablemente. Y en el templo cuando a los doce años van la Virgen y San José y se encuentran con el niño, qué le dice María: «Pero, hijo, cómo has hecho esto. Mira a tu padre y a mí. Que yo sufra, no importa, pero tu padre que es tan bueno, lo que le has hecho sufrir. Tú sabes lo que él te quiere». Se quieren entrañablemente.

Entonces queridísimas hermanas, estamos aquí en la comunidad, hemos dejado los padres naturales, la familia, a quien tenemos que querer, por la que tenemos que rezar, a la que le debemos tanto, pero hemos hecho una nueva familia. Y ahí es donde hay que volcar todo el amor, todo el afecto, no tenerle miedo, que en eso Teresa fue también tan grande. Y habla con tanta naturalidad, porque era una mujer sana, normal, equilibradísima. Y entonces, puede amar, y ese amor está abierto a Dios y no me quita nada del amor de Dios, al contrario, me empuja a amarle más. Eso es lo que tenía ella que contagiaba. Santa Teresa fue amiga íntima de cinco o seis santos. Y yo no sé si es que ella les hacía santos, o era que se juntaban porque eran santos. Yo no sé, porque a veces yo también digo que así como la mafia mala se junta, pues Dios hace que los santos se junten para unirse. Pues, bueno, esa es una comunidad como la de ustedes. María, José y Jesús, están unidos en un ideal, en una vocación: La salvación del mundo. ¿Qué nos une a nosotros? ¿Por qué estamos aquí? ¿Qué es una comunidad Carmelita? Una comunidad que salva al mundo. Y entonces, pues, figúrense qué providencia tendría Dios Nuestro Señor sobre la casa de Nazaret. Allí no podía pasar nada que fuera en contra del plan de Dios. Lo que siempre se dice. Imagínense qué providencia tendría Dios Nuestro Señor sobre la Virgen los nueve meses que tuvo en su vientre a Jesús. A María no le podía pasar nada porque era necesaria para que viniera Jesús al mundo. Había que protegerla. Los Santos están llenos de providencias extraordinarias de Dios, que les han salvado con milagros asombrosos. ¿Por qué? Porque eran necesarios.

No sé si oyeron ustedes aquella anécdota que se cuenta sobre cuando San Ignacio fue a Tierra Santa para imitar a San Francisco de Asís. Había leído en la vida de él que había ido a Tierra Santa y él, pues, quería imitar a San Francisco. Y fue allá y quiso quedarse allí. Le gustó tanto aquello. Pero, los Franciscanos que eran los encargados de eso le dijeron, no se puede quedar nadie aquí. Es ley porque el gobierno musulmán no permite que nadie se quede. Sólo se quedan los

Franciscanos porque San Francisco de Asís habló con el Sultán, éste quedó tan encantado con él que le dijo: «Usted, y los que sean como usted pueden vivir aquí cuando quieran. Nadie más». Esa es la historia de los Franciscanos en Tierra Santa, que han hecho maravillas por salvar las iglesias católicas. Y se han salvado gracias a ellos. En aquel tiempo nadie más podía, podían ir de paso, pero quedarse nadie. Y San Ignacio se quiso quedar y le dijo el Prior Franciscano, «Usted no se puede quedar aquí, además, si se queda le matan». Y dijo San Ignacio: «Eso es lo que yo quiero, que me maten aquí, lo que yo quisiera es morir en Jerusalén, como Jesucristo». «No, no, pero no puede. Váyase. Tenemos órdenes del Papa». Y entonces él dijo, «No me las traiga, que si lo dijo el Papa, yo lo obedezco, el primero». Y fue y montó en el barco allá en Jaffa, pero cuando estaba en el barco, se le ocurrió, fíjense ustedes qué cosa.

Hay en Getsemaní una piedra, que hoy es una torre árabe, que la tradición dice que es lo último que pisó Cristo en la tierra. Y que dejó sus huellas impresas en la piedra. La gente mira la piedra a ver si ven la huella. Yo les digo la verdad, que he estado allí cinco veces, he mirado la piedra por todos lados y huella no veo por ningún sitio. De modo es que debo ser muy imperfecto, que no veo huellas. Pero la tradición dice... San Ignacio creyó en las huellas. Era mucho más devoto. Y estando en el barco dijo, «Ay, pero yo no me fijé bien para dónde miran las huellas. ¿Qué es lo que miraba Jesús cuando subió desde allí, hacia dónde miraba?» Fíjense qué detalle. Y, ni corto ni perezoso, abandona el barco y a pie a Jerusalén otra vez para ver las huellas. A dónde miraban. El barco salió, él se quedó en tierra. A los tres días llegó la noticia, el barco se hundió, murieron todos. San Ignacio vivo, salvado. Había que salvarle, porque iba a hacer mucho por la Iglesia. Los santos tienen providencias especiales. Teresa, todo el mundo se quedó... pero cómo con su enfermedad... ¿cómo pudo? Eso es imposible. Imposible para lo ordinario, pero no para Dios.

Hermanas, si queremos que Dios nos use para algo y que tenga providencias sobre nosotros, tenemos que ser muy amigos de Él. Y muy amigos de nuestra comunidad. Que digan: es que ésta es necesaria para esta comunidad. Es que ésta hace tanto bien aquí... Y como Dios quiere tanto a la comunidad, pues naturalmente, a la que ayude, a la que favorezca, a la que contribuya, a la que sume, a la que dé al clima de alegría, de felicidad... Ya se pueden imaginar la alegría enorme que he sentido cuando con la confianza que tengo con ustedes le he preguntado a alguna en su confesión: ¿Se siente feliz en su vocación? Padre, felicísima. Esto no tiene comparación. Esto es el regalo de los regalos. Esta es la gracia de las gracias. Esta es la antesala de la felicidad del Cielo. Cooperar a ello.

Todas unidas en el amor grande unas por otras para puestos en las manos de Dios, hacer lo mejor y Dios hará lo mejor de todo con ustedes. Porque las necesita. Las necesita para salvar al mundo. ¿Dónde se refugia Jesucristo si no se puede refugiar en este monasterio? ¿Dónde, dónde puede ir Él si no encontrara aquí toda la acogida y todo el calor y todo el amor? Por lo tanto tengamos esa alegría, esa fe, esa esperanza segura de que trabajando, sonriendo, sirviendo, ayudando, amando, estimando, estamos salvando al mundo como lo salvó la casa de Nazaret.

IX

EL CORAZÓN DE JESUCRISTO, NUESTRO AMIGO. ME TIENES A MÍ.

Siguiendo, como les decía esta mañana, el consejo ignaciano de dedicar el día a las contemplaciones de la vida de Cristo para sacar de ellas un conocimiento más «íntimo», la palabra la usa San Ignacio con toda intención porque el íntimo es la amistad, el íntimo es el corazón, el íntimo es el alma. Lo otro es el entendimiento, los conocimientos, que puede ser, se puede como decíamos conocer mucho a Jesucristo porque se ha estudiado mucho la historia del país, de Palestina, de Judea, de Israel, de Oriente, entonces después poder estudiar las costumbres... Todo eso, tenemos el famoso alemán Harnack, protestante, y que quiso estudiar los Evangelios para demostrar que eran falsos. Y dedicó años y años y, en medio de todo, él era un hombre honesto y les levantó el mayor monumento a los Evangelios. Porque como la Iglesia, guiada por el Espíritu Santo, ha tenido siempre una fe tan grande en sí misma que no está ni en esto ni en lo otro, está en que es Dios, el que la lleva. Entonces, ¿cuándo se escribieron los Evangelios, cuántos años tienen? Da igual. La Sábana Santa ¿es verdadera o no es verdadera? Pero, nuestra fe viene de aquella tradición que Cristo inculcó en todos los Apóstoles. «Todo lo que me hayan oído a mí ahora, díganlo. Y yo les prometo que estaré con ustedes». Lo nuestro viene de esa tradición maravillosa de Cristo en persona y de los Apóstoles que lo bebieron todo de Él y nos lo transmitieron todo. Y nos lo transmiten con aquel afecto, con aquel amor con el que San Juan nos dice: «Lo que nosotros vimos, tocamos, oímos, el Verbo hecho Carne. Ese Jesucristo es el que os transmitimos. Para que ustedes crean en Él, igual que nosotros y se salven igual que nosotros». Esa es nuestra vida en la Iglesia, la tradición. Ya lo otro es todo secundario. Nunca la Iglesia se preocupó, cuándo apareció el

Evangelio de San Mateo; pero si antes de San Mateo ya sabíamos todo eso, ya se predicaba. ¿Cómo nació la Iglesia? La Iglesia nació alrededor de cada uno de los Apóstoles, que empezó a enseñar. Celebraba la Eucaristía, bautizaba y, esa es la Iglesia. Y, claro, ¿quién estaba allí al frente? Un Apóstol que no transmitía más que lo que Cristo le dijo y lo que el Espíritu Santo le confirmó.

Esa es la fuente de nuestra fe. Todo lo demás viene con ello después. ¿Qué día fue cuando Jesucristo hizo Papa a Pedro? Bueno, sabemos que lo hizo. Pero, ¿qué día, cómo? No sabemos, pero no importa. ¿Cuándo instituyó tal sacramento? No sabemos. ¿Por qué, por ejemplo, el lavatorio de los pies que Cristo hizo con tanta solemnidad en la Última Cena no es sacramento? Podía haber sido eso un sacramento. No lo es, porque nunca la tradición lo enseñó. Nosotros vivimos de esa tradición que es Cristo con nosotros y el Espíritu Santo con nosotros, y el Padre que lo proyectó todo. Esa Trinidad viva entre nosotros es la que nos lo transmite todo. Y lo demás va viniendo y van apareciendo los tomos por aquí. Pero ¿de dónde se saca todo? De que aquí se enseñó siempre, así fue siempre. Así lo enseñó la Iglesia. Esta es la tradición. Este es el magisterio de la Iglesia.

Bueno, pues yo quería decir esto a propósito de que este famoso Harmack quiso estudiar los Evangelios para ver que todo era un cuento. Y hasta entonces la Iglesia tenía los Evangelios porque habían aparecido... qué se yo... ciento veinte años después de la muerte de Cristo. Ciento cuarenta años, cien años. Y este hombre, con su estudio, descubrió que era mucho antes. Que ya a los cuarenta años de la muerte de Cristo ya había aparecido algún Evangelio. Y las Cartas de San Pablo, por supuesto. Y entonces, claro, levantó un monumento tremendo a los Evangelios porque tuvo que confesar en su honestidad científica que eran auténticos, que eran históricos y que eran muy anteriores a lo que se había dicho. Pero murió, sin fe. Un estudio como se podían haber estudiado las momias de Egipto, ¿verdad?

Esto es lo que San Ignacio no quiere de ninguna manera en los Ejercicios. No quiere que veamos a Jesucristo o las cosas de oración un poco así como conocimiento meramente externo, intelectual, frío, alejado. No, no, Cristo es una persona íntima. Miren este corazón que ama tanto a los hombres. Y entonces Ignacio nos pone en contacto con ese corazón, como pone Teresa siempre su vida. En contacto con el corazón de Cristo, con los sentimientos de Cristo. Y entonces San Ignacio quiere un conocimiento íntimo. Que siempre que leamos los Evangelios, que oigamos algo de Jesucristo, que contemplemos algo... vayamos a lo íntimo: Y esto, ¿por qué lo hizo Jesucristo? Y ¿qué sentimientos tenía Jesucristo en ese momento? Y a poder ser que los sentimiento de Cristo me hagan vibrar mi corazón, me emocionen, me hagan a mí sentir esos mismos sentimientos. «Tened entre vosotros los mismos sentimientos de Cristo». Frase paulina, frase paulina. Si hay una mujer conocida que tenía los sentimientos de Cristo era Teresa de Jesús. Porque por intuición, por, seguramente, familia, porque no cabe duda que su riqueza espiritual también trae un origen lejano en el pueblo de Israel, que había tenido unas experiencias con Dios únicas: durante cuarenta años comiendo un maná del cielo milagroso. Esa experiencia creó y fíjense como decía ella: «Mi padre me enseñó mucho a tener ese contacto con Dios». Esa experiencia personal de Dios.

Bueno, pues, San Ignacio ahora quiere que el ejercitante trate de vivir esa experiencia y esos sentimientos y desarrollar esos sentimientos. Lo que más devoción le dé a él, lo que más le pueda ayudar. A todos les aconsejaría, como mero consejo, ustedes hagan lo que quieran, pero quizás en el día de hoy si tienen algún tiempo, sería bueno leer los capítulos 4, 5, 6 y 7 de San Mateo que es el famoso Sermón de la Montaña. Donde Cristo, como quien dice, define qué es el cristiano, cómo ser cristiano, qué tipo de pensamientos tiene un cristiano, cómo vive un cristiano. «Habéis oído lo que se ha dicho, pero yo os digo, no. Habéis oído. Yo, yo traigo una doctrina nueva, una vida nueva, una filosofía nueva, unos valores nuevos, una moral nueva. Y yo soy el único camino y la única verdad y la única vida. Por lo tanto no hay más que Jesucristo». Digo yo, fíjense como el mundo recibe todo lo que es un progreso y un invento científico. ¿Por qué hay luz eléctrica en todo el mundo? Eso se inventó en un sitio. Todo el mundo ahora quiere la luz eléctrica. ¿Por qué hay aviones en todo el mundo? Ah, porque desde que se descubrieron, figúrense, qué invento. ¿Por qué hay coches en todas partes? ¿Por qué hay medicinas? ¿Por qué los chinos no dicen, ah, pues nosotros seguimos con el pus-pus llevando en hombros a la gente? Ya tienen allí coches. Entonces, el adelanto lo tiene todo el mundo. El teléfono, todo el mundo. ¿Hace daño a alguna nación tener teléfono, tener luz, tener automóviles, tener aviones? No, el invento es bueno para todos. Señores, Cristo es el invento religioso de Dios para todos. No hace más que enriquecer a todos, hacer bien a todos. Si tú no quieres no pones el teléfono, pero el teléfono va a entrar, porque es una maravilla. Si tú quieres no cumplas los mandamientos y la doctrina de Jesucristo, pero deja que entre Jesucristo porque es una maravilla.

¿Por qué no se recibe a Jesucristo que es el invento de Dios para lo más importante del hombre que es su vida religiosa? Esto hay que pedirlo. Y hay que predicarlo, porque es una verdad tremenda. ¿Tú quieres progreso en el campo religioso? Hay un invento que se llama Jesucristo. Y Él no hace más que superar todo lo bueno. Si tú ya eres bueno, te hace mejor. No va contra nada. Va contra la mentira, contra el error. Pero inclusive es tan bueno que te comprende, te perdona siempre que tú lo necesites. ¿Por qué rechazar a Jesucristo?

San Ignacio quiere que el ejercitante se entusiasme con Jesucristo. Y, claro, en particular, que lo vea como el invento maravilloso de Dios, desde luego, pero también que lo ame. Porque Cristo es persona, tiene un corazón. Y cómo les he dicho muchas veces es uno de los carismas teresianos, haber descubierto el corazón humano de Cristo. Como decíamos, algún confesor quizás no en la misma línea espiritual, no lo entendía. Figúrense, cuando Teresa dice con toda naturalidad: «Para mí ya no hay más que un cielo y no habría más que un infierno. El cielo es ver los ojos de Jesús alegres cuando me mire. Que los ojos de Jesús yo los vea alegres cuando me miran. Ese es mi cielo. Y para mí el infierno sería ver que cuando Cristo me mira, está triste. Llora. Eso sería el infierno». Teresa ha hecho de los ojos de Jesús el cielo. Y como los ojos de Jesús son por donde se reflejan los sentimientos del corazón, ha hecho del corazón de Jesús su amor, su centro. Y esto es la maravilla del invento divino. Esta es la riqueza espiritual que nos trae Teresa. Esta es la Iglesia.

Para ayudar un poquito, porque ustedes pueden hacerlo muchísimo mejor por su cuenta y a veces se dice «mediten en esto, mediten lo otro», pero por comentar algo, y estar juntas y así tenemos también a Cristo con nosotros porque donde estemos reunidos nosotros, Cristo está con nosotros. Y así nos aprovechamos todos de su presencia especial con nosotros en estos momentos. Por decir algo, yo voy a mencionar cuatro o cinco cositas, cogidas así, al azar, pero que le pueden a uno herir de alguna manera. Yo pienso que a San Pedro se le tuvo que quedar para toda la vida la mirada que Cristo le dio el día antes de la Pasión, cuando le miró después del pecado. Esa mirada ya no se la pudo quitar nunca. Tengo para mí también que lo más probable es que San Pablo cuando se convirtió se le tuvo que venir a la mente para siempre, porque San Esteban al que apedrearon y él estaba delante, dicen que antes de morir le miró y le dijo a Dios, «no les tengas en cuenta este pecado». Aquella mirada de San Esteban a Saulo, seguramente que Saulo la tuvo grabada toda la vida y fue para él un motor. Un impulso. «Yo apedreé a Esteban y él me miró con amor y pidió para mí el perdón». ¿Quién olvida esto?

En el Evangelio hay tantos momentos maravillosos en que aparece quién es Jesucristo, qué corazón tiene, que sencillamente siempre que vayamos, procuremos ir en el Evangelio un poco a la caza de eso: Y ¿qué sentía Cristo? ¿Qué estaba sintiendo Jesucristo? Y, ¿qué estaba pasando por el corazón de Cristo en este momento? Porque seguramente al ver un corazón tan grande, tan noble, tan generoso, tan único, nuestro corazón que es un poco de barro, que es un poco frío, que es un poco egoísta, llegue el momento que explote y diga, «no a éste Jesús hay que quererle. Yo tengo que amarle. Porque otra cosa no tiene sentido, ni tendría perdón de Dios viéndolo yo como lo veo». Por decir algo, por decir algo, cada una de ustedes tiene mil detalles que a lo mejor son mucho mejores. Pero, por decir algo y por la confianza en que estamos todos juntos, pues, se me ocurre citar algunos pasajes del Evangelio que yo creo que demuestran algo que nos tiene que estremecer por dentro al ver qué corazón tiene Jesús, qué sentimientos tiene Jesús.

Por ejemplo, el milagro famoso de la piscina de Siloé. Siloé está cerca del templo de Jerusalén. Todavía hoy se ve allí el agua, se baja, y al final parece casi como un pequeño lago de agua, una laguna de agua limpia, que se ve que aquella era una piscina pero que tenía como un manantial. Y en tiempos de Jesucristo era un lago y alrededor de él se ponían los enfermos. Porque un Ángel del señor bajaba de vez en cuando y tocaba el agua. Y el primero que entrara en el agua tocada por el Ángel, quedaba curado de cualquier enfermedad que tuviera. Imagínense ustedes, Siloé era como ahora Lourdes. Cientos de enfermos, miles quizás, y Cristo pasa por allí y ve aquella multitud de enfermos delante de la piscina y va derecho a uno que está tirado en una camilla, medio paralítico, tullido. Le toca, le saluda con cariño y le dice: «Tú ¿cuánto tiempo llevas aquí?» Y el enfermo le dice: «Yo, treinta y ocho años». «¿Treinta y ocho años aquí? ¿Cómo tanto?» «No tengo a nadie que cuando el agua se mueva, me tome y me meta en el agua. Otros tienen quien les ayude, otros enfermos tienen quien les ayude, yo no tengo a nadie». Y Jesucristo le dice, mirándole: «¿No tienes a nadie? Me tienes a mí. Me tienes a mí. Quédate curado ahora mismo. Me tienes a mí». Hermanas, yo creo que a veces, nosotros... y claro, el mal espíritu trata de crear eso, podemos tener el sentimiento de que, yo no valgo nada, yo no valgo para nada, yo no sirvo, yo estorbo, yo quisiera ser, pero no logro nada; parece mentira, cada vez voy peor. Podemos caer en ese estado de desolación y de creer que «¿quién me salva a mí? ¿Dónde yo me apoyo? ¿En quién voy a confiar, qué remedio tiene esto? «Y hay personas que caen en ese estado. Qué bonito momento para decir Jesucristo «Tú comulgas». Ese día en la comunión, Cristo te dice «Me tienes a mí. Confía en mí». Él fue a buscar al más necesitado, al más inválido, al más inútil, el más marginado. Esto es de un corazón grande. Este es Jesucristo. Pues, rasgos de estos que se nos vayan quedando para ver que Cristo merece tanto mi amor, merece tanto mi respuesta, mi gratitud, mi amistad.

Otra escenita. Están los Apóstoles con Jesucristo, una escena muy graciosa, digo, graciosa en este sentido de que están allí a la entrada del Templo y parece que allí había una caja para la limosna, de esos que hay en todos los templos. Y, de repente llega un hombre muy rico y saca la cartera, y saca un billete de diez mil pesetas y lo agita así... y lo echa en la caja. Y los Apóstoles le dicen a Jesús... «Maestro, mira». Ellos nunca habían visto ni tenido en la mano un billete tan grande. «Mira, mira a este hombre». Jesucristo dijo, bien, bien. No hizo comentario más que «bien, bien». Pero al poco tiempo llega aquella ancianita, pobrecita, mendiga y mete la mano en el bolso y saca un pañuelo, y en el pañuelo tenía unos centavitos, unos céntimos y los coge y los mete todos allá. Y Cristo dice, «Muchachos miren lo que acaba de ocurrir. Vean esto. Miren». Ellos se quedaron... figúrense... tres céntimos. Aquel dio de lo que le sobraba, muy bien. Esta ha dado los centavitos que tenía para comer hoy y se los dio a Dios. Esto es lo grande, esto es lo admirable. Para eso hay que tener un corazón muy sensible. Y Cristo lo tiene para hacer notar esas delicadezas. Y entonces, tenemos que decir nosotros: «Señor, mira yo no te puedo dar mucha riqueza, porque no la tengo. Un centavito te doy». Y, ¿cuál es ese centavito? Sonreír, cuando no tenía ganas de sonreír. Me ofrecí para un trabajo cuando no tenía ganas de trabajar. No critiqué cuando me venían ganas de criticar. Centavitos, maravillosos. Que cuando Cristo los ve, te ama, te quiere, te admira. Y todos nosotros hacemos eso muchas veces. Por lo tanto, ¿cómo no nos va a querer Jesús que se fija en todos esos detalles? Que todas ustedes tienen.

Cuando uno va a confesarse, naturalmente, uno se fija en lo que es negativo y tiene que decirlo. Pero eso no es uno. Dios nos ve como somos del todo. Ninguno de nosotros va a confesarse y va a decir «Hice cien actos de caridad y veinte de mortificación». Eso, eso es para otro momento. Eso no es para la confesión. Pero es que cuando tú dices «no fui mortificada» Cristo dice, sí, pero fuiste veinte veces, una vez no fuiste. A ustedes las quiere Jesucristo mucho, pero mucho, muchísimo. Y ese es el privilegio. Y esa es la riqueza, eso es lo más grande que podemos tener. Nos quiere Jesús, pues estamos bien. Esto es lo que importa. Porque, además, Él goza queriéndonos. Él quiere querernos, Él es feliz queriéndonos. Eso es lo que importa, no el halago que yo tengo porque me quiera, que es muy grande. Pero eso ¿lo hace a Él feliz? Felicísimo... Pues eso es lo que nos tiene que entusiasmar.

Otro caso evangélico, por decir algo. Es muy bonito y tiene algo de novedoso, en el sentido que es la única vez que Cristo le dice a uno: «Quisiera comer contigo». Qué detalle de caridad, de amor. Esto lo hizo con Zaqueo. Todos los demás lo invitaban y Él iba. Pero en este caso Él se invita. ¿Por qué? Zaqueo, un hombre mundano, rico, de negocios, pero que tuvo un gesto muy bueno. «Cristo va a pasar por nuestro pueblo, que es Jericó. Y de este Jesucristo se está oyendo por todos lados. Y dicen que hace unas cosas». Y fue a la fábrica y dijo a todos los obreros: «Mañana llega Jesús de Nazaret por nuestro pueblo. El que quiera ir a verlo, no tiene que venir a trabajar. Yo no voy a trabajar mañana hasta que no le vea porque tengo un interés enorme de verle, porque se habla tanto de Él, que yo creo que vale la pena». Fíjense qué gesto tuvo. Y allá va. Y la gente dice que era bajito, gordito, seguro, porque comía bien, era rico. Y cuando llega dice «Aquí yo no voy a ver bien». Y el hombre se trepa a un árbol. Ese gesto, a Cristo lo arrebató. Seguramente que los muchachos se reían «Miren allá en el árbol. Se va a caer el gordito ese». Tuvo un gesto de una persona seria, venerable, qué afán de ver a Jesús. ¿Y por dónde va a pasar? Todavía está allí, hay árboles allí, el sicomoro ése, se enseña el lugar donde la tradición dice que se subió Zaqueo. Se trepa al árbol y efectivamente, pasa Jesucristo por allá. Y Zaqueo contentísimo porque le puede ver. Jesús mira para arriba y dice «Zaqueo»... lo llama por su nombre. «Baja. ¿Podría comer contigo yo hoy"? Se volvió loco Zaqueo, no se imaginaba, ni a mil leguas... Si él no era nadie. Cristo ante el detalle de que él se subió al árbol, se ganó el corazón de Jesucristo. Y ahora, para su casa. Y empieza a hablar como un amigo. Yo estoy casi seguro, claro, que como él era un hombre de negocios, Zaqueo le dijo «¿Y usted, de qué vive? ¿Le pagan por esto que usted hace?» Era un hombre que hablaba de negocios. «Pues yo no. Yo lo hago todo gratis». «Y, ¿dónde duerme usted?» «Donde me coge la noche. Hay buenas cuevas por aquí». Cristo, en los tres años de su vida pública, pasó la mayoría de las noches en cuevas. Que por suerte el clima es seco y se puede... no son cuevas llenas de... como sería en cualquier clima tropical, que se llenan en seguida de bichos y de matas. No, era seco todo, muy seco. Se puede pasar una noche. La pasa el mendigo, el pobre, la pasa Jesucristo. Y entonces cuando le pregunta: «Bueno ¿y su casa?» «No tengo casa». Pero fíjense lo que producía Jesucristo cuando se le hablaba cara a cara y al corazón. Le mueve el corazón de Zaqueo para ser mejor y éste dice: «Si este hombre es así, yo tengo que ser bueno». Quién era Jesucristo que movía a eso. Y entonces le dice, «Maestro», y habla con él como hablaría... porque está hablando de una cosa íntima de religión. «Maestro, yo no es que haya sido mala persona, así de profesión, pero naturalmeente yo he vivido para mí egoístamente, y el negocio lo he explotado lo más que he podido, y no creo, no tengo una conciencia de haber cometido injusticia. Pero, oyéndote a ti, yo quiero ser mejor. De ahora en adelante voy a participar de todo lo que yo gane a mis obreros.Y si en algo a alguien he defraudado, le daré cuatro veces más». Y Jesucristo, le abraza y le dice: «Zaqueo, hoy ha entrado en tu casa la salvación».

¿Quién entró que lo cambió? Jesucristo, amigo. ¿Y por qué entró así Jesucristo en ese plan? ¿Porqué él tuvo con Él un detalle? Hermanas, está bien que no lo pensemos, pero en el momento de seguir la tentación el mal espíritu nos tienta, sí hay que sacar de la gaveta, como decíamos de Santa Catalina de Siena... Bueno, yo también he hecho algunas cosas buenas. No todo ha sido malo en mi vida. Porque, si por subirse al árbol, Zaqueo se ganó el corazón de Cristo, ustedes que le han dado su vida, que lo han dejado todo por Él, ¿cómo no las va a amar? Con qué alegría Jesucristo participa del banquete, «quiero comer contigo» Y nos invita a la Eucaristía, porque hemos tenido con Él detalles, todos los días. El primer detalle es levantarnos a la hora, y levantarnos prestas, y decir «un día más para servir a Nuestro Señor». Ya empezó el detalle. Y toda la vida de ustedes está llena de detalles que le ganan el corazón de Jesús, para amarlas a ustedes. Esta es la verdad.

Pues, ahí tenemos y, fíjense, Jesucristo le dice a Zaqueo: «Sigue con el negocio. Que ahora sí es bueno, porque ahora te va a ayudar a hacer un bien enorme». Esto da mucha luz en el Evangelio, porque Cristo quiere hombres triunfadores, abiertos a Dios, médicos abiertos a Dios, políticos abiertos a Dios, economistas abiertos a Dios, ingenieros abiertos a Dios, profesores abiertos a Dios... ¡Una maravilla! Por eso Dios los usa para el bien, para... y eso es algo que tenemos que evangelizar. Eso es lo que ustedes desde aquí, con sus oraciones, logran para que Dios toque las almas de esos hombres. Pues, Zaqueo el gran amigo de Jesucristo, porque tuvo un detalle. Y nosotros, toda nuestra vida son detalles con Jesús, ¿Por qué? ¿Porque estemos aquí? El mayor detalle fue conocer nuestra debilidad y decir, me quiero obligar a ser buena con votos. Los votos no nos quitan ningún mérito. Nos aumentan, enormemente el amor. Porque hemos querido... Mira, yo quiero frenar aquellas fuentes por donde pueden venir mis mayores faltas. Me puedo apegar a las cosas materiales demasiado. Pobreza. Tengo que tener un corazón limpio, una mente limpia, unas intenciones puras. Castidad integral, de mente, de alma, de intención, de cuerpo, de todo. Con voto. Y tengo peligro a mi soberbia. Tengo peligro a que me creo que sé más que nadie... Obediencia... Cuando Cristo nos ve pobres, castos y obedientes, se enamora de nosotros. Porque eso lo hemos hecho por amor a Él y lo mantenemos ahí. De modo que no me venga el demonio ahora a decir que yo soy malo. Soy muy bueno. Soy requetebueno.

Pero, claro, si es auténticamente es para amar más, para ser mejor, porque los votos no son más que preparación de eso. Y, trampolín para eso. Al ser libre de esas cosas que me pueden amarrar, amo más. Sirvo más. Comprendo más, ayudo más, soy más útil, porque no me frena nada de eso. Y, un poquito más despacio, más lento, digo, como tema que es interesante... El milagro de la amistad de Cristo en la resurrección de Lázaro. Esto es tremendo. Esto es conmovedor. Y aquí no sabe uno a quien admirar más, si a Marta y María o a Jesucristo. Porque Marta y María están a una altura increíble, se ve cómo habían aprendido de Cristo, qué virtudes habían desarrollado. Porque, señores, cuando Cristo iba a Jerusalén, ya sabía que tenía la puerta abierta de par en par para Él y para sus apóstoles. El problema de Cristo era que llevaba una cola muy larga. Eran todos los apóstoles, que iban con Él a todos lados y muchas veces con muy poca educación, naturalmente. Y, allí en Betania, Cristo y los apóstoles, para todos había un lugar de descanso, para todos comida, para todos.... Lázaro era rico. Esta es otra tontería que a veces son errores que se han enseñado, como si Cristo odiara a los ricos, para fomentar, ¿qué? el Marxismo. No, Cristo venía a buscar a todas las almas, donde estuvieran, porque todas son pobres si no tienen a Dios. La riqueza, eso es secundarísimo. Y resulta que sabemos que fue íntimo amigo de varias personas muy ricas, como es el dueño del Cenáculo. El Cenáculo era una casa espléndida, un salón magníficamente equipado, con divanes, con muebles, con todo, en el corazón de Jerusalén. Y el dueño se lo presta a Jesucristo, no por un día, sino mientras quieran estar allí, hasta el Día de Pentecostés. José de Arimatea era rico. Había hecho un sepulcro a todo meter, nuevo, y se lo presta a la Virgen para que enterrara allí a Jesucristo, con esta peculiaridad, que lo que tocaba un crucificado quedaba profanado y maldito. Por lo tanto, aquel sepulcro cuando José de Arimatea se lo dio a la Virgen, él ya lo perdía para siempre. Y se lo dio, y él fue el que compró la sábana para envolver el cuerpo. Un hombre rico, amigo de Jesucristo. ¿Quién no iba a ser amigo de Jesucristo si tenía la oportunidad de conocerle? Era el alma, lo que buscaba. Él, era nuestra alma, el corazón de todos nosotros.

Bueno, pues, Lázaro era rico. Se ve. El sepulcro se conserva intacto. Se ve. Es de las cosas más emocionantes que hay en Jerusalén, porque Betania está pegado a Jerusalén, mucho más cerca que Getafe de Madrid... pegado. Y al lado, detrás del Monte de los Olivos, allí está Betania. Y allí estaba la casa, seguramente una mansión grande, de Lázaro, y él seguramente tenía trabajo en la ciudad. Un hombre de empresa, de trabajo. Y sus dos hermanas, Marta y María. Y allí iba Jesucristo siempre que quisiera cuando iba a Jerusalén, porque allí había para Él siempre hospedaje y comida. Ya sabemos como aquella vez que Marta está tan agitada y María la está oyendo y «pero, dile a María que venga, que dé una mano... y tal». Y le dice Jesucristo, «Marta, no te preocupes, dame cualquier cosa, si yo estoy acostumbrado lo mismo a comer que a no comer. No te molestes por prepararme, no te agites». Una respuesta muy bonita para Jesucristo. El hombre para los demás, que nunca pensó en Él. San Pablo tiene una frase con que define a Jesucristo, tremendamente: «Christus non sibi placuit».

Cristo nunca hizo nada pensando en su gusto. Siempre lo hizo pensando en los demás. Él nunca pensó en Él.

Llega el problema, llega el conflicto. Cristo se va en sus correrías apostólicas y Lázaro se enferma. Y Marta y María, fíjense con que delicadeza, una notica. No le dicen que venga, porque saben que Él tiene que hacer muchas cosas. No piden nada. Pero sí, como son amigas y como saben que Cristo quiere mucho a Lázaro... «Tu amigo, Lázaro, ha enfermados».

Que no le digan nada más, que Él sepa que su amigo Lázaro está enfermo. En el fondo Marta y María seguramente lo que pensaban era que en seguida que supiera eso Jesucristo venía, pues habían visto como se portaba con todos, lo que hacía con todo el mundo. Pues, qué no iba a hacer por el hermano de Marta y María. Así que en ese momento no dudaban que era obvio que en cuanto supiera que Lázaro, su hermano, estaba enfermo, Cristo iba a venir. Pero no le dijeron que viniera. Un respeto inmenso a Cristo. No quitarle ninguna libertad, la amistad esa no era para amarrar. Y, Cristo lee la nota y dice, «Díganles que ya lo leí». Y el mensajero llegó y le dicen: «¿Le diste la nota? «Sí». ¿Dijo algo? «Sí, que ya la había leído».

Ahora vamos a ver cómo Cristo a veces trata a los amigos. Por eso no tiene tantos. Ya lo decía Santa Teresa. Porque Cristo hace como que no leyó nada. Y Lázaro sigue agravándose. No se oye ni una palabra de Jesucristo, de que venga. Nada, nada, nada. Y Marta y María aguantando aquello con una fe, con un amor, con una estima increíble. Fíjense lo que era para ellas, era el hermano, que sostenía la casa. Era todo para ellas. Y habían visto a Jesucristo curar enfermos por todos lados. Y nadie le había atendido a Jesucristo como ellas. La prueba era grande, ¿no? La prueba fue tremenda. Y pasa el tiempo y pasa el tiempo y Lázaro agoniza y Lázaro se muere. Y Jesús, nada. Y a Lázaro le entierran, y Jesús, nada. Marta y María, qué grandes son cuando en este momento no critican a Jesucristo. Lo aceptan. Misterio. En esto, Jesucristo, al cuarto día, les dice a los apóstoles: «Vamos a Betania, porque Lázaro nuestro amigo, duerme». Y los apóstoles siempre tan sabios: «Pues si duerme, ya está bien». Claro, un enfermo que duerme ya se está curando. «No, he dicho duerme pero la realidad es que Lázaro ha muerto». Fíjense como Cristo seguía todo, lo sabía todo, estaba pensando en todo. Dice: «Y me alegro de no haber estado allí». Esta frase es preciosa, porque dice: «Si yo hubiera estado allí mi corazón no me hubiera aguantado no curarle. Le hubiera curado. Pero esta muerte es para gloria de Dios. Hay un plan que yo tengo que seguir con mi padre». Y entonces, dicen los expertos que Cristo fue al cuarto día porque había una tradición entre los judíos que los tres primeros días de la muerte de una persona todavía el alma estaba revoloteando cerca del cadáver. Tenían esa tradición. Entonces, resucitarlo al tercer día era que el alma entrase otra vez en el cuerpo, pero que no había muerto del todo. Y Cristo quiso dejar bien claro que lo que Él iba a hacer era una resurrección total. Y ahora, el cuarto día, que ya está enterrado Lázaro, un rumor que llega... Se está acercando Jesús de Nazaret al pueblo. Bien. Díganme la verdad, hermanas, ¿no era para que Marta y María dijeran: ¡a buenas horas! A buenas horas. Pues no lo dijeron. Como habían crecido en virtud estas dos mujeres por la amistad que habían tenido con Cristo. Cómo habían matado todo el egoísmo. Ellas no contaban, lo que contaba era Jesucristo. Él sabrá. Él sabe, nosotros no. Y entonces cuando alguien les comunica que Jesús de Nazaret está allí, en seguida Marta sale a recibirlo. Bien podía no haberlo hecho, podía estar resentida, podía estar dolorida. Salió y cuando le ve le dice lo que se ve que Marta y María habían repetido mil veces: «Qué lástima que no pudiste estar aquí. Porque si hubieras estado, nuestro hermano no hubiera muerto. Pero como no pudiste, como tenías que hacer otras cosas más importantes». Donde ha llegado Marta en la virtud, por la amistad con Cristo. Y sin más, pregunta Jesús: «¿Dónde lo pusisteis?» «Ven y verás». Y cuando iban, llega María. Ah, porque en seguida dijo Jesús, «María, ¿cómo está María?» Esta pregunta es preciosa porque nace del corazón. Como decimos siempre cuando muere alguien, ¿Y cómo está la esposa, cómo están los hijos? Y Cristo le pregunta a Marta, «Y tu hermana, María ¿cómo está?» Bien, llega María, la misma cosa, «Maestro, qué lástima que no pudiste estar aquí, porque si hubieras estado con nosotros, nuestro hermano no hubiera muerto». «Tened confianza, ¿dónde está?» Y fueron a la tumba. La tumba tenía una... como la de Cristo después, que era también de un hombre rico, José de Arimatea, una antecámara donde se reunía la familia y venían los amigos y familiares a darles el pésame. Como Lázaro era tan importante había muchísima gente allí y los fariseos seguramente empezaron a comentar: «Este dice que hace milagros, si... donde nadie lo vea. ¿Por qué no los hace aquí en Jerusalén donde estamos nosotros?» «Allí estaba gente importante, letrados, fariseos del templo, Lázaro era importante en Jerusalén. Y por eso decían: «Mira como con éste no hizo ningún milagro. Este no puede hacer milagros, eso es un cuento». Y, de la mano de Marta y María, Jesús llega a la sepultura. Y cuando llega... Ah, y por el camino, esto es lo más grande... esta es una escena que a Santa Teresa le tenía que partir el corazón. Porque Marta y María iban llorando y Cristo empieza a sollozar... a sollozar. Dicen que conmovido empezó a llorar al ver como Marta y María lloraban. Aquí está un corazón humano, aquí está el Jesucristo conmovedor. Y entonces los fariseos dijeron: «Mira, cómo es verdad que lo amaba». Para que un hombre llore como lloraba Jesucristo hay que querer mucho. Un hombre no llora tan fácilmente. Y Cristo era todo un hombre. Pero, al ver a Marta y María llorar, empezó a llorar sollozando, no una lagrimita, no, sollozando. Y se acercan a la tumba y dice: «Marta, María, tened confianza, que vuestro hermano va a resucitar». «Sí, ya sabemos». Les había explicado Cristo que había otra vida, que había una resurrección de los cuerpos, que muchos judíos no creían. Por lo tanto se ve que Cristo las había instruido a ellas muy bien. Y entonces, pues, le dicen Marta y María con toda naturalidad:

«Sí, ya sabemos que resucitará en el último día, el día del juicio».

«Marta, yo soy la resurrección y la vida. El que cree en mí, aunque haya muerto, vivirá». Y les dice a la gente: «Quiten la piedra». La piedra era, la antecámara estaba pegada al sepulcro que no era un sepulcro hundido, sino que los ricos los enterraban, depositaban el cadáver en un como altar de piedra. Tenían un altar y ahí se depositaba el cadáver y se envolvía con una sábana, que fue lo que pasó con el cadáver de Cristo. Igual que Lázaro. Y entonces eso se tapaba con una piedra redonda, grande, se sellaba y dentro quedaba el cadáver. Y la gente oraba o recibía el pésame en la antecámara. Y Cristo dice, «Quiten la piedra». Y Marta y María «Maestro, no... que lleva cuatro días y no aguantaría nadie el olor». Seguramente que ninguna de ustedes ha tenido oportunidad de sentir el olor de un cadáver, yo tuve ocasión en Cuba con cuatro muchachos que nos mataron de la Agrupación y los tiraron en un barranco. Y estuvimos días buscándolos y no aparecían por ningún lado, por ningún lado. Y al final los encontramos en un barranco. Cuando bajamos y quitamos aquellas ramas que los cubrían, llevaban ya como ocho días muertos. El olor era tan espantoso, tan espantoso, que nosotros nos poníamos cosas en las narices, pero era inútil. El olor impregnaba todo. Yo tuve que quemar toda la ropa que yo tenía puesta y durante varios días la piel me olía a muerto. Es algo terrible. «Maestro, que ya huele». «Marta, te he dicho que yo soy la resurrección». Quitan la piedra y Cristo se enfrenta con aquel cadáver, ahí no hay que devolver la vista, que ya los ojos están podridos. Ni el corazón, que está podrido, ni la sangre que está toda podrida, ni los músculos. Hay que hacerlo todo nuevo. Y Cristo: «Lázaro, sal fuera». Y Lázaro se levanta. «Quítenle las ataduras». Esto es por una parte sublime, por una parte gracioso. Le resucita y ahora pide ayuda para que le quiten las ataduras. Y entonces, Lázaro, vivo, resucitado, joven, se abraza con Jesucristo y se abrazan los cuatro. Ahora ustedes piensen en Lázaro, Marta y María abrazados a Jesucristo, y Cristo abrazado con todos ellos. ¡Qué clase de amigo... qué clase de amigo!

Pues esto le costó el acelerar la muerte a Jesucristo. Porque los fariseos cuando vieron esto dijeron: «Esto ya no se puede aguantar. Si este hombre sigue vivo, estamos perdidos. A éste lo sigue todo el mundo, hay que matarlo». Y Cristo que sabía eso, por amor a sus amigos, Lázaro, Marta y María, acelera su muerte y muere por amistad. Muere por un amigo. Muere porque estos han tenido conmigo delicadezas, atenciones. Doy la vida por mis amigos. Este es Jesucristo, el mismo, idéntico, que nos va a abrazar a nosotros hoy, con el mismo amor con que abrazó a Marta y María y a Lázaro. Porque lo hemos recibido tantas veces, porque hemos hecho tantas cosas por Él. Porque le hemos dedicado nuestra vida, porque cada vez que hacemos un acto de caridad con una hermana nuestra, lo hacemos por Él, como

Él dijo. Vivir esto, es vivir ya en la antesala del Cielo. Y esto es verdad.

Por eso decía Teresita de Lisieux cuando comulgaba: «Sí ya hay Cielo para mí, sí ya lo tengo todo dentro. Pero como puede haber un Cielo que yo no tenga aquí, si tengo a Jesucristo conmigo». Cristo está con nosotros, Cristo nos ama.. Cristo es todo. Poder decir una vida para Cristo. Un vivo yo, pero no soy yo, es Cristo el que vive en mí. Qué regalo, qué don. Porque nosotros ni nos hemos dado cuenta. Nos lo han dado. Pero Cristo no olvida nada. «Pedro, a ti y a todos los que como tú, por mí lo han dejado todo, os daré todo lo que tengo y se sentarán conmigo en el mismo palco a dar el cielo a los demás. Porque todo lo mío es vuestro. Vosotros sois míos y todos somos de Dios». Ese es el ideal cristiano que tratamos con todas nuestras imperfecciones. Pero sí es bueno que las tengamos. Créanme, es como la corteza del árbol. Si el árbol no tuviera corteza, la savia se le iba toda. Nuestros defectos son la corteza que nos hace humildes, para que la vida de Cristo vaya por dentro y nos fertilice y nos enriquezca, y nos mantengamos fuera con nuestros nudos, con nuestras cortezas, con nuestros defectos... no importa, mientras vaya por dentro el amor de Cristo, ése es el que nos hace grandes.

Tratemos siempre, porque esa es la idea de San Ignacio, de orientar al ejercitante para que cuando lea el Evangelio, cuando medita, cuando oye, cuando va a Misa, lo enfoque todo de esta manera. Hacia la amistad, hacia el amor, hacia el conocimiento de Cristo que nos transforma y nos hace parecidos a Él.

X

DOS BANDERAS. TRES BINARIOS. TRES GRADOS DE AMISTAD.

Después de pasar el día de ayer contemplando la vida de Cristo con la idea de intimar más con Él, y como motivación máxima el querernos parecer a Él, quererlo imitar, querer reproducir su vida, poder lograr aquello que Él nos dijo que «el que les vea a ustedes me vea a mí, como el que me ve a mí, ve al Padre». Cristo, como hombre reflejó siempre al Padre, y de la bondad de Cristo todo el mundo puede decir «¿Cómo será la bondad de Dios?» Y Él quiere que de la bondad nuestra puedan decir ¿Cómo será la de Cristo? Porque ésta es así por ser cristiana. Entonces, ¿Cómo será Jesucristo? Esta es la idea que Cristo nos dice tan bonitamente. Y, que la Iglesia, como decíamos, durante todo el año litúrgico trata de inducirnos, motivarnos, con el ejemplo de Cristo, la doctrina de Cristo, la Pasión de Cristo, la Resurrección de Cristo. Toda la vida de Cristo.

Ahora, viene el momento de tomar decisiones. San Ignacio recomendaba de un modo especial los ejercicios cuando alguien iba a tener que hacer una elección importante de la vida... No hay mejor preparación porque todos los ejercicios están orientados a darte los criterios verdaderos, a rectificar la voluntad en lo que haya de imperfecto, en quitar aficiones desordenadas, en hacerte libre del todo y entonces a ponerte delante a Jesucristo para imitarle y cuando estás en esta actitud, entonces, toma la decisión: ¿Qué quieres ser, cómo quieres ser? Cuando no hay una elección importante que hacer en la vida como es el caso nuestro, que ya, gracias a Dios la hicimos una vez, siempre hay que reformar la vida, mejorar, porque esa es la tarea de toda la vida, tratar de mejorar, tratar de superarnos y diríamos que viene en este momento la idea de, bueno, qué propósitos voy a hacer yo en estos ejercicios, o, si queremos mejor, cómo yo voy a ser como cristiana de ahora en adelante, en el caso suyo, cómo yo voy a ser como religiosa de ahora en adelante. ¿Cómo quisiera ser, qué quiero ser? Con todo lo que he oído, con todo lo que he visto, con todo lo que he vivido, con la compañía de Cristo, con el amor de Jesucristo, con el ejemplo de los santos, ¿Qué quiero yo ser? ¿Qué voy a ser?

Ahora, viene Ignacio, inspirado por Dios, pone al ejercitante un «test», una prueba para ver si está preparado para tomar bien la decisión y acertar en la decisión que haga. Primero, un «test», una prueba: ¿Tienes claros los criterios? Ahora que te vas a lanzar a decir cómo quieres ser delante de Dios y para Dios, y cómo quieres ser el resto de tu vida. Este es un paso importante, y por lo tanto es vital que tengas bien claro los conceptos. ¿Tienes criterios claros? Estamos ya en la segunda conversión, no es el criterio del principio y fundamento para un «test» con el pecado. Es el criterio para ver si tienes el criterio de Cristo. Si tienes en la mente los valores como los tiene Cristo. Y entonces, para analizar esto; si los criterios son correctos, viene la gran meditación de las dos banderas.

Después viene a analizar: ¿Y tienes la voluntad decidida? ¿Estás dispuesto a poner los medios eficaces para lograr eso que quieres ser? Porque si no tiene la voluntad, es inútil. Y después, tercera meditación. Los tres grados de amistad, de humildad, de amor. ¿Tienes el corazón encendido en el amor verdadero, pleno?

Pues vamos a ver muy sintéticamente porque, claro, cada meditación de estas requeriría mucha explicación y mucho tiempo. Pero, ustedes ya básicamente todas las conocen y con un pequeño resumen podemos ponerlo al día para que nos oriente mucho en el día de hoy. A tomar la decisión correcta, porque hoy tenemos que tomar la decisión, con la ayuda de Dios, que no nos va a faltar nunca. Yo quiero ser, de ahora en adelante, así. Y con la gracia de Dios, lo voy a ser. Ahí van los ejercicios. Son pragmáticos. No son teorías. No son abstracciones. Son, para hacernos como Dios quiere, como Cristo espera de nosotros.

Bueno, pues, las dos banderas significa esto... no hay que creer que son dos ejércitos. El ejército de Jesucristo y el ejército de Satanás. Pero no es eso. La idea es ésta: Cristo quiere clavar su bandera en tú corazón y que sólo ahí exista su bandera, que no haya otras banderas. Y Satanás quiere poner en tu corazón su bandera, y que no haya otra bandera. Y en este momento cuando ya estás sin pecado, cuando ya tú eres buena y quieres ser buena, en este momento viene esta estrategia de Cristo y esta estrategia de Satanás. Satanás dice, «que no me lleve Cristo el corazón de esta persona, que no me lo robe. Yo quiero tener parte ahí, yo quiero que me pertenezca algo a mí». Y Cristo dice, «Que sea toda mía. Es para hacerla feliz, es para ser ella la que Dios quiere que sea». Porque el demonio es por rabia, es por egoísmo, y por eso todo es para mal. Cristo es por amor y por eso todo es para bien. Y ahora viene la estrategia. ¿Cuál es la estrategia de Satanás? dice primero San Ignacio. Pues, sintetizando, para no ir por toda la explicación, que sería muy largo, la estrategia de Satanás es ésta. Satanás dice a los otros demonios cómo tienen que ir conquistando corazones para que no se los conquiste Jesucristo y la táctica que tienen que seguir, y qué estrategia tienen que usar. Y entonces dice: «Considerar el sermón que les hace». De modo que Satanás está ahora de predicador, predicando a sus compañeros, a sus compinches, los demás demonios, diciéndoles «usen esta táctica que ésta es la que suele ser eficacísima para todos. Esta es la táctica». ¿Cómo los amonesta para echar redes y cadenas? Esta frase ignaciana es formidable, porque en el convento sólo puede poner redes por el momento, las cadenas se verían muy claras, harían mucho ruido. La cadena viene después. La cosa es que caigan en las redes. Ahora redes sutiles, después vendrá la cadena.

Que primero haya de tentar de codicia, de riquezas, como suele para los del mundo. Tener mucho. Pero, claro, la riqueza, esa palabra es muy general, en la vida religiosa la riqueza es talento, cualidades, simpatía, personalidad, educación, preparación, todo eso, que hace que una persona pueda parecer más que otra. Y en lo externo pues puede ser así sin ningún problema. Que ella no se olvide de eso, que ella tiene mucho, que ella vale mucho. Que ella es muy inteligente, que ella es muy simpática, es muy lista, que ella es muy habilidosa, que tiene estas cualidades, que no se olvide. Que primero ha de tentarle con la codicia de riquezas, para que más fácilmente venga el honor mundano. Que me honren, que me aprecien, que me distingan, que sobresalga, que sea importante. «Y después, a crecida soberbia». Y se hace soberbia la persona. De manera que el primer escalón sea riquezas. El tener, sobresalir. El segundo, honores. El tercero, soberbia, y de estos tres escalones, induce a todos los otros vicios. Que sea soberbia, que de ahí viene todo. Que no se haga humilde, que sea soberbia. Esta es la táctica de Satanás. Y como hemos visto a Cristo humilde, pues yo quisiera ser más humilde, yo quisiera ser más pobre... Que no, que no, que no se entusiasme con eso. Que no se desprenda de sus cualidades, de su honra, de sus valores. Que no me deje, porque si no, no tenemos agarradero, nos vamos a agarrar de eso.

Ejemplo, Ignacio en su vida mundana, honores, casarse con aquélla que era más que marquesa y que duquesa, noblemente, no era ningún pecado, pero era la vanidad, el orgullo. Tener, soberbio. Dice que una vez que iba por una acera de Pamplona y unos soldados que iban por allí no se cuadraron delante de él, sacó la espada y por poco mata a uno. Porque delante de él tenía que cuadrarse todo el mundo, porque él era Ignacio de Loyola. Y de ahí, ¿a dónde llegó? «Era yo un gran pecador», dice. «Caí en ser un pecador vulgar. Por ahí me tenía a mí cogido el demonio. Por los honores, por la riqueza, por la fama, y me hice soberbio». Ahora viene la conversión. Y entonces ¿cuál es el plan? El plan es todo lo contrario y por eso entendemos ahora por qué quiso imitar a San Onofre. Porque había que hacerse humilde a toda costa. Porque sin la humildad no logro nada. Y entonces, locuras para ser humilde, pero logró la humildad. Y de ahí, San Ignacio de Loyola. Con todas las cualidades, porque es que la humildad no mata nada. Nosotros creemos que si yo me entrego, si yo me hago humilde, pues, desaparezco, no voy a ser nada. Entonces ¿qué hago yo? No seas tonta, que el que lo va a hacer es Dios, pero para que lo haga necesita que seas humilde.

Entonces fíjense la táctica ahora. La segunda bandera, la de Cristo. De modo que la del demonio es honores, fama, soberbia. La de Cristo: considerar el sermón que Cristo hace a todos sus siervos, apóstoles y amigos que van a evangelizar. Que quieran ayudar a todos a traerles, primero, suma pobreza espiritual. No soy nada, no valgo nada, yo sólo no soy nada, necesito que me ayude Dios. Pobreza espiritual. «Y si su Divina Majestad, fuere servido y los quisiera elegir, no menos, a pobreza actual». Aquí insinúa que una joven que está en plan de hacer elección de su vida en ejercicios puede muy bien decir, pues, como quiero imitar a Jesucristo me hago no sólo pobre espiritual, sino pobre también actual, y entro a religiosa, y voto de pobreza, y lo entrego todo y no soy nada y no tengo nada y me desprendo de todo. Insinúa aquí. No están los ejercicios sólo para vocaciones, es para vocación cristiana. Y por el texto es para seglares, también. Pero, claro, como Cristo llama a cada uno a lo que quiere, aquí está todo el mundo abierto a lo que Cristo proponga. No menos a la pobreza actual.

«Segundo, a deseo de oprobios y menosprecios, porque de estas dos cosas se sigue la humildad». De manera que sean tres escalones. El primero, pobreza contra riqueza. Sentirme que no soy nada ante la que cree que lo tiene todo. Pobreza contra riqueza. El segundo, oprobios o menosprecio contra el honor mundano. El tercero, humildad contra la soberbia. «Y de estos tres escalones induce a todas las virtudes». De la humildad, todas las virtudes. De la soberbia, todos los vicios. Estas son las dos banderas. Y por eso cualquier cosa que me huela a soberbia .... Ojo, que aquí está la bandera de Satanás. Todo lo que atraiga a humildad, a la sencillez, a la caridad, a la servicialidad, esto viene de Dios.

Esta es la teoría preciosa, evangélica, tan profunda que Cristo quiso explicar cuando habló del grano de trigo. Si el grano de trigo no muere, no da fruto. Hay que enterrarlo. De hecho, no muere, porque si muriera no daba tampoco espiga, pero qué quiere decir. Que por un tiempo hay que enterrar ese yo natural que por ser hijos de Adán nos hace orgullosos, soberbios, envidiosos, celosos, egoístas. Ese grano de trigo hay que enterrarle. Y si muere eso de malo que tiene el grano de trigo y queda con la vida que tiene, nace una espiga y cien granos. Cuando vio a Ignacio, el hermano mayor y que ya no hablaba del mundo como antes y que rezaba, lo llamó aparte y le dijo: «Ignacio, qué te pasa a ti? Veo que se está obrando en ti un cambio muy peligroso. Espero que no se te ocurra ni por la mente, por Dios, hacerte cura o meterte a algo de eso. Acuérdate que en ti tiene la familia Loyola puestos todos los sueños, porque tú eres el hijo más dotado de la familia y todos soñamos que tú hagas famoso el nombre de Loyola». Qué bien que no le oyó. Se entregó a Dios e hizo famoso el nombre de Loyola.

Yo recuerdo que estaba un día allí en la ciudad de San Francisco de California y había un sacerdote enseñándomela y veo de repente unas torres altísimas y pregunto, «¿Esas torres?» Y me dijo, «Eso es Loyola. San Ignacio de Loyola, la iglesia». Fui allí y me la enseñó, una basílica hecha por los jesuitas italianos que llegaron primero a San Francisco y reprodujeron en esa iglesia la Santa María la Mayor de Roma. Una reproducción, algo fabuloso. Y cuando llego allí, veo que la calle dice Loyola Street, Calle Loyola. Yo dije, para mi si el hermano de San Ignacio hubiera visto esto. Nosotros tenemos miedo. Si yo me entrego, si yo me entierro, voy a desaparecer. No, porque este no es entierro para morir, es entierro para producir mucho más fruto. Pero ese fruto tiene que venir de Dios, no es tuyo. Lo tuyo es imperfección. Por eso es el grano de trigo... esa es la labor típica del noviciado en una orden religiosa. ¿Qué se hace en el noviciado? Pues, claro, matar el yo egoísta. Porque viene con ideas mundanas. ¿Cómo va a venir? Yo recuerdo que cuando yo hice el noviciado allá en Bélgica, porque tuvimos que ir a Bélgica, estaban los jesuítas expulsados de España. Y aquel año entraron cuatro doctores de Comillas en el noviciado. Sacerdotes ya. Jóvenes, veintiséis años, algo así. Y doctores, doctor en la Comillas de entonces. Me decía a mí un profesor de Comillas, «Hoy día, en este momento Comillas es la universidad católica del Papa, porque Comillas es del Papa. La más famosa que hay en la Iglesia». Y esos cuatro doctores entraron en la Compañía de Jesús. Pues, amigas mías, durante el primer año de noviciado la labor de los cuatro doctores fue limpiar inodoros. Todos los jovencitos estábamos tan contentos porque no nos tocaba eso, porque eso era cosa de los doctores. Los doctores de Comillas, allá, sudando, limpiando inodoros. Eso era lo que necesitaban estos doctores. Hacerse humildes. No crean que el doctorado les va a hacer... no, no, no. Qué bien, qué bonito. Esa es la idea.

Si vale la confidencia, porque estamos tan en confianza, algunas de ustedes al hablarme han dicho una palabra que me ha encantado... «Mire, padre, soy un desastre». Ay, qué palabra más bonita. Soy un desastre. Eso es lo que somos nosotros. El Rey David hizo el ejército de Dios con los desastrosos de la ciudad. Todos eran ladrones, gentuza, elemento malo. «¿Quién quiere venir conmigo?» Y dice la Sagrada Escritura que los que estaban metidos en deudas, los que estaban perseguidos por la justicia, que los que no tenían nada que perder, se unieron todos a David. Y David hizo un ejército fabuloso. Y conquistó batallas y guerras e hizo de Jerusalén la capital del pueblo de Dios, con un ejército de «desastrosos». Hernán Cortés conquistó México con un ejército de «desastrosos». Los que creían que ya lo tenían todo para qué iban a ir al ejército, para qué iban a pelear. Para qué, estamos muy cómodos en nuestra vida.

¿Qué dice Jesucristo en el Evangelio? Aquellos que creían que habían hecho y que ellos eran muy importantes, les dijo: «Cuánto lo siento. No son de aquí. No pueden entrar». ¿Qué dice Jesucristo? Dice, «Después de que ustedes hayan hecho todo lo que puedan hacer, digan inútil soy. Siervos inútiles somos y sin provecho». Es decir, somos un desastre. Con esos salva Jesucristo al mundo. Con los que tienen conciencia de que ellos son un desastre, pero están al servicio de una causa grande, con un líder fabuloso al que sirven. Él es el que les da la grandeza. Ese es el que les da la inspiración. Ese es el que les da valor a sus vidas. La mía no vale nada, pero está al servicio de una causa muy grande, con un líder maravilloso. La comunidad del Cerro de los Ángeles, guiada por Jesucristo, acaudillada por Teresa y con un grupo de «desastrosas» puede salvar al mundo. Mientras no tengas idea de que eres un desastre, no vales para el ejército de Jesucristo. Porque la obra es de Él. Está en la Biblia, en todo momento. Acuérdense de aquella escena del Libro de los Reyes cuando salió Gedeón con treinta mil hombres a batallar contra el ejército enemigo. Llevaba treinta mil hombres. Y le dice Dios a Gedeón, «Llevas mucha gente». «¿Cómo voy a llevar mucha gente si del otro lado hay más de cincuenta mil? Yo sólo llevo treinta mil». «No, no, llevas mucha gente. Mira, vamos a hacer una cosa, sigue caminando por el desierto, los soldados va a llegar un momento en que van a tener mucha sed, van a estar sedientos. Y van a llegar a un riachuelo que hay en tal sitio. Cuando llegue allí el ejército, fíjate bien. Todos aquellos que se tiren al suelo para beber el agua, retíralos del ejército. Los que cojan su cantimplora, diríamos nosotros, y de pie cojan el agua y beban, sigue con ellos». Parece que era una ley del ejército que el soldado nunca se tira al suelo porque el enemigo puede estar observando y en ese momento los pueden matar. El soldado tiene que estar siempre alerta, de pie, y tiene que beber el agua de pie. Y cuando llegaron allí, dice que de los treinta mil, veintinueve mil setecientos se tiraron de bruces al agua. Y Gedeón dijo, «Fuera todos». Trescientos se quedaron de pie y le dijo Dios, «Sigue con estos trescientos». Dio la batalla, la ganó, y le dijo Dios. «La batalla es mía, pero con los fieles. No con los comodones». Esta es la idea.

De modo que, «soy un desastre». Muy bien. Eres humilde, sólo siendo humildes Dios nos puede usar. Pero esa humildad no quita el compromiso de poner al máximo todo lo que nosotros podamos por Jesucristo, ustedes lo saben perfectamente. Y por eso hay que andar con cuidado en el equilibrio de todas las cosas. En el equilibrio, que lo que no es equilibrio no es verdad, en ese sentido. Pero, tenemos que rechazar cualquier pensamiento de vanidad como rechazamos cualquier pensamiento contra la castidad. Como algo impropio, como algo indigno, como algo feo. Yo no me puedo estar mirando al espejo al decir que tengo cualidades. Eso es absurdo. Eso es feo. Eso es ruin. Yo no tengo ninguna cualidad, yo lo que quiero es servir a Jesucristo y que Él me escoja para servirle. Como Él lo puede todo, puede escoger a cualquiera. Y qué doce apóstoles escogió. Un desastre todos ellos. Un desastre. Así que esta es la primera cosa, si no somos humildes, vamos a la batalla ya derrotados. Por lo tanto, la lucha es por la humildad, por la humildad. Pero una humildad a lo Teresa, que es la verdad. No una falsa humildad. Que yo no sirvo para nada, es que yo no puedo... No, no, sí puedes, puedes muchísimo y puedes hacer muchísimo. Después de haberlo hecho todo decir «No he hecho nada, todo es de Dios. Y yo al servicio de la causa con Cristo». Es Cristo el que lo hace. La causa es de Dios, y para que aparezca más que es de Dios, le encanta coger a los humildes. Porque si no parece que es humano, si hubiera Cristo escogido a doce letrados, todos profesores del templo de Jerusalén, hubiera dicho la gente, «Claro, la cosa la hicieron los letrados judíos». Pero amigos míos, cuando vemos a qué doce escogió. Y en el orden sobrenatural, todos somos indigentes, porque todo es gracia. Y si es gracia es gratis, como dice San Pablo. Y lo único que funciona en la dinámica de Dios es la gracia. Y la gracia es don de Dios y se la da a los humildes. Pues entonces si quiero ser lógico, ¿Dónde me tengo qué poner? En el campo de la humildad, para recibir la gracia, para desde ahí actuar y para desde ahí ser eficaz.

Cuando andaban allí discutiendo «Cómo se va a morir la Madre Teresa en Alba de Tolmes, vamos a llevarla a Ávila, vamos a llevarla.». Y, Teresa de Jesús, la grandísima y humildísima, dice «¿Pero no tenéis ahí una palada de tierra en cualquier sitio para enterrarme? Cómo van a estar preocupados con esa tontería de dónde enterrarme. Una pala de tierra está en cualquier sitio. Para enterrarme a mí basta una palada de tierra». Esto es humildad, esto es un alma entregada a Dios. Apóstol con mayúsculas todas y humildísima. Por eso es tan eficaz. Tenemos tantos ejemplos. Yo podría leerles, pero no hay tiempo... San Ignacio nos escribe en las constituciones una regla fantástica que dice: Si ustedes quieren ser eficaces, vístanse con la vestidura de Cristo, que es de oprobios, de bofetadas, de corona de espinas, de salivazos, no se vistan con medallas de honores y de títulos, que eso es del mundo. Y sin embargo obliga a los Jesuítas que saquen doctorados, los más posibles, que hacen falta para la causa de Dios, pero que sean con el corazón de Cristo que lleva la cruz y lleva la corona de espinas como único galardón y como único honor.

Esto es muy bonito, madres, y nadie tiene tiempo para pensar en estas cosas despacio, más que nosotros. Por lo tanto es un privilegio que nosotros podamos rumiar, saborear, alimentarnos con este alimento que es todo divino, que es Cristo. Y tenemos aquí la vida para eso, para vivir eso, y el cielo va a ser en el grado en que cada uno viva eso. Por eso como nos ha dado una vocación que es total, Cristo espera que en el Cielo estemos en el palco con Él. Pero, claro, quiera Dios que la mayoría de ustedes no digan un día «¿Dónde está la hermana tal? La hermana tal, que está allá en el extremo del estadio» Porque el Cielo, según Jesucristo es una especie de estadio, con muchas filas, y, claro, hay sillas para todos, pero no iguales para todos. No, no, no.... Cuando uno va a ver un juego de fútbol, si tiene la mala suerte de caer en el último lugar detrás de una columna, pues no ha visto nada. «Fue gol, no fue gol, y quién es el que corre por aquí». En el Cielo va a haber mucha gente que está allá en lo último detrás de unas columnas, diciendo, «¿Qué pasó, fue Jesucristo el que pasó, o fue San Pedro? Porque desde aquí no se ve nada». Claro, estás allá y nuestras hermanas en el palco, porque durante la vida imitaron a Jesucristo. Y la vida es ahora y pasa rápida. Es ahora, no hay que esperar otro momento. Es el momento actual. Nos da día a día.

Una de las cosas que más impresiona a uno, cuando asiste, cuando está junto a uno que se muere, es la sensación cuando se muere decir, «Se murió, terminó la vida. Ya no tiene oportunidad para hacer nada. Y yo todavía vivo, pues déjame cada momento emplearlo bien, usarlo bien». Qué don la vida, no había caído en la cuenta hasta que ve a uno que la ha perdido para siempre. No tiene vida y tú si la tienes. Como voy a emplear esto que es tan valioso en nada, o en tonterías o en egoísmos.

De modo que tratar de que en nuestro corazón no haya más que una bandera, la de Jesucristo. Yo trato, lucho por eso. ¿Cuál es la vida mía? Luchar porque constantemente quieren venir otras banderas, pero yo las quito. Yo nunca me he cuadrado delante de una bandera que no sea la de Jesucristo. Eso sí lo puedo decir, padre. Muy bien. Me quieren poner ahí otras banderas, pero yo las quito. Delante de Jesucristo, de rodillas, adorándola, venerándola y queriéndola, y pidiéndole a Jesucristo, «Toma mi corazón y clava ahí tu bandera». Eso en cuanto a las dos banderas.

Tres Binarios. – Bueno, cuáles son los tres binarios. Los Tres Binarios es otra gran meditación ignaciana. Formidable y la palabra binario no tiene ningún misterio como al principio algunos creían. Parece que en tiempos de San Ignacio, en el Siglo 16, se decía de una persona o de un individuo, un binario de hombre. Es decir, binario quiere decir un compuesto de cuerpo y alma. El hombre es un ser racional con cuerpo y alma. Un binario, un binario de cuerpo y alma. Un hombre, un individuo, una persona. Tres binarios, tres personas. Son tres ejercitantes que entran en ejercicios. Y entran en ejercicios, como entra la mayoría de la gente con deseos de ver qué es lo que Dios me pide, qué es lo que Dios quiere, ver lo que yo... Bueno, y van haciendo los ejercicios muy bien, y cuando llega Jesucristo que dice «¿quieres venir conmigo?» ... Sí, cuenta conmigo. ¿Incondicional? Sí, incondicional. Y todo va muy bien, todo muy bien. Y de repente surge un problema. Que los tres ejercitantes notan, sienten, que Cristo les pide... que quizás les pida algo, que a lo mejor les pide; no es que les pida abiertamente, ¿Tú qué harías si te pidiera? Si te pidiera, claro es, un poco en plan hipotético. Entonces San Ignacio lo pone en forma, para ponerlo gráficamente, porque es una parábola, lo pone en forma de dinero. Para seglares tiene sentido. Pero lo de menos aquí es el dinero. Es que a estos tres ejercitantes que están haciendo muy bien los ejercicios, de repente se les ocurre que Dios les puede pedir algo y que cuando piensan en ese algo, se estremecen. Ay, Dios mío, me pedirá esto, me pedirá esto. Y... empiezan a cancanear. ¿Te lo pide..? No sé, pero, ¿si me lo pidiera? Claro, eso era de examinarse; pone diez mil ducados dice, pero como es un dinero que tú has conseguido, que no has robado, si fuera robado en el primer día tenía que haberse confesado ya de ello y devuelto el dinero. No, es sencillamente que, «hombre, yo tengo ahí una cuenta de ahorro, por si acaso pasa algo». ¿Qué pasaría si Dios me pidiera esa cuenta de ahorro? ¿Qué pasaría si Dios me pidiera que yo pidiera perdón a una persona por lo que le hice? ¿Qué pasaría si yo le dijera a mi esposa que yo realmente no he estado a la altura de lo que ella se merece? ¿Qué pasaría si yo me ofreciera para tal apostolado? ¿Qué pasaría si yo me ofreciera para tal obra? ¿Qué pasaría...? Es decir, se le ocurre algo que es mejor, no hacerlo no es pecado porque estamos ya en la segunda conversión. Pero algo que es mejor. Se te ocurre a ti: ¿Qué yo haría para ser más caritativa, o más servicial, o más amiga, o más cordial, o más...? figúrense, el campo es ilimitado. Y Dios toca a cada uno allí, en el punto sensible, porque es para mejorar. Y qué es el punto sensible... Si yo había venido a ejercicios otra vez y nunca me había pasado esto.

Claro, como decíamos, Dios tiene una pedagogía y en cada momento de la vida puede pedir algo que hasta ahora no te ha pedido porque no era el momento. Creía que todavía no estabas preparado para eso y por eso no te lo pidió. Pero te lo puede pedir.

Bueno, el hecho es ese, que Dios puede pedir algo que cuando lo notamos la reacción es... ayyyy. Y entonces, empieza la agitación en los tres. Y lo primero que se les ocurre a los tres es: Déjame ir a la capilla a tranquilizarme porque esto me ha perturbado. Vamos a buscar la paz. Estamos en cosas de Dios. Y llegan a la capilla cada uno. Pero, cuando están ahí, como que oyen que desde el Sagrario les dice Jesús: ¿Qué pasaría si yo te pidiera...? Ay, mi madre, aquí tampoco se puede estar. Bueno, déjame ir a la Virgen que es madre y ella seguramente me devuelve la paz. Y va, «mira, Virgen Santísima, yo estaba tan contento aquí en ejercicios y ahora de repente, mira lo que ha venido. Se me ha ocurrido esto y me ha quitado la paz, estoy aquí torturado. Y la Virgen sonriendo le dice: «Sí, hijo mío, es que a mi hijo le gustaría que tú.». «Ay, Dios mío, esto no tiene solución. A San José ni se te ocurra ir, porque tiene un palo en la mano». Entonces, empieza a dar vueltas y a agitarse; ha perdido la paz y se ha agitado, y «qué hago, qué hago?» Y entonces empieza a pensar, porque, claro, para defender nuestro egoísmo todos somos sabios, inteligentísimos; se nos ocurre todo. Y entonces uno de éstos empieza a decir: «Bueno, muy bien, vamos a suponer que te lo pide. ¿Tú se lo vas a dar? Sí, Padre, yo se lo voy a dar, pero yo no he dicho cuándo. ¿Cuándo se lo voy a dar? Yo no he dicho cuándo, Padre. Yo digo que si me lo pide, se lo doy, pero no me ponga cuándo. Y entonces, después de mucho pensar, pues viene con un propósito. «Mire qué propósito hice, Padre. Que si Dios me pide los diez mil duros, lo pongo en mi testamento y a la hora de mi muerte, se los doy». ¡¡¡A la hora de la muerte!!! Figúrense ustedes, de aquí a la hora de la muerte, a lo mejor debe diez mil. La idea es posponer, posponer, posponer...

Y queridísimas hermanas y madres, yo por lo menos, algunas de ustedes a lo mejor también, estamos en esta situación. No quisiéramos morirnos sin hacer algo grande por Dios, algo que estremeciera el corazón de Cristo. Pero ¿cuándo lo vamos a hacer? Lo vamos dejando, más tarde, un día, alguna vez, más tarde. Sí, pero más tarde es nunca. Y esto es lo que Ignacio no quiere. Ignacio quiere ejercitantes honestos, que digan, yo no estoy dispuesto a darle esto a Dios. Muy bien, muy bien. El joven rico no estuvo dispuesto, se fue. ¿Se condenó? Nunca ha dicho nadie que se haya condenado por eso. Lo que sí estamos seguros es que perdió la oportunidad de la vida. Porque si dice sí, San Pedro se las hubiera visto muy mal para ser Papa. Porque este joven estaba más preparado que él. Ni sabemos su nombre ni sabemos nada. Si hubiera dicho sí a Cristo ¿quién hubiera sido? La vida es una serie de oportunidades, si las perdemos... Cristo toca a la puerta, «¿Quieres que yo entre? ¿Me abres del todo? ¿Quieres que seamos amigos del todo?» «Bueno sí, pasa, pero quédate aquí en la sala, no pases más adentro». Bueno, pues Cristo se contenta con estar ahí porque no le hemos abierto todo el corazón. ¿Cuándo? es la pregunta ignaciana. Porque si por el cuándo fallas, dices que quieres, pero no quieres. El cuando no es más que una evasión.

El segundo binario. Está lo mismo, inquieto. Si me lo pide, si no me lo pide. ¿Qué hago yo, cómo hago? Y entonces este hombre, es muy sicólogo, muy intuitivo, dice: Bueno, ¿cuál es la causa del conflicto propiamente hablando? Y, claro, descubre que el conflicto es que está apegado a eso en exceso. Y no quiere soltar los diez mil duros. No quiero hacer este acto de humildad, no quiero hacer este acto de caridad, no quiero hacer esta obra. No quiero ofrecerme para este trabajo humilde, no quiero. En el fondo es que no quiero. Y entonces éste dice, pues, muy bien. Pues no hay por qué pelearse con Dios por eso. Vamos a hacer una coexistencia pacífica con Dios. ¿En qué va a consistir? De ahora en adelante, todos los días, desde que me levante por la mañana, la primera oración y la última de la noche, voy a decirle a la Virgen: Virgen Santísima, tú que eres la omnipotencia suplicante, concédeme quitar este afecto, pero no me toques los duros. Quítame el afecto, pero no me quites la cosa.

Ahhhh, tremenda verdad, tremenda verdad. Quítame el afecto, pero no me quites la cosa. Y entonces, sigue ahí, pero que no me quiten. Y eso está ahí. Teresa habla de esa lucha que ella tuvo para la entrega total. Porque tenía miedo. Pero qué bonito que la gracia lo venció todo. Y por eso tenemos a Santa Teresa. Pues, dentro de nosotros está eso constantemente. Dios te pide, bueno, yo voy a pedir pero yo a no entregar... y entonces sigo manteniendo esa afición desordenada, y esa cosa y vivo esclavo de ella y no soy libre. Y cómo decíamos en otra ocasión, el águila sigue amarrada por un hilo y no puede volar a las alturas. Porque está rezando que le corten el hilo, pero que no le quiten lo que ella quiere. Pues éste es el segundo binario. Claro, esto hay que decírselo a los seglares muchas veces. Mire, usted, tener una castidad perfecta en el mundo de hoy es una cosa muy seria y hay que decirle, pero si tú no empiezas quitando televisión, quitando películas, quitando revistas y quitando todo eso, olvídate... porque si te llenas la mente de imágenes, de escenas, después ¿cómo vas a ser casto? Hay que usar medios eficaces, y para todo hay que usar medios eficaces, si no, no sirve.

Bueno, pues el segundo es ése. Hace algo, pero no sirve y por lo tanto no... Esto es tan ignaciano que ya se ha consagrado como típico una frase típica es ésta: querer es poner los medios eficaces. Recuerdo de un abogado de allí, de Miami, que fue a un congreso en Nueva York, y un americano, abogado, dio una conferencia y citó varias veces la frase: «porque querer es poner los medios eficaces». Y cuándo terminó el de Miami le preguntó, Óigame, ¿usted estudió con los Jesuitas? «Sí». ¿Y ha hecho Ejercicios? «Sí». En la conferencia le salió varias veces la frase ignaciana. Claro, claro, claro. Esto sirve para todo. Esto sirve para todo, para la política, para todo. Lo otro es me gustaría. Me gustaría ser santo. Hombre, eso a cualquiera. Quiero ser santo. Ah, ah, ah. Ese quiero, es poner los medios.

Tercero. Vamos al tercero que es el que nos honra. Al tercero le perturba igual. Porque santos prefabricados hay muy pocos. Todos se tienen que hacer. Y los prefabricados, bueno, menuda labor que tiene que hacer para lograr el plan de Dios prefabricado. Porque Teresita de Lisieux menuda vida la que llevó para lograr lo que Dios quería con ella hacer de maravilloso. Pues, el tercero, tiene la misma perturbación, la misma cosa. Y entonces, un momento, que yo aquí sí que ya no pierdo la paz por nada. Yo no sé si Dios me pide esto o no me lo pide, pero como esto me ha traído perturbación si me lo pide o no lo pide, no sé, pero, por mi parte, yo ya se lo doy. Aquí está. Aquí están los diez mil duros. Usted dígame, Padre, si me los pide o no. Ya yo los di... Yo ya me desprendí de ellos. Y a lo mejor estudiando por qué tenía usted los diez mil pesos, pues puede encontrarse... no, no, no, quédate con ellos porque tienes hijos, es para la educación. Esto fue lo que hizo Dios con Abraham. Dame a tu hijo Isaac. Y cuando vio que se lo daba, le dijo, «Yo quería saber si tú me preferías a mí sobre todas las cosas, incluso tu hijo». Porque Abraham, idolatró excesivamente a Isaac, fue el hijo de la providencia, que no había podido tener y cuando lo tuvo, lo adoraba. Y Dios, dijo, un momentico que las cosas hay que ponerlas en orden. Ese hijo te lo di yo y te has olvidado de mí por el hijo. Sacrifícamelo. Y claro, dice uno, bueno, Padre, usted cree que lo mío será como lo de Abraham. Porque si es así, se lo doy ahora mismo. Para que me lo devuelva. Pero cuando uno lo da no sabe si se lo devuelven o no, ahí está la cosa. Yo lo doy. Y yo les pido siempre en Ejercicios a los seglares, cuando hablamos de esta meditación, cuando vuelve el año siguiente y vuelve la tanda de ejercicios, que ya muchos más o menos prefieren tener la misma época, ya separan en su calendario para eso. El primer binario dice que no puede venir, que este año se le ha complicado de mala manera. Pero de muy mala manera. Y cuando le dicen, «pero oye, por qué de mala manera. Espero que no sea la cosa económica, ¿no? Porque tú sabes que allí uno da lo que puede, si no yo te lo pago». «¿Que me lo pagas, tú sabes lo que a mí me cuesta ir allí, diez mil duros?» «No vuelve a pisar la Casa de Ejercicios, y se separa del plan de Dios que se había ilusionado con irle mejorando año tras año. Se aparta.

Cuando nosotros no nos abrimos a Dios y le cerramos la puerta, nos quedamos con nosotros mismos y no avanzamos, y no avanzamos. Porque en ese momento el avance era haber dicho, «Sí, fiat, fiat». De modo que esa es la voluntad. ¿Quieres? Si Dios te pide algo, tú por tu parte dásela. También estamos hablando, por supuesto, a personas normales. No hay que imaginarse que Dios nos va a pedir cosas absurdas. Digo, absurdas nos las puede pedir en un momento dado. Porque dicen, Padre, cuando usted dijo eso y habló de eso, a mí se me ocurrió cómo yo reaccionaría si de repente me dijeran que yo estaba invadida de cáncer y que me iba morir en una semana. Y Padre, no me sentí tranquila. No, no, es hablar de cosas así. Son cosas normales que pasan todos los días. Que Dios nos inspira. Podrías ser un poquito mejor en esto, en esto. Y es en aquello en lo que fallamos y por lo tanto, sí podemos.

Finalmente... no quiero cansarlas demasiado. *Los tres grados de Amor*. De modo que el entendimiento es la *humildad*, base de todo. La voluntad, *medios eficaces*. Si no pongo medios eficaces yo tengo que decir honestamente que no quiero. Me da vergüenza decirlo, me da pena decirlo, pero esta es la verdad. No quiero. Bueno, Dios mío, dame gracia para que un día quiera. Bueno, pues ya eso es sinceridad. Todo lo que arranque autenticidad y de sinceridad es auténtico. Y Dios, como dice tan bonitamente Juan Pablo II, sobre la familia, «Dios es con nosotros igual que los padres». Los padres quieren a cada hijo, por lo que es, por ser hijo, no por las cualidades que tiene. Y por eso quieren a todos. Dios nos quiere porque eres hijo. Aunque te ve que eres un poco tacaño, que eres... bueno, te sigue queriendo. Y sigue ilusionado de que un día tú des un paso más.

Tercera consideración son los *tres grados de amistad*. De modo que entendimiento claro, voluntad recta y ahora, ¿cómo está el corazón? dice San Ignacio. Y entonces pone tres grados de amistad normal. El primero es, dice: «Antes morir que cometer un pecado mortal». Esto para muchos ha sido tan heroico que están canonizados. Los mártires muchas veces... adoras al Dios falso, o te matamos. Pues yo muero. Si lo hacían cometían un pecado mortal, evitar un pecado mortal, ser fieles, ser heroico, y no lo hace nadie que no esté muy claro de lo que es Dios, y lo que es la vida espiritual y lo que es la eternidad, etc., etc.,etc. porque eso es muy importante. Dice San Ignacio, este estado, este grado es necesario para la salvación eterna. La segunda amistad es sobre el pecado venial. Santa Teresa ilumina muy bien esto cuando dice: «Nunca voy a entender esto de los moralistas. La distinción que hacen entre pecado grave y pecado leve. Porque a mí me parece que ofender a un amigo, siempre es grave». Ohhhh, qué cosa más linda. Teresa analiza la moralidad desde la amistad. Y efectivamente, fíjense ustedes que el que no me miró la hermana en un momento dado me puede doler más que el que un desconocido me haga un insulto. Cuantas veces oye uno a personas seglares decir, estuve en el hospital, estuve tantos días y fulano de tal ni preguntó por mí, ni me fue a ver. Una vez él estuvo enfermo y yo estuve al lado de él constantemente y le llevaba... esto me ha causado una cosa... ha herido mi amistad.

Teresa entiende la relación con Dios a base de la amistad. Entonces dice: «¿Se puede ofender a un amigo?» Pero es leve. Como si dijeran, yo soy buen esposo. ¿Por qué? Porque todavía no he matado a mi mujer. Insultarla, molestarla, agraviarla.. eso... Esta es Teresa. Yo cometo muchas faltas. No esos no son pecados veniales, deliberados. Lo que aquí se condena es, como esto no es grave, no importa. Porque si tú miras así las cosas tú estás enfocando todo poniéndote a ti como punto de partida. Como esto no me lleva al infierno, que ofenda a Jesucristo, no importa. Eso es lo que no podemos tener ya. Tenemos faltas, imperfecciones, todo eso, pero decir «como no es mortal». No, eso ya sería un error básico de la vida espiritual, total.

Tercer grado de amistad. Se llama, dice San Ignacio y nunca usaba él los superlativos porque sabía que se podía exagerar mucho. Es, amor «perfectísimo». Cuando ni porque me den o porque no me den, sino por parecerme más a Jesucristo, deseo más humillaciones, sacrificios. Parecerme más a Él y demostrarle que lo amo del todo. Que no me dé nada. Ese es el tercer grado de amistad. Es la identidad de un amor total. Es Catalina de Sena viendo a Cristo que le ofrece dos coronas, una de espinas y otra de rosas, y le dice Jesucristo: «Coge la que quieras, a mí me da igual». Y Santa Catalina le mira y le dice, «Señor, yo quiero la tuya, yo quiero la tuya». Y le da la corona de espinas. «Qué pinto yo con una de rosas, si Cristo la tiene de espinas. Yo quiero la tuya».

Es Teresa nuestra madre. Qué alegría oír esa palabra en esta casa. Como decíamos ayer en la Liturgia, Teresa, nuestra madre, que meditando en la pasión de Cristo cuando le visten de loco explota en la celda y empieza a dar gritos: «Yo quiero ser loca, yo quiero ser loca, yo quiero que me vistan de loca, para ver lo que sintió Jesucristo cuando lo vistieron de loco».

Pedro y Juan que van al templo y había un mendigo allí pidiendo limosna y le dice Pedro: «Oro y plata no tenemos para darte», Era un paralítico, «pero lo que tenemos te vamos a dar, en nombre de Cristo levántate y quédate curado». Y aquel paralítico se levantó y se armó un tumulto tan grande a la entrada del templo que vino la policía. «¿Quién ha creado este tumulto?» «Este y éste». Y la policía cogió a Pedro por el cuello lo llevó a un puesto de policía, a Juan a otro, y allí por haber hecho eso, les flagelaron, por haber formado ese tumulto, y cuando los soltaron los dos andaban por entre la multitud buscándose. Y cuando se ven, corre el uno hacia el otro y se abrazan y dicen: «Ya somos como Jesucristo, nos han flagelado, ya nos han flagelado. Ahora sí somos como Jesucristo». El amor que hace iguales.

No se sabe si lo hizo Santa Teresa, se cree que no, pero como es el reflejo de su alma, pues el «No me Mueve mi Dios para quererte», como ella vivía eso, «no me tienes que dar porque te quiera... pues aunque lo que espero no esperara, lo mismo que te quiero te quisiera, yo te quiero a ti, nada más». A ti. Pues ésta es la altura de la perfección cristiana, éste es el Himalaya del cristianismo. Cristo habló de este Himalaya a todos, a toda la multitud. Pero quién puede acercarse a Él, si no nos acercamos nosotros. Que tenemos todos los recursos para ello y todos los medios para ello. Y todas las oportunidades para ello. Este es el Amor total. «Ser perfectos como mi Padre Celestial es perfecto».

XI

CONDENA DE CRISTO. LAVATORIO. EUCARISTÍA. ALIANZA.

Vamos adelante en este proceso por donde el Espíritu Santo llevó a Ignacio para lograr de él ese grado tan grande de santidad y de entrega y de servicio a la Iglesia universal. Hicimos el día de hoy, en la mañana lo pensamos, todo el día de hoy hemos estado quizás pensando un poquito, concretando un poquito, hemos hecho, si hacía falta, elección de algo, una elección de algo, si no, una reforma, mejorarme porque como decíamos en otra ocasión, San Pablo dice que la gracia, Dios la da para que la pongamos a trabajar. No enterréis nunca las gracias de Dios. Siempre que Dios os dé una gracia, dice, ponedla a trabajar. Porque la da para eso, para trabajar con ella.

Pues, hemos hecho con, la gracia, esa decisión de ser mejores. Tuvimos el valor de decirle sí a Jesucristo cuando nos dijo: «El que quiera venir conmigo, que tome su cruz y me siga» y cada uno de nosotros ha tomado aquella cruz que cree que es la que en este momento Dios le pide. Y esperamos que no haya sido excesivamente, como un acto de excesiva generosidad. Cristo no quiere aplastarnos con la cruz, sino impulsarnos con ella: «Mi yugo es suave, mi carga ligera», pero claro, si es con Él. Y entonces ahora viene la pregunta de Ignacio: ¿De quién vamos a sacar fuerzas para poder llevar adelante este modo de ser religiosa que en este momento Dios me ha inspirado? En este momento, porque la vida es dinámica y cada momento tiene su oportunidad, su ocasión. Pros, contras, facilidades, dificultades. En este momento hemos tenido la oportunidad, gracias a Dios, de dedicar unos días a pensar. ¿Está contento Dios de mí, como yo soy, hay algo que quisiera por lo que me ama? Porque todo es para mi bien, todo es para mi bien. ¿Hay algo que me ha sugerido? Y entonces, con la generosidad que Dios nos haya dado y con la tuya propia, verdad, decimos: Pues sí, voy a hacer esto, esto.... No muchas cosas, no se trata de muchas cosas. A lo mejor una sola cosa es más que suficiente. La Imitación de Cristo dice muy sabiamente: si cada año quitáramos un vicio, pronto seríamos perfectos. Y uno dice, pero Padre, eso no va conmigo, porque tengo tantos que necesitaría vivir mil años para quitarme mis defectos. Pero, no, es que los defectos también van muy unidos, unos con otros y quitando uno mueren muchos, porque viven juntos, son como parásitos, que quitado uno.... Por eso dice tan bonitamente La Imitación de Cristo, si quitas uno, lo mismo si fomentas una virtud, con ella vienen las otras. Entonces, ¿he tratado de hacer eso, he hecho eso, con paz, con alegría, con confianza? Siempre hay que partir de ahí. La palabra de Cristo es maravillosa cuando nos dice, «No quiero veros angustiados nunca. Mirad las aves, mirad los lirios. Mira cómo cantan las aves, mira cómo brillan los lirios. ¿Quién los alimenta? ¿Quién las viste? Mi Padre, pues cuanto más vosotras que sois mucho mejor que las aves y que los lirios. Dios nos quiere contentos, con esperanza, con alegría, con ilusión, con fe. ¿Hay algún padre que quiera ver a sus hijos con la lengua afuera, trabajando, estudiando, angustiados? No, nuestra casa es de alegría, más Dios, nuestro Padre. De modo que no sería prudente haber escogido algo que nos hiciera vivir «con la lengua afuera» y angustiados, porque no voy a poder, no. Dios no nos quiere así. Dios quiere que le sirvamos con espontaneidad, con alegría, con paz, con confianza, siempre, porque si no, no es familia de Él.

Pero, así y todo, aun eso que me he propuesto, que a lo mejor es poco, me va a costar mucho. Y va a haber un momento en que a lo mejor claudico. Para esos momentos ¿dónde tengo que mirar? ¿En quién me tengo que fijar? ¿Quién me va a inspirar? E Ignacio, siempre con lo mismo, ¿Quién te va a inspirar? El mismo que te lo inspiró, Jesucristo, Jesucristo que va delante de ti con una cruz mucho más grande. Con un sacrificio mucho mayor. Con unas cargas que le harán caer y levantarse, caer y levantarse y no quedarse caído nunca, sino llegar hasta la Cruz y poder decir allí, «Se consumó todo lo que quería el Padre». Entonces, ahora Ignacio nos pone delante a Cristo que va delante, siempre, y que cuando llega un momento difícil dice: «Mírale esto lo pasó Él, pero mucho mayor. Esto lo sufrió Él, pero mucho mayor». «Ah, ¿también lo sufrió Él? Pues entonces, qué bueno. Entonces yo, puedo». Cristo hizo el propósito más difícil que nadie podía hacer: «Padre, todos los sacrificios que hasta ahora se han ofrecido para aplacarte por los pecados del mundo, no han valido nada. Pero tú me has dado una naturaleza humana a mí. Padre, yo vengo a ofrecértela como sacrificio por los pecados de todos los hombres». Y éste es el sacrificio que va a valer. El único, el de Cristo. Y el nuestro en cuanto nos unamos al de Él, en cuanto lo empatemos con el de Él. El hombre congénitamente tiene la sensación de que necesitaría estar a bien con Dios. Que Dios, el que sea, el Dios que sea, esto los paganos tenían igual, que Dios los proteja, que no los castigue. Y como tienen noción de que han pecado, pues siempre han tenido la idea de sacrificios para aplacar a ese Dios. Y entonces, figúrense, eran sacrificios muchas veces humanos, hombres, animales de todo tipo, y la sangre de aquellos hombres y de aquellos animales, muchas veces la bebían, para que por esa sangre sacrificada, Dios les perdonara. Fíjense cómo estaba allí ya insinuado todo lo que iba a venir después. La perfección, el sacrificio de Cristo, la sangre de Cristo. Y, el pueblo de Dios, pues figúrense ustedes, los sacrificios que ofrecían. El Templo de Jerusalén era un matadero de animales. El río que fluía alrededor del Templo, iba siempre lleno, el agua era siempre negruzca por la sangre de los sacrificios. Corderos y corderos y animales y palomas...

Pues el sacrificio que va a valer va a ser el de Cristo, que tiene dos realidades fundidas en una sola. Uno temporal, diríamos cronológico que pasó unos días y después, el permanente que nos ha dejado en la Eucaristía, en la Misa. Piensen un poquito hoy porque no tenemos otro tiempo, mañana ya hay que dedicarlo a la Resurrección de Cristo, y para celebrar la Resurrección, primero hay que asistir a Cristo muriendo, paciente en la Pasión. De modo que hoy, lo que puedan dedíquenle algún tiempo a la Pasión de Cristo, porque el sacrificio de Cristo tuvo todas estas dimensiones. Una de tipo físico, crudelísimo. Siempre que los apóstoles le hablaban a Jesús de ir a Jerusalén, para ellos era una fiesta enorme, eran aldeanos, e ir a la capital era una fiesta y se ponían contentísimos. Ya va a venir la Pascua. Otra fiesta porque iban a varias fiestas al año, y siempre a la Pascua. Siempre le vemos el día de la Pascua en Jerusalén, y lo vemos a los doce años con sus padres, porque eran muy religiosos y había que ir a celebrar la Pascua, por lo que eso significaba en la religión judía. Entonces, pues los apóstoles se ponían contentísimos. Figúrense, Jerusalén, la ciudad, la capital. Pero además, para ellos, que todos eran muy religiosos, donde, según la teoría judía, estaba Dios presente en el Templo, y en el único Templo en que estaba. Por eso, la samaritana le dice a Jesucristo, «Ustedes los judíos sostienen y sostienen y sostienen que sólo en Jerusalén, pero nosotros tenemos también otro templo aquí». Porque eran como cismáticos del judaísmo, los samaritanos. Pues, la creencia judía era que Dios estaba en el Templo, y es verdad que estaba de un modo especial porque el Santa Sanctorum era una cosa muy grande, era el sagrario judío. Estaba allí el arca del testamento con reliquias valiosísimas del maná del desierto, la vara de Moisés, con la que tocó el Mar Rojo y con la que tocó la roca de donde salió el agua... Tenían recuerdos, es decir, de Dios, reliquias fabulosas y hacían de eso un santuario religiosísimo y maravilloso para ellos. Y allí estaba el gran velo del templo, que cubría el arca, el sagrario, diríamos. Sabemos que el techo, la torre que culminaba el local del Santa Sanctorum, la torre era un bosque de agujas de oro, para que ni un ave se posara en el techo y manchara el techo donde estaba el Santa Santorum, donde estaba el sagrario judío. Por eso cuando el sol se pone, cae sobre Jerusalén de una manera impresionante, y hace que las murallas y las cúpulas que hay ahora de las mezquitas musulmanas, muchas doradas, brillen y uno piensa: Dios mío, aquella torre, hecha con agujas de oro, cómo brillaría. Y eso es lo que el Evangelio dice cuando los apóstoles un día le dijeron a Jesucristo: «Maestro, mira nuestra capital, mira qué ciudad tenemos, mira». Cristo se echó a llorar: «Jerusalén, Jerusalén, que no me recibes. Y por eso un día no quedará piedra sobre piedra».

Cuando venía la Pascua, los apóstoles, llenos de alegría, «Vamos a la Pascua, vamos a la fiesta». Y Cristo, se ponía triste y decía «Jerusalén, Jerusalén si ustedes supieran lo que va a pasar allí». Y contaba la Pasión. Y hay una cosa que repetía Cristo estremecido, «me flagelarán». La flagelación fue terrible, despiadada, crudelísima. Porque se la dieron cuando ya creían que Pilatos lo iba a salvar, por lo tanto, «matémoslo en la flagelación si no lo podemos llevar a la Cruz». Pues hay una Pasión de Cristo que como en Él meditamos y por eso es tan bonita la devoción del Vía Crucis, porque vamos acompañando a Cristo en su pasión, en su muerte. Y, claro, yo diría que hay una Pasión, digo, es evidente que hubo una Pasión terrible, física, crudelísima, que es la Pasión del cuerpo de Cristo, al que se le torturó de todas las maneras imaginables y monstruosas. Corona de espinas en la cabeza, y después en la Cruz, los clavos, la lanza. Meditemos un poquito en eso.

Teresa de Jesús se sumergía en este mar de los sufrimientos de Cristo en la Pasión porque sabía que todos eran por amor y allí se inundaba de amor, de fuerza y de energía para pasar cualquier cosa. «Yo voy a Cristo, y en la Pasión me lo dice todo». Pues, la Pasión de Cristo es una realidad tremenda, la física. Pero hay otra Pasión que a lo mejor es la que más nos puede afectar a nosotros. Aquí quizás no tengamos nunca la oportunidad y el privilegio que tuvieron los mártires de pasar también una Pasión física y cruenta. Pero hay una Pasión que es en el alma de Jesús: el abandono. «¿A quién queréis que crucifique, a Jesús o a Barrabás? «A Jesús, y a Barrabás ponlo en libertad. A Jesús crucifícale. Y nadie habla por mí. Yo me he pasado mi vida curando enfermos, consolando tristes, resucitando muertos y ni una voz se levantó por Jesucristo. Esto para un hombre es terrible. Y, hermanas, un poquito de esto es lo que a lo mejor Dios permite si nos quiere hacer maduras en nuestra fe y en nuestra espiritualidad. Que nos pase también en la vida. «Que no me comprenden, que no me reconocen, que me abandonan, que no me estiman, que a veces...» Qué bueno, vete a la Cruz, métete en el corazón de Jesús, porque eso es alimento de gigantes. Eso es para crecer. Nadie con Él, sólo mientras está agonizando, jugando a los pies de Él a los dados, tomándolo todo a broma. «Elí, Elí», Llama a Elías. «Sitio» Ese sí, ese tengo sed, que no era física, lo ofrezco por la salvación de todos los hombres, Padre mío». Tengo sed, pero de las almas. Tiene sed, dale vinagre. ¡Qué terrible! La crucifixión del alma de Jesús fue mucho más profunda, muchos más íntima, mucho más dolorosa que lo que pudo ser el cuerpo. Y es un poquito, de lo que nosotros pudiéramos alguna vez participar. Y algunas de ustedes que son muy generosas y muy buenas, a lo mejor le piden «dame un poquito de esto, que yo tenga un poquito de tu cruz espiritual, de tu Pasión espiritual». El alma que pide algo de eso en oración, es una gigante. Y es la alegría de la comunidad y nadie sabe por qué. Pero es porque está en contacto con la energía más sublime y más divina de Cristo, que es su generosidad y su amor en el padecer.

Y yo diría también, que hay otra tercera Pasión terrible. El alma y el corazón de María, que tuvo que presenciarlo todo, que tuvo que verlo todo. Para Cristo esto tuvo que ser terrible. Ver a su madre allí. No poder evitar que su madre viera aquello, contemplara aquello, sintiera aquello, porque cada martillazo con que clavaban un clavo atravesaban el corazón de María. Cómo resonarían en ella aquellas palabras que la hicieron vivir toda la vida a la sombra de esta tremenda profecía. Se lo dijo el anciano Simeón: «Y a ti mujer, una espada de dos filos te atravesará el corazón». Así como Cristo vivió toda la vida a la sombra de la cruz que era donde iba a culminar su vida, María vivió toda la vida a la sombra de la espada de dos filos. Y ahora llegó el momento de atravesarle el corazón con esta espada de dos filos. «Tengo sed», y María no le puede dar un vaso de agua.

Estas cosas tenemos que meditarlas porque ¿qué motivo puede haber más grande para venerar, agradecer, amar, pero sobre todo, para estimularnos a nosotros que podemos entender este lenguaje? Sepan que nosotros, los sacerdotes, yo lo uso tanto, hay muchas tragedias humanas en las familias, en las personas, pero cuando hay algo de fe y uno puede decir, «mire, ahora le toca a usted estar al lado de la Virgen, al pie de la cruz, siéntase acompañada por ella, ahora usted comprende más quién es la Virgen porque le toca a usted estar sola en la cruz». «Padre, cómo me ayudó eso, qué fuerza me dio eso». Es que Jesús y María han hecho todo eso para ser nuestra fuerza, para ser nuestro modelo, para ser nuestra inspiración. Y claro, nadie lo puede vivir con tanta autenticidad como nosotros que lo conocemos todo, y que lo apreciamos todo. La gente pasa, estoy allí en la capilla de este santuario y veo que entra gente que besan los pies de Cristo, y tocan los pies de Cristo en la cruz. Y yo estoy seguro que es para decir «dame fuerzas». Está ahí. Pues para nosotros esa es nuestra fuerza. Si una comunidad religiosa olvida estas cosas y se olvidan, no hay espíritu y entonces no hay de dónde sacarlo. Porque nuestro espíritu viene de Cristo, de la Virgen, de la gracia, del Espíritu Santo. De la vida espiritual. No va a venir de los criterios psicológicos, sociológicos, mundanos, intelectuales, todo eso no sirve. Y cuando esto se respira hay salud espiritual, sanidad espiritual, santidad espiritual.

San Ignacio nos pone también allí cuando muere Jesús, para velar el cadáver. Les gusta mucho a los seglares. Por la noche siempre que hacemos un Vía Crucis y cuando ya termina el Vía Crucis vamos a la capilla y yo les digo: «Ahora vamos a hacer algo que ustedes siempre hacen cuando se enteran que algún ser querido ha muerto». Lo primero que preguntan es, ¿dónde va a estar tendido? ¿En qué funeraria? ¿Por qué? Porque el corazón les pide acompañarle, estar allí, poder decir quién fue esta persona para mí, lo que le debo, lo agradecida que le estoy y por supuesto acompañar a los familiares. Esa contemplación sencilla les hace un bien enorme. Se recogen por la noche con un fervor...

Pues, un poquito de esto, esta noche para después poder vibrar ante el acontecimiento fabuloso de la resurrección de Cristo. Y entonces, después de esto, vamos a pensar un poquito, porque esto es tan importante. Cristo dijo siempre «tomen la cruz, conmigo, conmigo». No nos va a dejar solos «cojan la cruz y sigan por ahí». No, no, «conmigo, conmigo». Ahora, cómo cumple Cristo el conmigo. Qué cosa más fabulosa. La respuesta es el mayor milagro, el mayor amor, la fórmula mágica increíble, la locura de Cristo, que es la Eucaristía, que es la Eucaristía. La llevaba en el corazón toda la vida. Fíjense lo que dijo cuando llegó al cenáculo, «Ustedes no se pueden imaginar con qué ilusión he estado yo soñando en este momento». En el momento en que nos iba a dar la Eucaristía. Estaba pensando siempre en ello. Muchas veces en su predicación se le escapó, no pudo disimular, no pudo callar el secreto mágico de lo que tenía dentro, de lo que nos iba a dar. Y así cuando un día Jesucristo hablando empezó «porque yo les voy a dar, yo les voy a dar», y de repente se le escapa y dice, «les voy a dar a comer mi cuerpo y a beber mi sangre». Y la multitud se quedó: «¿qué ha dicho, qué ha dicho? ¿Entendí yo bien? Dijo cuerpo y dijo sangre». Y Cristo dice: «Sí, dije cuerpo y dije sangre, y lo repito. El que no coma mi carne y beba mi sangre no mora en mí. Y no tendrá vida eterna». Dijeron, «se volvió loco». Y añadió: «Es un misterio, pero crean en mí, que yo lo puedo hacer». «Se volvió loco». Y le dejaron solo. Un momento terrible de Jesucristo por haber dicho que iba a darnos la Eucaristía. Lo tuvieron por loco. Y a pesar de que Él dijo: «No es antropofagia, no es comer... es verdad». Y se fue a consolar con los apóstoles, y los apóstoles estaban lo mismo. Judas –lo que hace una afición desordenada– Judas empezó a decirles a todos «está loco, está loco. Y si está loco ya no hay problema que yo le robe, que yo le venda, y que yo le traicione». Esas son las aficiones desordenadas, que lo enfocan todo ya para su propio interés, pase lo que pase, ocurra lo que ocurra. Y cuando llega allí, Jesús que se iba a consolar con los apóstoles, porque ellos le creían, se encuentra con que lo eluden, no quieren hablar, y tiene que decirles «¿También ustedes me quieren abandonar?» Bendito Pedro que en su espontaneidad dijo: «A quién iremos, no hay nadie como Tú. Tú tienes palabras de vida eterna. Yo no entendí nada, no sé nada de lo que has dicho, eso de comer el cuerpo, no entiendo nada pero si lo dices Tú, yo contigo». Ahhh, eso es lo que vio Cristo en Pedro, la lealtad. Y por eso le da el cargo que exige lealtad, la autoridad, la lealtad, ser fieles.

Delante de los letrados dijo Jesucristo cosas tremendas refiriéndose a la Eucaristía. Se atrevió a decir, por ejemplo, no sé cuántas veces sería, pero lo pone el Evangelio más de una vez: «Ustedes están siempre hablando de que son descendientes de unos antepasados que comieron en el desierto por cuarenta años el maná del cielo». Era verdad, Dios llevó al pueblo de Israel por el desierto por cuarenta años para aislarle de todos los idólatras y paganos, fue el noviciado del pueblo de Israel. Y los llevó por allí, claro tuvo que hacer milagros portentosos porque ¿de qué comemos? Yo les daré el maná. Y cuarenta años, al atardecer venía una nube y cubría el campamento israelí y de esa nube bajaba como copos de nieve el maná, la comida. Cuando comía, a cada uno le sabía a lo que él quisiera. Dios es un tremendo cocinero. Da a plato todos los sabores. Y claro, esto, cómo no lo iba a recordar Israel. «Nuestros padres comieron del maná del cielo». Y entonces, Jesucristo les dice: «Ustedes, y yo soy judío igual que ustedes –tengo derecho a hablar como judío– pero ustedes siempre están diciendo 'nuestros padres comieron el maná del desierto, el maná del cielo.' Pues óiganme una cosa que les va a estremecer. Aquel no fue maná del cielo, fue maná del aire». Como decimos que la lluvia viene del cielo, pero viene de las nubes. Es del cosmos, está aquí, no viene de donde está el Padre en el trono de Dios. Venía del aire, igual que la nieve, igual que la lluvia, igual que el granizo. Aquél maná no venía del cielo. Se quedaron todos fríos, porque era un insulto. Dice Él: «Yo soy el maná bajado del Cielo. El que coma de este pan, vivirá para siempre. Y el maná que yo les voy a dar es mi carne y mi sangre». ¡Qué fabuloso! Cristo qué conciencia tenía del regalo que nos iba a dar, cómo sabía que aquello era fuera de toda proporción. Y este es el milagro de los milagros, el regalo de los regalos, el misterio de los misterios. La verdad más grande del amor de Dios. Y Cristo, decidió realizar este milagro en el marco, el más indicado realmente, de la fiesta de la Pascua.

Y dice el Evangelio que estando en Betania con Lázaro, Marta y María, le dice uno de los apóstoles: «Maestro, no nos has dicho todavía dónde vamos a celebrar este año la Pascua» Y Cristo le dijo: «Lo tengo todo preparado, está todo pensado. Mira tú, Pedro, Juan y Santiago, vayan a Jerusalén, id a la plaza tal y vais a encontrar un hombre que está cogiendo agua». Fíjense qué cosa, Cristo viéndolo todo. «Seguidle, y donde él entre decidle 'El Maestro nos ha enviado a decir donde va a ser la Pascua, donde va a celebrar con sus discípulos este año la Pascua.' Y entonces él os mostrará el lugar que será un salón muy bien amueblado, grande, un sitio espléndido». Qué cosa más grande y más curiosa para nosotros que todo lo que hace Jesús tiene tanto interés. Nacer, quiso en un pesebre, morir en una cruz, la Eucaristía en un palacio. ¿Por qué? No sabemos. Pero ésta fue la realidad. Un amigo tan grande de Él que le cedió su salón no sólo para aquello sino como decíamos en otra ocasión para que estén allí todo el tiempo que quieran. Y de hecho allí van a estar hasta que viene el Espíritu Santo el Día de Pentecostés. «Vayan y preparen allí las cosas».

La Pascua era, naturalmente, la fiesta más grande del pueblo judío, porque era renovar todos los años la alianza entre Dios y el pueblo de Israel. Dios quería tener hijos en una alianza de amor. Y ese es todo el plan de Dios que lo hemos dicho tantas veces. La alianza, la alianza es el tema que prevalece y une todos los acontecimientos del Antiguo Testamento. Ustedes lean cualquier cosa y vean a los profetas: «No has sido fiel a la Alianza, volved a la Alianza». Esto me da pie para decirles, quizás ya lo sepan más o menos, pero bueno, una noticia que corre allí en los Estados Unidos ahora, ha habido muchísimas conversiones de predicadores Evangélicos en particular, muy famosos. Y el tema de la conversión, el que está dando origen a una conversión constante y llamativa, porque estos hombres después se hacen católicos y están ahora de profesores en universidades católicas, diciendo, «Qué equivocados están los protestantes... Y entonces cuentan su conversión. Bueno, pues todos estos se han convertido por el tema de la Alianza. Porque, claro, ellos leyendo la Biblia ven que Dios hizo una Alianza con el hombre perenne, para siempre por parte de Dios. Y ahora ellos se preguntan: Bueno, ¿qué religión tiene la Alianza? Y en el protestantismo no la encuentran. Y el hombre más importante de todos estos que se llama Scott Hahn, este hombre ha hecho libros y mítines, fantástico el bien que está haciendo. Porque él empezó a estudiar la Alianza, y vino a Escocia, porque dice que los escoceses eran expertos en la Biblia en la parte de la Alianza. Para estudiar la Alianza. Y no aparecía por ningún lado. Y dice que él se aterraba cuando le venía alguna vez el pensamiento ¿Y no estará en la Iglesia Católica? Pero él lo rechazaba porque le habían educado con prejuicios y odio a la Iglesia Católica. Y por lo tanto, para él lo más horrible sería que encontrara la Alianza en la Iglesia Católica. Lo rechazaba instintivamente.

Pero, amigos, después de siete años en Escocia estudiando, él y la mujer que también es profesora y dicen que ya cuando se vieron acorralados, que no había salida, dijeron: «Bueno ¿y por qué no puede estar en la Iglesia Católica?» Y se atrevieron a entrar en una misa. Y cuando entran en la misa, un domingo, dice que ve como va llegando todo el mundo, y lo primero que hacen todos, antes de comenzar es «pidamos perdón por nuestras faltas». Esto es Alianza, esto es lo que siempre los profetas pedían, que pidiéramos perdón por nuestras culpas antes de hablar con Dios, porque éramos pecadores y habíamos roto la Alianza. Y, claro, ve que va siguiendo la misa, va siguiendo la misa, y se va concentrando todo en el altar, y cuando llega el momento de la Consagración, cuando dice el sacerdote: «Esta es mi sangre, sangre de la Alianza nueva y eterna», ofrecida a Dios por los pecados de todos, dice él que tuvo que salir de la Iglesia porque si no empieza a dar gritos como un loco. Y empezó a llorar: «Aquí está la Alianza, aquí está la Alianza». Claro, ésta es la Alianza y no hay otra Alianza. Y por eso dice Jesucristo «.... nueva y eterna». Es remedo y un poquito inspirada en el Antiguo Testamento pero es nueva completamente, porque aquello era sangre de corderos. «Esta es mi sangre». Nueva y definitiva.

Cristo escogió la fiesta de la Pascua para celebrar la Eucaristía. Era obvio, era el marco. Estaba todo preparado. ¿Qué era la Pascua? El cordero que se sacrificaba y la renovación del amor entre Dios y el pueblo de Israel. ¿Y entonces dónde vamos a celebrarla? Pues vayan, y está, el Cenáculo. Al atardecer llegó Jesucristo con todos ellos, Judas también, Judas estaba allí. Y entonces se quedaron asombrados al ver que la cosa no empezó porque tenía un rito, ya sabido, ya todo el mundo sabía como empezaba, con un salmo dando gracias por el Ángel Exterminador que había salvado la vida de los primogénitos de Israel y había matado a los egipcios, y por el paso del Mar Rojo, por ahí empezaba. Y después venía la cosa de la comida y todos se sentaban y era una cosa muy larga, muy oficial, muy prescrita, muy ritual todo. Pero ven que de repente Jesucristo se quita el manto, se pone una toalla por la cintura, coge aquel barreño que había siempre para lavar los pies del que comiera y echa agua fría, caliente, y derecho va a los pies de Pedro. Acuérdense que comían recostados, con los pies hacia afuera. Era muy fácil. Por eso a María Magdalena le fue muy fácil tirarse a los pies de Cristo a llorar y a besarlos. Y cuando se tira a los pies de Pedro, la reacción espontánea de Pedro, «¿Y esto qué es? ¿Tú lavarme, ¿pero olvídate, ¿te has vuelto loco?» Nunca les había lavado los pies, ni ellos se los habían lavado a Cristo. El lavar los pies era cosa de esclavos y de gente que ya estaba preparada para eso. Donde hubiera una comida, allí estaban.

Bueno, pues todos ven que Cristo coge y se tira a los pies de Pedro. «¿Me vas a lavar los pies?» «Pedro, si no te lavo los pies... déjate lavar los pies. Tú no entiendes por qué lo hago, ya lo entenderás». Pedro no entendía nada de eso y dijo, «¿Lavarme los pies? Jamás, en tal caso yo a ti». Bastante bien habló Pedro. Bastante bien. Merece aprobación. Claro que sí. Muy bien. Pero, claro, Cristo le dice: «Pedro, si no te lavo los pies, aquí se acabó nuestra amistad». «¿Ah, pero esto es un gesto de amistad? ¿Qué poco me quieres? ¿Sólo los pies? Si es amistad, lávame todo el cuerpo». Tremendo Pedro. Y gracias a esto sabemos por qué Cristo lavó los pies. Porque le dijo: «¡Pedro, el que está limpio no necesita que le laven. Y ustedes todos están limpios menos uno». Cristo iba a lavar los pies de Judas. Iba a tirarse a sus pies. Llegó... tengo para mí, me da devoción pensar que cambió el agua para que Judas la tuviera limpia. Mirándole a la cara, era la oportunidad de salvarlo. Se me pierde un apóstol. ¡Y Cristo a los pies de Judas!

«Lo que vas a hacer, Judas, hazlo pronto». Y todos creyeron que iba a comprar algo porque era el tesorero. No le había quitado todavía el cargo a pesar de su infidelidad. Así es Jesucristo. Ya se había hecho de noche. Y dice San Agustín: «De noche fuera, pero más de noche en el alma de Judas». Se entregó a la noche. Rompió con Cristo que es la Luz. «Yo soy la luz, el que me sigue no anda en tinieblas». Judas prefirió tirarse en las tinieblas y por eso acabó como acabó.

Entonces ya, Jesús dice: «Ahora, todos somos amigos» Y como todos somos amigos, ahora, el milagro de la amistad. Se pone de pie, toma el pan, mira al cielo, habla con su padre, lo bendice y dice: «Esto es mi cuerpo, tomad y comed». Y les da el pan consagrado por Cristo, convertido en su carne. Y tomando el cáliz, la copa que estaba allí, dijo: «Esta es la copa de mi sangre. Sangre de la nueva y definitiva Alianza, ofrecida a Dios por los pecados de todos los hombres. Tomad y bebed». Y cuando les dio a todos de beber del cáliz, añadió, «Haced esto en recuerdo de mí». Y queridísimas hermanas, con estas palabras maravillosas, Cristo nos dejó tres regalos increíbles, para siempre. Primero, el sacrificio de su cuerpo y de su sangre. La misa es el Calvario, vale igual, es la misma, y no hay más que una misa, la que dijo Cristo. No hay otra misa, no, no, es ésta, con un valor infinito. Y por eso mientras la Iglesia Católica, y lo tendrá hasta el fin del mundo aunque sea en catacumbas, tenga el Cuerpo y la Sangre de Cristo, Dios está aplacado por los pecados de todos los hombres. En Cristo y por Cristo. Y por eso hay que confiar, no es bueno esas espiritualidades que están hablando siempre de catástrofes apocalípticas, de que van a venir castigos, de no sé qué... Dios sabrá y Dios tiene su pedagogía, no tiene por qué ocurrir nada de eso. Porque no hay un segundo de las veinticuatro horas del día y de la noche que no estén unas manos consagradas de un sacerdote presentando al Padre a Cristo en la Eucaristía como pararrayos de todos los castigos de Dios y de las bendiciones de Dios. Eso es nuestro, eso lo tenemos. Y con eso en la mano somos infinitos en perdón y en misericordia y en bondad y en todo. No tiene por qué ocurrir nada que no sea pedagógico, porque Dios puede usar, evidentemente, un castigo. Si la gente no aprende, pues bueno, mire usted la tragedia. Y la gente no quiere ver, está hoy... Hoy tenemos una tragedia, hermanas, como ustedes tienen que saber, el SIDA es una tragedia tan terrible que está matando millones y millones y millones. Y hoy en África se cree que la mitad de la población tiene ya esa enfermedad. Y todo eso vino por inmoralidad. Después ya viene y pagan inocentes por culpables. Pero todo es fruto del pecado. Y no se quiere ver.

Pero tenemos a Cristo siempre, siempre, siempre. Entonces digo nos dejó el sacrificio por el cual se perdonan los pecados de todos los hombres. Nos dejó el sacramento más grande porque es el sacramento del amor. Los demás sacramentos todos son como corrientes, como, regueros de la gracia de Dios, que salen. Pero este sacramento es Cristo en persona, no es su gracia, es Él. Y entonces es el sacramento más grande porque es Cristo en persona real y verdaderamente, pero además, es el Sacramento del Amor y entonces, cómo dice San Pablo: ¿Qué nos une ahora a Dios y a nosotros? La fe, por creer en Él, nos unimos en Él. La esperanza, por esperar en Él, nos unimos en Él. Y el amor, porque lo amamos. Pero, un día la fe no hace falta, porque ya lo vemos, la esperanza no hace falta porque ya lo tenemos, y ¿qué es lo que queda por toda la eternidad? El amor. Y por eso Dios es amor y el Cielo es amor, y la Eucaristía es amor. Y ¡qué amor! Porque ya era bastante que Cristo se quedara con nosotros como estamos nosotros aquí, ¿verdad? Uno más entre nosotros. Que Cristo se quedara en el Sagrario para estar ahí. Pero Cristo inventa el fundirse con nosotros, fundirse. Él que come mi carne y bebe mi sangre, mora en mí y yo en él. ¿Pero esto qué es? La fusión en el amor.

Dice Santo Tomás tan sabiamente, como es natural saliendo de Santo Tomás. Dice: «Cuando comulgamos, no somos nosotros los que comemos a Cristo, es Cristo el que nos come a nosotros», porque igual que cuando nosotros nos alimentamos el pan que comemos, la carne que comemos, el agua que bebemos, la leche que tomamos la hacemos vida nuestra, porque esos elementos son inferiores a nosotros y el hombre lo convierte en sustancia propia, como Cristo es el poderoso cuando comulgamos Él nos convierte en cuerpo de Él, sangre de Él, vida de Él, célula de Él. Y Dios nos ve en Él, en Cristo. Por eso, las gracias que en el alma tiene que dejar la comunión, sólo en el cielo lo veremos. Sólo en el cielo lo veremos. Podríamos decir que así como la planta vive del abono de la tierra, entonces la come el animal y la convierte en vida animal. Y el hombre come al animal y lo convierte en vida humana, cuerpo humano. Pues, Cristo nos come a nosotros y nos convierte en dioses, en divinidad, en vida divina, por la Eucaristía.

Qué maravilla Teresa de Avila diciendo, «Hermanas, ustedes no se pueden imaginar qué envidia nos tienen los ángeles cuando nos ven comulgar». Qué bien dicho, porque Cristo es para los hombres, no para los ángeles. La Eucaristía no es para ángeles, es para hombres. Es para nosotros, es unión de cuerpos y almas, de hombres. Es Jesucristo que se queda aquí con nosotros en la Eucaristía. Y recuerden, recordemos porque en esa cena, Cristo al final echó una homilía increíble. Lean, si quieren esta noche también, el sermón de la última cena, porque es sublime, porque Cristo habla con el Padre, como si el Padre fuera un comensal más. Está allí. «Padre, te pido, Padre te pido». A ustedes les da mucha devoción cuando un sacerdote amigo que las conoce... «Madre, supe que ayer era su santo, su fiesta, y la encomendé en la misa. En la misa pedí por usted». «Ay, padre, gracias, con lo que yo necesito que pidan por mí». Y aprovecho el paréntesis porque, desde ahora, en todas las misas mías yo pido por ustedes. Ustedes tienen que pedir por mí... en todas las suyas. Este es un compromiso que hacemos aquí hoy, esta es una Alianza, que hay que cumplir.

Pues, Cristo pidió por nosotros en su Misa. Así lo dice San Juan: «Padre, te pido no sólo por éstos sino por todos los que por la predicación de éstos han de creer en mí y un día comulgar». Que somos nosotros. ¿Y qué pidió para nosotros? Maravillas. Primero, que nos amáramos. Hermanas, cuánto me alegro que haya surgido esto ahora. ¿Cómo vamos a no amarnos en la comunidad ante la petición de Cristo en la última cena? ¿Le vamos a negar algo a Cristo en ese momento? «Te pido, Padre, que se amen como nosotros nos amamos». ¿Quién se le niega a Cristo en este momento si va a morir por nosotros? «Te pido, Padre, no que les saques del mundo, sino que les libres del mal». Que viviendo en el mundo, que todos vivimos, también ustedes y yo también, y el mundo se nos quiere colar. Y ha invadido órdenes religiosas y sacerdotes y monjas, ha invadido el mundo y se han hecho mundanos. «No te pido que los saques del mundo, sino que los libres del mal. Que no sean mundanos». Que el mundo no les coma, sino que ellos salven al mundo. Que ellos iluminen al mundo, que ellos hagan ver al mundo los errores que tiene. Y por eso cuando un mundano viene a ver un convento de estos, si viene de buena fe se queda... Pero existen almas así, y se preguntan: entonces yo dónde vivo, pero qué equivocado estoy. Eso lo pidió Cristo en la última cena. Y cuando dijo: «Haced esto en memoria mía», dijo, esto quiere decir esto. No es en memoria un recuerdo, no, no, no. En memoria aquí, la palabra que usa Jesucristo quiere decir esto: «Y para que nunca se olviden de mí, yo estaré con vosotros siempre realmente, en la Eucaristía». Una madre cuando una hija va a estudiar fuera, le manda una fotografía, «Hija, ten esta fotografía mía en tu mesa, para que nunca te olvides de mí». Y entonces la fotografía, esto es lo que puede hacer, pero como Cristo es Dios, puede hacer mucho más. «Yo me quedo con vosotros todos los días hasta el fin del mundo». Y por eso, en el momento de la celebración de la Eucaristía, si tuviéramos una cámara que retratara lo sobrenatural, igual que hoy ya hay cámaras que retratan los colores, las dimensiones, tercera dimensión, una cámara que retratara lo sobrenatural y que tomara una fotografía de la Misa. El momento en que dice el sacerdote «Este es mi cuerpo, tomadlo, ésta es mi sangre». ¿Quién se vería allí? Jesucristo, porque el cuerpo es de Cristo, la sangre es de Cristo, no es del sacerdote. El sacerdote no es más que el micrófono de Cristo. La presencia es de Cristo. Cristo está ahí. Este es mi cuerpo, ésta es mi sangre. Poder sacarle jugo, vida, realidad a la Eucaristía es haber dado con la fuente de la gracia y de la vida y del amor y de la santidad. Y esto ustedes lo tienen aquí siempre, siempre, siempre.

Y este día, Cristo nos dejó otro regalo tremendo, que no se pueden imaginar. Qué emoción se siente, por lo menos la primera vez que fui al Cenáculo, Aquí pensó en mí Jesucristo, para que yo fuera sacerdote. Allí nacimos todos los sacerdotes, porque Él a los Apóstoles les dio poder para ser ellos igual que Cristo, poder convertir el pan en el cuerpo de Cristo y la sangre y eso hasta el fin del mundo. A hombres imperfectísimos, pecadores, inútiles, pero así lo ha querido Jesucristo. Por lo tanto no hay santa, y digo santa porque esto es peculiaridad de las santas, no lo he notado así en los santos tanto. No hay santa que no tenga como una devoción muy especial pedir por los sacerdotes. Es algo que intuye la mujer. Al sacerdote hay que ayudarle para que se parezca a Jesucristo, para que nos traiga a Cristo, para que nos perdone. Por eso, pidan mucho por nosotros siempre, porque lo necesitamos tanto. Y dicho esto, salieron para el Huerto de Getsemaní, a morir por nosotros. Pues, acompañemos un poquito esta noche a Cristo. La que quiera, la que pueda, lo que les dé devoción pues hacer un Vía Crucis, en su celda, donde quieran, pero acompañar a Cristo y velar un poquito su cadáver esta noche, para que mañana podamos llenarnos de gozo ante el acontecimiento único de la Resurrección de Nuestro Señor Jesucristo. Porque esto no termina con la muerte, esto termina con el triunfo definitivo de Jesucristo y de todo lo cristiano.

XII

RESURRECCIÓN. APARICIÓN A LA VIRGEN, APÓSTOLES, SAN PEDRO, MAGDALENA, TOMÁS.

Queridísimas madres y hermanas, hay que exclamar al empezar esta contemplación de la Resurrección de Jesucristo ¡Qué grande es Jesucristo!
Ayer, asistíamos a su muerte, veneramos su cadáver enterrado. Murió. Y hoy hay que decir: Resucitó.

San Juan, el Evangelista águila –como saben cada evangelista tiene un símbolo por aquello que fundamentalmente expresa en su evangelio– San Juan es el águila porque se supone que el águila es un ave que ve muy lejos y San Juan siempre que habla de Cristo, siempre mira a la divinidad primero. Empieza con la divinidad, más lejos de lo que ven los ojos naturales. Y por eso, cuando San Juan va a escribir el Evangelio no empieza a hablar de Belén o de Nazaret o de Palestina. Con su mirada de águila empieza diciendo: «En el principio era el Verbo»; desde toda la eternidad existe el Verbo. Y el Verbo está con Dios y el Verbo es Dios. Y ahora, el Verbo se hizo Hombre y habitó entre nosotros. Vamos a hablar ahora de este Jesús. Pero de este Jesús, Dios, no hay que olvidarse de esto.

«Resurrexit sicut dixit» grita la Iglesia el Día de la Resurrección. Lo había dicho tantas veces, siempre que había algún conflicto en que le ponían a prueba quién era Él, «¿Quién soy yo? La prueba de quien soy os la voy a dar el día que resucite». Por ejemplo, el día que expulsó a los mercaderes del templo, «Y ¿tú con qué autoridad haces esto, quién eres tú le preguntaron?» «Destruiréis este templo, pero yo lo reedificaré al tercer día», hablando de su resurrección. En el Tabor, Pedro, Juan y Santiago ven una escena increíble. A Jesucristo con el que habían dormido en el suelo en el monte aquel día y habían comido lo que habían podido, quizás unos dátiles, unas nueces. Y de repente ven a su maestro en el aire, reluciendo más que el sol, y Moisés y Elías adorándole. «¿Pero quién es este Jesús?» Y entonces cuando termina aquello les dice Jesucristo: «De esto no habléis, por favor, hasta que yo resucite al tercer día». Siempre que iban a Jerusalén, como comentábamos ayer, Cristo tenía que hablar de lo que iba a pasar allí. Y siempre añadía, «Pero no tengáis miedo. Me flagelarán, me azotarán, me crucificarán, me enterrarán, pero yo resucitaré al tercer día». Siempre les daba la noticia grande de que esto acaba en la resurrección. Que esto no acaba en la muerte, que esto acaba en el triunfo, que lo mío es victoria. Que he vencido al mundo, que he vencido a la muerte, que he vencido al pecado y lo he vencido todo.

¿Dónde está muerte tu victoria? cantará la Iglesia cuando ve a Cristo resucitar del sepulcro. La muerte que puede con todos, no puede con Cristo nada. Y, ellos, dice el Evangelio siempre que decía Jesucristo «y al tercer día resucitaré», siempre añade el Evangelio, «No entendían, no sabían qué quería decir con eso de resucitar». Es natural, los apóstoles nunca entendieron casi nada, por no decir nada. No entendían nada. Era muy difícil de entender Jesucristo, porque Jesucristo hablaba con un doble lenguaje. Hablaba de un reino eterno que no perecería nunca y que las fuerzas del infierno no prevalecerán contra Él. Entonces, los apóstoles se habían imaginado que Cristo venía a establecer un reino un poder temporal, permanente, para hacer de Israel el pueblo que dominara todo el mundo y que fuera Él.... Todo eso lo habían mezclado con política, con cosas meramente humanas. Y estaban completamente despistados siempre, siempre. El modo, lo que ellos creían, lo vemos de una manera tan gráfica, tan maravillosa, en la conversación que tuvo la madre de Juan y de Santiago con Jesucristo. Un día la madre de Juan y de Santiago, porque Juan y Santiago eran hermanos, un día la madre le dijo a alguien, «Yo quisiera ver a Jesús, pero a solas. Que no esté presente nadie, que no me oiga nadie lo que le voy a decir. Y asegúrense bien que Pedro esté lejos, que no vaya a asomar por allí Pedro, porque si asoma Pedro...eso puede acabar mal. Este diálogo puede acabar mal». Y entonces Jesucristo, siempre tan humano, tratando de la madre de dos apóstoles, «Cuando quiera, dónde quiera con muchísimo gusto». Al fin y al cabo le había dado dos hijos. Y por algo eran buenos, mucho habían recibido de la madre, muchísimo. Por lo tanto Jesucristo estaba agradecidísimo a esa madre. Y entonces se entrevista con ella y cuando ya ella mira para todos lados y ve que está sola, sola, y que no la oyen dice: «Mira, Maestro, yo venía a proponerte una pequeña cosa. Mira, yo te venía a decir, Maestro, perdona pero es que soy madre y uno tiene esa preferencia con los hijos, ¿no? Cuando tu cojas el poder, a Juan, Presidente y a Santiago, Primer Ministro. Sólo eso te vengo a pedir». Expresó todo lo que estaba en el ambiente, se lo tenemos que agradecer, porque, eso era todo antes de la venida del Espíritu Santo, no entendían nada.

Los apóstoles seguían a Jesucristo –Dios me perdone la comparación– pero un poquito así como Sancho seguía a Don Quijote, porque le había dicho que lo iba a hacer gobernador de la ínsula Barataria–, «Este hombre es medio loco, pero si me hace gobernador». Y los apóstoles decían «Este hombre es tan extraordinario, puede tanto, hace tanto, y habla de poder y habla de que va a hacer un reino que no tiene fin». Porque Cristo estaba hablando de la Iglesia, del Reino de Dios, sin límites, sin tiempo, para siempre, y que culmina en el Reino de Dios por toda la eternidad en el Cielo. Pero quiénes eran ellos para entender este lenguaje. Nada, todo material. Todavía les vemos, que es una cosa que da pena, pero así somos los hombres, cuando veamos que va a subir al cielo, como vieron que Cristo iba así en un ademán de algo grande, todos ellos preguntaron, «¿Es ahora cuando vas a establecer el Reino?». Creyendo que iba a dar un golpe de estado, para coger el poder. Ese era su modo de pensar, por lo tanto era imposible que entendieran.

La Resurrección de Jesucristo, Jesucristo quiso hacerla el eje de toda su persona, de toda su doctrina y de toda su obra. «Si yo no resucito, no crean ni en mí, ni en mi doctrina ni en mi obra». La Resurrección. El primer dogma definido por el primer Papa después de recibir el Espíritu Santo, San Pedro salió al balcón y dijo, «Galileos, Cristo a quien ustedes crucificaron, ha resucitado, de lo cual todos nosotros somos testigos». Ese es el primer dogma que define Pedro. Ex cátedra. Y la fuerza del Espíritu Santo fue tal que tres mil hombres empezaron a llorar porque allí estaban los que habían dicho «crucifícale, crucifícale». Y dijeron: «¿Qué hacemos para que se nos perdone este pecado?» Y Pedro que ya lo sabe todo porque ahora ya vino el Espíritu Santo a bautizarlos en 'el nombre del Padre y del Hijo y del Espíritu Santo' y aquel día bautizaron a tres mil y nació la Iglesia por creer en el primer dogma, la Resurrección de Nuestro Señor Jesucristo. Sin eso nada, de ahí arranca todo, porque eso indica que Cristo es la verdad, que su doctrina es la verdad, que su obra es la verdad y que todo termina en la verdad.

La Resurrección de Cristo, el tema de la predicación de Pablo. Figúrense ustedes para Pablo lo que era eso. Pablo iba a perseguir cristianos. De Cristo, ni idea. Lo habían crucificado, era un criminal. Y cuando de repente se encuentra fulminado por aquel rayo que lo tira al suelo y un hombre lleno de dignidad y por otra parte de bondad... «¿Tú quién eres?» «Yo soy Jesús, a quien tú estás persiguiendo. No seas tonto, no des coces contra el aguijón. Pásate para mi causa». «¿Tú, Jesús, pero tú no eres el crucificado? Pero, ¿vives?» Cristo vivo, Cristo resucitado. Pablo empieza a predicar por todos lados que Cristo ha resucitado y quién era. Y lo persiguen, tiene primero allí en Jerusalén un juicio porque los judíos no pueden tolerar que Pablo diga que ha resucitado Jesucristo. Y cuando está en el juicio, en el juicio con las autoridades romanas que eran las que mandaban allí, y cuando el fiscal le dice al tribunal, «Miren, todo este es un problema religioso entre judíos. Roma no tiene por qué meterse en eso». Esto ocurre y estaba allí Pablo de reo, sentado allí ante el tribunal. «Es que este hombre no para de hablar por todos lados de que un Jesús de Nazaret, a quien nosotros crucificamos, que está vivo, que ha resucitado». Y cuando decía eso, San Pablo, en el asiento donde estaba decía: «Sí, vivísimo. Está vivísimo. Yo lo he visto». Y entonces dicen que los judíos estaban allí viendo aquel juicio y que rechinaban los dientes: «hay que matarlo, porque este hombre no calla, no para de decir que ha resucitado». Claro que no para, no puede parar.

Pues, queridísimas hermanas, la Resurrección de Cristo es la razón de toda nuestra esperanza, de toda nuestra fe y de toda nuestra ilusión y de toda nuestra seguridad y fortaleza de que aquello en lo que estamos acaba bien, acaba en triunfo, acaba en victoria. Ustedes fíjense cuántas cosas puede pasar cualquiera cuando tiene esperanza de que esto acaba, de que esto después mejora. Yo tuve una experiencia tremenda allí en Miami cuando veía aquellos hombres que habían sido médicos, ingenieros, propietarios de ingenios de azúcar... de maleteros en los hoteles, recogiendo tomates en tierra y, eran abogados, eran... y cuando ya vieron que la cosa de Cuba se demoraba entonces empezaron a preparar oja revalidar sus títulos, y cuando uno los veía allí, «¿Cómo andas?» «Bueno, padre, un poco mal, esto está mal, pero acabará bien. Porque cuando yo renueve mi título, cuando pueda volver a ser médico, cuando pueda volver a ser abogado, cuando pueda volver a ser arquitecto, cuando pueda volver a ser... pues todo se arreglará. Por lo tanto hay esperanza, padre». Todo se puede pasar cuando hay esperanza. Esta es la riqueza cristiana. Cristo es la esperanza, porque le dijo a Pablo: «¿Por qué me persigues?» Y él estaba persiguiendo cristianos, no a Jesucristo, pero es que Cristo y los cristianos son una sola cosa. Por lo tanto la suerte de Cristo es la de los cristianos y por eso San Pablo que captó aquella primera verdad con tanta nitidez y con tanta fuerza pues no hacía más que publicar: «Si Cristo resucitó, nosotros también resucitaremos. Somos uno». Cristo le reveló la unidad del cuerpo místico de Cristo. Cristo y sus miembros, la misma cosa. Por lo tanto, vamos a resucitar con Cristo.

Pues, hermanas, esta verdad no podemos nunca dejar que se nos pase, porque tenemos siempre la alegría de poder decir, «Lo nuestro, con Cristo, acaba bien». La cosa es no romper con Cristo, porque la victoria está en Él. El éxito está en Él. El triunfo está en Él. No romper con Él, no serle infiel a Él, eso es todo lo que importa. Lo demás, ya es éxito seguro. Yo les digo a los muchachos... todos los jóvenes son deportistas y hay que usar el deporte como elemento también para mover a los jóvenes. Yo les digo, ustedes se imaginan con qué tranquilidad subiría al ring de boxeo un boxeador que sabe que «cuando yo quiera noqueo al otro. Pero mientras tanto le voy a dejar que me dé golpes, para que él crea que.. Pero, en el último round, lo noqueo. A Cristo se le pueden dar golpes, a la Iglesia se le pueden dar golpes, pero en el último round, Cristo noquea a todos los enemigos y queda sólo, triunfador de todo. Y los de Cristo, nosotros.

Pues, vamos a pensar un poquito. San Ignacio tiene mucho interés que vivamos escenas tan maravillosas que ocurrieron y que cuando ocurrieron nosotros estábamos envueltos en ellas, porque Cristo no resucitó sólo para encontrarse con la Virgen y con María Magdalena y con los Apóstoles. Cristo resucitó para encontrarse resucitado con todos nosotros. Y a quien nosotros comulgamos hoy es al Cristo resucitado. Y ese es el Cristo nuestro, hoy. En ese sentido Jesucristo tuvo una delicadeza tan grande con nosotros en quedarse cuarenta días después de resucitado con los hombres. Porque yo pienso que si Cristo hubiera resucitado y del sepulcro hubiera ido al cielo derecho, sin ver a nadie, que era lo obvio, si lo hemos matado ya, ¿qué más va a hacer por nosotros? Además «¿Qué voy a hacer con esta gente que me abandonó, me desprecio? Eso, los amigos; los otros que me crucificaron, que me mataron». Pues, good bye, adiós. ¿Verdad? Se acabó.

Y Cristo nos quiere, nos quiere. Es nuestro, es de los nuestros. «Yo, con mi familia. Yo con los hombres. Yo soy hombre y he venido para hacer a todos los hombres felices. Yo con los hombres. Embrioncito de hombre, nueve meses en el vientre de mi madre, para ser igual que todos. Niño, igual que todos, para que me tengan que lavar y cuidar. Pequeño para que me enseñen». Muchas veces le diría San José, «No cojas así el martillo que te vas a dar en el dedo». Y Cristo se daría muchas veces en el dedo, porque eso no entraba en la divinidad. Eso era obra de la humanidad. Y por eso dice el Evangelio que crecía en sabiduría humana. Tenía que aprender y en eso, gozando... porque así soy igual que ellos. Pues ahora resucita y dice, «No, no, yo al cielo yo tengo toda la eternidad para ir. Ahora, todavía, con mis amigos». que éramos los que lo habíamos crucificado.

Y gracias a eso, podemos hoy saber cómo es Cristo resucitado. Porque resulta que si Cristo antes de morir era un encanto de persona, que todo el que le veía tenía que quedarse impresionado por Él y vemos cómo arrebataba a los que tenían un poco de buena voluntad, aunque le hubieran dicho sus pecados como la Samaritana, «Maestro, veo que tú eres profeta. Me lo has dicho con tanta caridad». «El hombre con quien vives ahora, no es tu marido. Cambia de vida. Tú puedes ser buena». Se lo dijo de tal manera que... Pero ese Jesucristo que en su vida temporal fue tan encantador lo vemos ahora que resucitado si cabe todavía lo es más. Porque ahora, casi se vuelve en un bromista, no hace más que comedia, para quitar todo el dramatismo y la tragedia de la muerte y la pasión que fue tan horrenda. Ahora Cristo no habla nada de lo que pasó, de lo que sufrió. Nada. Ahora va a acompañar a sus amigos, bromeando, y con María Magdalena, e jardinero. Con el otro de caminante, con el otro de pescador. Pero, ¿ Y esto que es? Cristo resucitado.

Pues si pensamos un poquito qué ocurrió, como San Ignacio quiere que vivamos esto. Hace mucho bien vivir estas cosas, como ya comentamos en otra ocasión. Realmente, la muerte de Cristo fue un drama tremendo. Y una tragedia terrible. Los amigos quedaron desbaratados, destruidos. Habían perdido la fe, dice San Juan. Y, por lo tanto, todo mentira. Nos lo dicen los dos de Emaús, «Nosotros creíamos que Él era el Mesías y resulta que todo falso». A llorar, tristeza. No estaban preparados para esta prueba. No hay nada peor en la vida que no estar preparados para una prueba. Y de hecho, preparados, preparados, sólo están los santos para cualquier prueba. Me acuerdo de la impresión que tuve, la lección que recibí de un matrimonio de la Agrupación él, un ingeniero muy bueno a quien un borracho, manejando borracho, le mató a una hija de quince años. La hija pasaba por la calle con el semáforo rojo y el borracho la atropelló y quedó muerta en la calle. Cuando yo fui a consolar a esos padres, yo los había casado, yo había bautizado a esa niña, por lo tanto era parte de la familia en cierto modo. Y claro, allí había que estar. Y voy, y primero encuentro al padre, le doy un abrazo, «Ramón, cómo pasó esto y tal». «Padre, esto es lo que meditamos en ejercicios. Los hijos no son nuestros. Nos los da Dios. Si Dios se la quiso llevar, bendito sea». Las lágrimas. «Era de Dios, no era mía, no era nuestra». Y ahora voy a la madre, «¿Carmencita, por Dios, cómo pasó esto, hija?» «Padre, no se ponga así. No sufra. Esa niña fue un regalo de Dios y nos lo dio durante quince años. Durante quince años disfrutamos de ella porque era un ángel. Ahora se la ha querido llevar al cielo. Cuando usted nos casó nos dijo que

Dios nos diera hijos para el Cielo. Pues, mire, ya tenemos una en el Cielo». Yo me quedé frío. Dije ¿qué es esto? Eso es vivir la fe. Ahí se llega sólo por estar preparado. Una persona así está preparada para todo porque claro, todo lo ve en Dios, todo lo enfoca en Dios, todo lo relaciona con Dios y entonces, es el único que está preparado para cualquier prueba. Los demás no están preparados. Cómo se va a morir un niño de quince años. Eso no es justo. ¿Cómo Dios puede permitir...? Todas esas cosas.

Bueno, pues los pobres apóstoles no estaban preparados. Lo que no podía pasar por su mente nunca es que Cristo muriera y sobre todo que lo mataran. Y encima que le mataran como criminal. Esto es muy fuerte, porque ocho días antes había entrado por las calles de Jerusalén, aclamado por todo el mundo, tirando flores, tirando alfombras, «Bendito el que viene en nombre del Señor». Y a los ocho días, crucificado. Nadie está preparado para eso, humanamente hablando. María iba a estar preparada. Por eso María está de pie, al pie de la Cruz. María no cayó al suelo histéricamente. No empezó a dar gritos como cualquier otra persona hubiera podido hacer. En ese sentido la famosa película que no sé si ustedes habrán visto, u oído de ella. No sé qué costumbre tienen ustedes en eso. Pero hay una famosa película «Jesús de Nazaret» del famoso director Zefirelli, italiano. Muy buena, muy buena. En conjunto una película fantástica que allí en Estados Unidos por lo menos cuando llega la Semana Santa casi siempre la ponen por televisión... La Pasión y Muerte de Jesucristo por Zefirelli es fantástica. Pero el pobre Zefirelli comete un error básico. Pone a la Virgen histérica, gritando, como que no puede aguantar aquello. Claro, era lo obvio. Pero no se fija que la Virgen estaba a otro nivel y por eso puede estar de pie, porque está preparada, porque lo que Dios quiera, cuando Dios quiera y como Dios quiera. Y lo que quería Dios en aquel momento era que Cristo muriera en la Cruz y ella había dicho el «fiat» a Dios, que lo abarcaba todo. Por lo tanto, estaba dentro de su ideal, estaba dentro de su identidad espiritual, porque estaba dentro del marco de la voluntad de Dios.

Pues, ellos se quedaron todos desbaratados. Los enemigos de Cristo, ¿cómo estaban? Esto es muy interesante creo yo. Los enemigos de Cristo, primero hicieron algo que no había derecho a hacer. Se pasaron en todo. Con Cristo todo fue ilegal lo que hicieron. Porque Moisés mandaba que nunca hubiera un juicio desde que se ponía el sol, hasta que saliera el sol. Para que siempre se hiciera a la luz. Tengan en cuenta que antes no había luz eléctrica. La noches eran noches cerradas, no se veía nada. Entonces una ley que había era que nunca se tenga ningún acto público de importancia, juicios... A Cristo lo juzgan de noche, sin testigos, todo mentira, todo engaño. Todo era mentira. Y además, precipitadamente, porque un hombre que entra triunfalmente por la capital hace ocho días, no se le puede matar sin decir nada, clandestinamente, porque, ¿qué ha pasado? «Rápido, rápido», y así fue como se hizo con Jesucristo. Todo injusto. Pero entre otras cosas que se hicieron injustas, hubo una terrible, que es que después que estaba muerto en la cruz, para asegurarse que de verdad estaba muerto, porque tenían mucho miedo... «Este hombre, es tan grande que puede no morir. Este hombre es tremendo». Ellos sí midieron la grandeza de Cristo. Los enemigos de Cristo midieron la grandeza de Cristo. «Este hombre...para estar seguros de que ha muerto, coge esa lanza...», le pagan dinero a un soldado... «atraviésale el corazón». Esto estaba prohibido, esto no entraba en la ley. Pero con Cristo no hay ley. Y entonces una lanza que, fíjense que dicen que cabía la palma de una mano por la herida. Cuando vieron el corazón partido en dos... «Muerto ya está. De que está muerto, no hay duda. Sí, está muerto, pero Él dijo que iba a resucitar. Y si esto ocurre entonces sí que se acabó todo. Entonces sí que todo se perdió. Entonces sí que no tenemos dónde meternos. Entonces sí que triunfó Él. Si resucita», figúrense ustedes. Y tomaron en serio la Resurrección. A los apóstoles ni les pasó por la mente que iba a resucitar, los pobres. Los enemigos sí. Y entonces, ahora qué logran. Una cosa enorme, increíble, indigna. Le arrancan a Pilatos, que está furioso... ¿Cómo sabemos que está furioso? Cómo no va a estar furioso si Pilatos quiso salvar a Jesucristo? Desde el primer momento vio que todo era una injusticia. Cuando llegaron allí, con aquella multitud, a grito pelado «queremos la muerte». «¿La muerte, pero ustedes saben lo que están pidiendo? ¿Pero qué mal ha hecho este hombre para pedir eso? ¿Pero, qué es esto? Y dice el Evangelio, desde ese momento, Pilatos, convencido de que todo era un atropello y una injusticia, quiso salvar a Jesús. Sí, quiso, pero por medios ineficaces. Mandándole a Herodes, comparándolo con Barrabás. Flagelándole, para ver si con eso se calmaban los otros. Y al final, lavándose las manos y diciendo algo que le agradecemos: que aquel hombre era inocente, «pero, por contentaros, pues lo mandaré a la cruz». Y Pilatos tenía allí, la Torre Antonia donde estaba el cuartel, el castillo y la torre del ejército romano. No tenía que haber dicho más que déjenle inmediatamente libre o sale la tropa. Pero este medio, que era el eficaz, no lo usó. Usó los ineficaces. Lo que nos decía San Ignacio con el segundo binario. Quiero, pero no pongo medios eficaces. Pues no vale. Y al final peor.

Entonces, claro, Pilatos estaba furioso porque lo habían llevado a la fuerza, a la fuerza. Y sabemos que estaba furioso porque en una cosa que no tenía importancia, puso toda la autoridad.

Le fueron a decir, «Oiga, hay que cambiar el letrero de la cruz». Porque en la cruz ponían la causa por la cual ajusticiaban a un crucificado: por ladrón, por asesino, por criminal, por lo que fuera. Y a Jesucristo le habían puesto, «Jesús, Rey de los Judíos». Es decir, por haberse hecho rey de los judíos. Pero, claro, decía nada más: Jesús Nazareno, Rey de los Judíos. Dicen que estaba en tres lenguas, hebreo, griego y latín, para que todo el mundo lo entendiese. Entonces fueron a Pilatos y le dijeron, «Oiga, hay que cambiar ese letrero. No sea que alguien crea que Él era eso». Y ahí, Pilatos se convirtió en un tremendo hombre de autoridad y dijo «Quod scripsi, scripsi» Lo escrito qué no lo toque nadie. Nadie lo tocó, claro. Ahí sí mucha autoridad, pero en lo otro, nada.

Cuando ya vieron a este Pilatos que está en esta actitud psicológica, le arrancan un centurión, con seguramente diez soldados. Era como estaba dividido el ejército romano. Un centurión mandaba cien hombres y cada diez hombres, los mandaba un decurión. Entonces seguramente fue un centurión con un decurión y diez soldados a guardar la tumba. Porque aquel hombre dijo, le decían a Pilatos... Qué dinero le darían, cómo lo tendrían atrapado para que Pilatos accediera a esto, darles un centurión y diez soldados para que cuiden la tumba... «Pero qué tontería, pero, ¿no murió? Resucitar, eso es una idiotez». Ah, pues los enemigos, «idiotez, nada, este hombre era muy grande. Este hombre era muy especial. Que dijo que iba a resucitar al tercer día. Y a nosotros no se nos quita de arriba esta preocupación, porque como ocurra algo en el sepulcro que pueda dar pie a que resucitó, estamos perdidos». Y logran el centurión y los soldados. Y allí van el sábado a custodiar la tumba. Claro, les dirían tres días, pero los que hicieran falta. Si hubiera pasado más tiempo...

Y entonces, ¿pues, qué ocurrió en la Resurrección? Conviene tener estas ideas bien claras, porque a veces la gente tiene dudas. Murió, Cristo, pero ¿no era Dios? ¿Entonces murió la divinidad? No, no. Cristo era Dios y Hombre. Y como Hombre tenía una naturaleza completa de un cuerpo y un alma. Y la muerte de Cristo es la separación como en toda persona que muere, la separación del alma y el cuerpo. Pero el alma y el cuerpo de Cristo seguían unidos a la divinidad siempre. Desde el momento de la Encarnación, la divinidad se unió con ese cuerpo y con esa alma humana de Cristo y por eso el cadáver de Cristo era un cadáver divino. Los ángeles lo estaban venerando en el sepulcro, y el alma. Tenía la divinidad con ella en el seno de Abraham. Y entonces, ¿qué ocurrió en la Resurrección? que el alma humana de Cristo volvió a entrar a informar el cadáver divino de Cristo. Fíjense, Jesucristo dijo al tercer día, y de hecho Cristo no estuvo muerto más que día y medio. Pero estuvo horas de tres días. Porque Cristo murió a las tres de la tarde del viernes. Lo dice San Juan que estaba allí presente. Eran las tres de la tarde. Dios quiso acompañar la muerte de Cristo con dos fenómenos fantásticos. Uno de tipo cósmico y otro de tipo religioso. De tipo cósmico, dice que eran las tres de la tarde y se eclipsó el sol cuando murió Jesús. El sol tomó parte en la muerte de Cristo, la creación entera, porque era el Rey de la Creación, el Dios de la Creación. Y otro fenómeno de tipo religioso tremendo. Y el velo del templo se hizo añicos de repente, Fíjense lo que quiere decir. Se acabó el Antiguo Testamento, ya todo es el Nuevo. Como cuando en una obra, se termina, se quitan los andamios. El Antiguo Testamento fue como los andamios para preparar el Nuevo Testamento, que es la Iglesia. Una vez que viene Jesucristo, lo antiguo no vale nada, más que como preparación, símbolo, como recuerdo, como inspiración. Todo muy bien. Pero está todo en el Nuevo.

El alma humana de Cristo entra en el cuerpo de Cristo, se produce aquella explosión de luz y de movimiento que hace que la piedra que cubría la entrada del sepulcro se corriera. El centurión y los soldados que están allí inmediatamente entran en la tumba, que era una pequeña capilla, y allí no hay nada. Y allí no ha pasado nada. La sábana estaba caída, el lienzo que le habían puesto sobre la cara está allí, las monedas que le habían puesto en los ojos estaban allí, las vendas con que habían envuelto algunas de las heridas, que no había quedado bien y por eso María Magdalena tiene que volver porque aquello no quedó bien, todo estaba allí. Claro, ellos no vieron a Jesucristo resucitar. No tenían por qué verle. Resucitó, Cristo no está allí. Resucitó Jesucristo. Qué maravilla para nuestra fe que sean unos paganos los que dicen la primera verdad sobre la que se basa... El centurión y los soldados claro, como ellos también creían en ídolos y dioses falsos, pues dicen: «Aquel hombre era Dios, resucitó. Allí no entró nadie, allí no lo tocó nadie, allí nadie intervino, y desapareció, pues resucitó».

Resucitó Jesucristo, fabulosa verdad. Fabuloso éxito. El triunfo del plan de Dios. El Hijo, con mayúscula, está lográndolo ya todo para bien de todos los hijos con minúscula. Para que resucitemos con Él. Y ahora, ¿dónde va Jesucristo resucitado? Como les decía, podía haber ido, obvio, al cielo. Bueno, pues no. San Ignacio, católico de familia, de origen, de sabor, lo que le oyó a su madre siempre, lo que oyó en la parroquia de Azpeitia siempre, lo que oyó siempre después en Arévalo, que Cristo apenas resucitado lo primero que hizo fue ir a ver a su santísima madre. El año pasado Juan Pablo II el día de Pascua, en la Homilía, dijo esto... «Cristo resucitó y.... lo primero que hizo fue a ver a su santísima madre». Los protestantes, protestaron. De una manera furiosa. «¿De dónde saca el Papa eso, si eso no está en el Evangelio? ¿Cómo se le ocurre decir públicamente así que Cristo apenas resucitó fue a ver a la Virgen?» El miércoles siguiente en su plática dijo: «Ha habido algunos que han protestado. Es verdad que no está en el Evangelio, pero está en toda la tradición de la Iglesia y miren, San Ignacio de Loyola lo dice en los Ejercicios. Y a mí me basta San Ignacio», dijo el Papa. Claro, ¿por qué no está en los Evangelios? Porque la Resurrección de Cristo en los Evangelios está dicha de una manera que se dice apologética. Es decir, Cristo murió. Ahora hay que probar que resucitó. Argumentos: La madre lo vio. Eso no vale, porque la madre, claro, como es madre tenía tantas ganas de verle... ¿A quién hay que poner como testigo de que resucitó Cristo? A María Magdalena que busca un cadáver, a los de Emaus que se han olvidado de todo, a Tomás que no cree.

Cuando los teólogos de Salamanca, los Dominicos de San Esteban, hombres grandes y maravillosos estudiaron el libro de los Ejercicios, le preguntaron con mucha prudencia y muy bien, «usted dice con toda certeza que Cristo apenas resucitado lo primero que hizo fue ir a ver a su santísima madre. ¿De dónde saca usted eso?». Y dijo él: «Del sentido común. ¿A dónde iba a ir? Los teológos se rieron y le aceptaron todo, eran espanoles y pensaban todos lo mismo. Pero, claro, la pregunta era capciosa porque era con la idea de ver si decía me lo reveló el Espíritu Santo. Entonces como los iluminados famosos que estaban siempre como una sombra que amenazaba a la fe. «Del sentido común».

Pues, les dejo a ustedes, porque qué voy a decir yo de esto. ¿Qué significaría aquel abrazo de Jesucristo a la Virgen? Resucitado y señor de todo. «Se me ha dado todo el poder en el Cielo y en la Tierra. Vengo a darte las gracias, madre queridísima por haber sido tan grande. Cuánto me ayudaste al pie de la cruz. Te tenía por grande, pero no tanto. Gracias, gracias, María. Gracias, madre, gracias». Qué encuentro. La verdad que la Virgen no muriera de éxtasis es un milagro de Dios. Porque acuérdense como Teresa le decía a Dios, «No me hagas eso, no me hagas eso. No, no me hagas caer en éxtasis delante de la gente que crean que a lo mejor crean que yo soy buena». El Espíritu Santo la arrebataba de vez en cuando y Teresa se elevaba en el aire. Y María, el momento en que María abrazó al niño recién nacido... ya se pueden imaginar, qué éxtasis. Lo primero que haría... qué lucha en el corazón de ella. Porque por una parte, primero adorarle. «Es Dios». Y le miraba «y es mi hijo» y tenía sus ojos puestos en Él. ¡Que momento!

Pues, ahora, podemos suponer, con toda razón, que Cristo le diría a la Virgen lo que ella iba a ser en la Iglesia, la importancia que tenía ella para toda la Iglesia. Y por lo tanto cómo iba a ser la Madre de la Iglesia, y como a las madres siempre se les pide el total sacrificio, pues «Madre, tú tienes que quedarte aquí todavía. No puedes venir conmigo todavía, porque mira cómo están estos pobres apóstoles. Tienes que confirmarlos en la fe. Tienes que hacer como la gallina que recoge a los polluelos aterrados. Acógelos bajo tus alas otra vez. Tienes que quedarte aquí». Y va a ser ella la que orando trae al Espíritu Santo. María, en la obra de Cristo. Los dos plenamente dedicados a la Iglesia, que es a nosotros, a salvarnos, a amarnos, a hacernos hijos de Dios por el tiempo y por toda la eternidad.

Allá en el claustro de Silos, en el famoso Monasterio de Silos, hay una escultura que a mí me impresionó mucho. Es el momento de la ascensión al cielo de Cristo. Y ya de Cristo sólo se ven los pies, la nube le cubre la cara. Están todos allí, los apóstoles con la Virgen y San Juan coge del brazo a la Virgen y le tira para abajo, como diciendo, «No te vayas tú también. Por favor, quédate tú con nosotros que si se va Él y te vas tú, nos quedamos sin nada. Quédate». Qué bonita idea, yo digo pero ¿quién sería el artista que tuvo esto? Qué teología encerró aquí. Cogiéndola a la Virgen por el brazo San Juan y diciendo: «Tú no te vayas también, quédate con nosotros». Entonces María se queda con nosotros y va a estar siempre con nosotros. Y va a estar en todos los momentos difíciles de la historia del hombre. Y va a estar para acabar con el comunismo en Fátima, y va a estar en Lourdes, y va a estar en tantos sitios visiblemente. Pero, realmente, con todos nosotros siempre. Nuestra madre. Pues ahí, Cristo le confirma, una vez resucitado que esa es su tarea, ser madre de todos nosotros.

Y ya una vez que está con la Virgen, y fíjense lo que encierra de verdad el hecho de que María no va a la tumba. Cuántas veces le diría María Magdalena «vamos, vamos». «Pero que mi hijo va a resucitar, que lo dijo». «La pobre, cree que va a resucitar, déjala, déjala tranquila». Ellas, allá, con un gesto admirable, femenino, que ustedes tienen y que si lo aprovechan para Dios es una cualidad única. Si no hubiera sido por la mujeres, la humanidad se hubiera quedado a la muerte de

Cristo horriblemente representada. Nadie dio la cara por Él. Sólo las mujeres. Murió, como ya murió no hay nada que hacer. A ningún apostol le importó ya lo que iba a pasar. El amor masculino es más intelectual, más egoísta, más si conviene. El amor de una mujer es desinteresado, noble, puro, limpio, grande. Por eso cuando una mujer ama bien, puede llegar a hacer cosas increíbles. Y cuando ama mal, qué peligro! María Magdalena ha perdido la fe, pero no el amor. «Él era muy bueno y Él fue muy bueno, y por lo tanto hay que estar con Él. Y no quedó bien ungido». «Pero resucitó». «No, de resucitar nada, eso se perdió, eso no importa, Él fue bueno, Él me quiso, yo le quiero». Y sin ningún interés, en agradecimiento. Esto es muy grande de ustedes. Por eso si ustedes enfocan así la vida, a las hermanas, a las personas, y sobre todo a Cristo, llegan a tener alma de santas las mujeres. Y yo le digo a todas las madres que todas van al Cielo. Porque una buena madre, viviendo para sus hijos, yo que las veo, porque claro, el tiempo pues enseña mucho en la vida. Yo que las conocí jovencitas, yo que las casé y después han tenido hijos y ya hoy son abuelas, y toda la vida dedicada a la familia... todas al Cielo, todas al Cielo. Porque aman sin interés. Esta es una cualidad femenina, maravillosa, y por eso hay tantas santas que han descubierto en ese Dios, en ese Cristo, ese clima de amor que es el de Dios, sin interés, sin egoísmo, por amar. Gozar amando.

Así se despide Jesús de la Virgen y ahora viene la cosa. Después de la Virgen, antes que Pedro, la pecadora pública, María Magdalena. Que apenas amanece el domingo corre a la tumba porque aquello no había quedado bien. Ella le había lavado las manos a Cristo, el cadáver. Pero las heridas se podían ungir mejor, quedar mejor, poner gasas más suaves, y allá va con todo ese material a ungir el cadáver bien. Con todas las compañeras. Ella de líder, era líder porque a ella le había perdonado tanto Jesucristo. Y allá va, tambien la cosa femenina. «¿Quién nos quitará la losa del sepulcro?» Pero allá van, para adelante. Los hombres hubieran dicho: «Cuántos hacemos falta para quitar la losa. Cuatro, hasta que no encontremos al quinto, para qué ir». Esto es la lógica. Las mujeres, «¿Quién nos quitará la lápida?» para adelante. Y cuando llegan allá la lápida estaba corrida y todo intacto. Y ahora a buscarlo, a llorar. Era una propiedad donde estaba el sepulcro que se parece mucho al terreno de aquí y, por ejemplo de toda esta parte de Madrid y Ávila. Muchas piedras y muchas matas así que son un poco de tierra desértica. Jerusalén es muy parecido... por eso dicen que los judíos en España se sentían muy bien en Toledo y por ahí en Ávila, porque era muy parecido el terreno. Entonces esta propiedad estaba en un sitio que tenía piedras así grandes, matas, árido y María Magdalena en seguida que ve que Cristo no está en el sepulcro busca por allí por las matas, por las piedras, a ver si lo han dejado allí, o se lo habrán llevado y estará por aquí. Llorando, amando...

Un trabajador del campo que va disfrazado perfectamente, que por eso a lo mejor llevaba una azada, una pala algo así como para trabajar en algo. A lo mejor una regadera para regar algo, una cosa así... un trabajador del campo. Cristo disfrazado para dar una sorpresa agradabilísima a su amiga María Magdalena. Y que espere su Padre en el Cielo, que ahora tiene que estar con María Magdalena que es muy importante «porque me ha querido mucho». «Señora, ¿por qué llora, a quién busca?». «Oiga, si usted sabe dónde lo han puesto, dígamelo para que yo vaya y le unja, que no quedó bien ungido». Y el jardinero la mira, se quita el disfraz –parece que Cristo sabía cambiar de voz, según le convenía– tenía ese don, porque a los de Emaus los tiene horas entretenidos y no le conocen. Entonces, cuando ya no puede más porque la ve llorar otra vez, como Marta y María, «María», con el tono de voz de Jesús, cargada la voz de amor, de gratitud... «María». Figúrense, el sonido llega antes que el concepto, primero llegó el sonido, «si parece la voz de Él» . Cuando mira para atrás lo ve sonriente, desde donde estaba se tiró a los pies de Él, le empezó a besar los pies, a apretar las piernas, con tal fuerza que dice: «No aprietes tanto que no me voy a escapar, voy a estar con vosotros». Cómo se le va a olvidar esto a María Magdalena. Cristo, ¿de qué le habló a María Magdalena? «Gracias, María Magdalena, tú me limpiaste el rostro, acompañaste a mi madre, que me diste tanta fuerza para estar en la cruz, que después me enterraste, gracias por haber venido aquí. Pero, mira, yo te había dicho que yo iba a resucitar». Figúrense, María Magdalena ¿cómo se quedaría? Santa María Magdalena para siempre. Quiso recogerse por toda la vida según dice la tradición que se hizo como monja anacoreta para no perder como quien dice por todo el resto de su vida aquella emoción y aquel encuentro con Cristo resucitado y vivir nada más para amarle siempre.

Y ahora, sabemos que viene lo demás. Allá llegan las piadosas mujeres que han visto al ángel y llegan al cenáculo y allí se arma una rebambaramba espantosa, porque los apóstoles estaban trancados por dentro y el sábado no había problema porque era día de fiesta y la policía no entraba. Pero, qué pasará el domingo. Cuando el domingo oyen que a la puerta tocan y gritos, seguro que desde la ventana dijeron, «váyanse de aquí, no alboroten», por miedo que vinieran a cogerlos. Al fin, como no se iban a ir porque llevaban una noticia tremenda, y hay que ver también que a la mujer le gusta dar una noticia que nadie sepa, «Te enteraste», eso es un privilegio. «Te enteraste». Bueno, resulta que el ángel les dijo a las mujeres: «Vayan donde los apóstoles y díganles que resucitado está y en particular díganselo a Pedro». Eso les dijo el ángel. Y llegaron allí y Pedro estaba confundido como todos y desbaratado como todos, y todavía más. Entonces, pues, llegan allí y dicen: «Pedro, el ángel dijo que te lo dijéramos a ti». «¿A mí?» «Si, a ti, a ti» «¿Y a algún otro?» «A ningún otro, no mencionaron más nombre que el tuyo». Ah, entonces aquí puede haber algo de verdad. Esto puede ser verosímil. Y Pedro, tan tremendo, le dice a Juan, «¿Por qué no vamos juntos a ver qué pasa? ¿A ver qué pasa?» Y allá fueron y dice San Juan que cuando vieron aquello, nunca se ha podido explicar bien qué quiere decir «aquello». Si fuera verdad lo de la Sábana Santa que parece muy verosímil, pues aquello quiere decir que allí no hubo ninguna violencia. Que la sábana estaba allí, que Cristo atravesó la sábana. Todo estaba allí. Y al ver aquello, creyeron, porque habían perdido la fe. Y entonces creyeron. Y ahora vuelven por separado. Muchos autores dicen que lo más probable es que en Jerusalén se había dado una ley marcial de que no se reuniera ningún hombre con otro. Tenían miedo a que hubiera una revuelta popular a favor de Jesucristo, porque lo habían matado clandestinamente. Entonces había que cuidar. Y por eso, Pedro va por un lado,

Juan por otro. Por distintas puertas de la muralla, porque el sepulcro está pegado a la muralla, pero por fuera.

Bueno, el Calvario, ya saben ustedes lo que era, un basurero de la ciudad. Allí crucificaron a Jesucristo, en el basurero. Donde se tiraba todo. Volvieron, y por el camino, separados uno de otro, pues fue donde Cristo se le aparece a Pedro. Un encuentro tremendo también. Fabuloso. Cómo fue no sabemos, bueno, podemos imaginarlo. Quizás Cristo dice: «Un momentico, ¿quién es usted? Identifíquese». «Yo soy un Galileo». «¿Y qué hace usted aquí?» «Bueno, vine a la Pascua». «Bueno, pero usted tiene alguna... su nombre, dirección». Temblando él, «Mi madre, ahora me vienen a coger a mí como cogieron a Cristo». Y entonces, Cristo le da un abrazo y le dice «Tú eres Pedro. Pedro, tú que eres el valiente, vete y da ánimo a tus hermanos, confirma fratres tuos». Figúrense qué saludo. ¿Le habla algo de la negación? Nada... «Tú eres el valiente, tú tienes una misión».

Qué grande es Juan Pablo II. Cuando visita un país, en la reunión de los Obispos, la más importante, siempre empieza con estas palabras: «Yo que he sido llamado por Cristo a confirmaros en la fe». Y cita la frase de Cristo a Pedro, «Confirma fratres tuos», les vengo a decir, tal y tal, y tal. Figúrense ustedes, llegó Pedro al cenáculo. De una patada abrió la puerta. Sí. «Pero, qué pasa aquí, miedosos. Pero si ocurrió lo que tenía que ocurrir. Resucitó. Me vino a ver y sepan ustedes» (porque claro cuando empezó aquello de las mujeres que si había resucitado o no, es muy fácil que entre todos los apóstoles empezara a surgir el rumor, bueno, pues si esto fuera verdad ¿qué pasará?, porque yo corrí, pero hubo quien lo negó y eso se lo dijeron en alta voz a espaldas de San Pedro, para que lo oyera, «hubo quien le negó», como diciendo esto necesita revisión). Pero, amigos, entra Pedro y dice, «Por si acaso alguien ha tenido algún mal pensamiento, que se lo quite en seguida, porque me ha dicho que los confirme en la fe. Aquí no hay más roca que Simón Pedro». Bueno, pues algo tenía Pedro de mágico que todo el mundo ya creyó, y todo el mundo aceptó y todo el mundo se confirmó en la fe.

Figúrense todo esto no tiene fin porque es la tarea de nuestras contemplaciones durante todo el año litúrgico, pero hay cosas tan bonitas. Un recuerdo sólo por decir... El problema de Tomás. Se hubiera perdido si no vuelve a la comunidad. Cristo no se apareció a ningún apóstol solo, fuera de Pedro. A los demás, en comunidad, en comunidad, en comunidad. Ahí es donde estaba Él y era lo que Él quería de todos, una comunidad. Y entonces, cuando Tomás no va a la reunión de la comunidad no lo ve. Por suerte, Pedro quizás un día lo cogió del brazo y le dijo: «Pues hoy vienes con nosotros». Y se reunirían a orar, a rezar, y lograron llevarlo a la fuerza. Y, claro, cuando estaban ya en comunidad, todos orarían, «Señor, ven ahora que éste es el momento, porque Tomás se ha reído de nosotros». Tomás era el más preparado intelectualmente, y eso le llevó a la tentación de despreciar a los demás. «Estos, están todos engañados. Miren ustedes, si yo no meto los dedos –porque cuando le dijeron, pero si es Él, trae las huellas en las manos y trae las huellas en los pies– se echó a reír. «Qué gracioso está eso. Pues díganle que se me presente, y cuando yo meta mis dedos en sus llagas, en sus heridas, y la mano en el costado... entonces creeré». Y se reía de ellos. Y no iba ya con ellos, se alejó de la comunidad, se alejó de Cristo. Hay cosas que Cristo quiere en comunidad, y gracias que da, en comunidad. Y fuera de la comunidad no las da. Es el plan de Él que es libre para dar la gracia como Él quiera. A los apóstoles era en comunidad. Y por eso, salió Judas de la comunidad y ni presenció la Eucaristía. Se acabó. Se quedó sin comunión. Tomás, se va de la comunidad, pierde la fe en Cristo resucitado. Le logran llevar a la comunidad y Cristo por la comunidad –Tomás no se merecía nada, pero la comunidad sí. Y la comunidad había pedido «Que no se pierda Tomás, que Tomás sea de la comunidad, que sea de los nuestros». Ustedes se tienen que querer tanto como comunidad, como hermanas, todas son tan importantes que todas son necesarias. Si me falta una, nos falta todo, porque somos una piña, somos un racimo, nos quiere así Jesucristo. «Mi rebañito, mi comunidad, mi familia».

Pues Cristo por la comunidad viene y se aparece a la comunidad. Y allí está Tomás. Y, claro, Tomás en seguida trató de ocultarse y de irse a un rincón. Pero Cristo le dijo: «Tomás, ven, ven». Y es la única vez que vemos a Cristo serio. Porque le dice, «Tomás, ven. Tú me has puesto unas condiciones que hay que cumplirlas, amigo. Tú dijiste que no creías si no metías los dedos, si no metías la mano. Ven». Figúrense todo el mundo dándose con el codo. Pedro allí... «A ver, trae la mano». Y cuando ya le quiere coger la mano para metérsela en el costado, Tomás cae hecho un mar de lágrimas, cae al suelo, «Señor mío y Dios mío». Y Cristo le dice, «Tomás, porque has visto y tocado crees. Esto no tiene mérito. Hay que creer sin ver, por la palabra mía. Hay que creerme a mí». Y ahora ya un abrazo tremendo que le da Jesucristo a Tomás, todos se abrazan y todo ya de vuelta otra vez. Cristo con los apóstoles.

Y finalmente, si quieren, pues vean también esa escena tan maravillosa. Cristo resucitado, cocinando para los apóstoles. Una de las cosas más auténticas que se conservan en Tierra Santa es la roca en que Cristo se puso cuando los apóstoles habían estado pescando y no habían pescado nada, y desde aquella roca, Cristo les dice: «Muchachos». Es la primera vez que Cristo llama «Muchachos»... Porque seguramente Pedro y Juan a lo mejor tenían diecisiete años, dieciocho años, cuando siguieron a Cristo. «Muchachos, habéis pescado algo?» «Nada». Estaban en total desolación. «¿Por qué no tiráis la red a la derecha?» Figúrense cuando Pedro oyó aquello pensó: «Y ese estúpido quién es? ¿A qué viene esa tontería?» El que era experto, había tirado a la derecha, por delante, por detrás. Pero allí estaba Juan, Juan el bueno. Y Juan le dice a Pedro, «¿Pero qué más te da? Si vas a tirarla, tírala a la derecha ya que él dijo eso». No sabían quién era. Juan siempre era el bondadoso. Las cartas todas las firma en diminutivo, «hijitos míos».

Entonces Juan le dijo «Tírala a la derecha ¿qué más da?» Y Pedro, de mal humor, la tira a la derecha. Pero cuando tira la red, resulta que viene un banco enorme de peces grandes, entran en la red y son tantos que arrastran la barca. Y Juan, el Águila, mira así y dice... «Ése es Jesús, ése es Jesús». Juan lo dijo, pero Pedro al mar. Deja todo, se zambulle. Pedro debía nadar como un pez, porque Pedro nació en Cafarnaún. La casa de Pedro donde Cristo vivió muchas veces está del lago, a menos distancia de lo que es el patio del Cerro. Menos, menos de una manzana. De modo que Pedrito, de niño siempre en el lago.

Desde niño nadando como un patico. Y por lo tanto nadaba, fue por debajo del agua, subió a la roca donde estaba Jesús... Hoy están todavía allí, hay unos peldaños por donde bajaban los pescadores, y allí es donde Cristo estuvo. Y eso se conserva intacto. Cosas emocionantísimas. Entonces, Cristo estaba allí, sonriente. Cuando llega Pedro chapoteando, ve que Cristo tenía preparadas ya unas brasas para asar los peces. Y cuando llegaron todos, Cristo cogía los peces, los abría, los asaba. «Mira, este es muy bueno, mira este trozo». Y Juan dice, «Estábamos viendo aquello y nos parecía imposible que aquello fuera verdad. Pero era verdad. Era Él, era Él». Él, asando peces, para sus apóstoles que estaban con hambre. Y el Padre que espere en el Cielo que Él está con sus amigos. Y así, allí fue donde le echó los brazos a Pedro, lo llamó aparte. «Pedro, me amas». «Claro». «Pedro, me amas, ¿me vas a amar siempre?» «Claro». Tercera vez, «¿Siempre, siempre?» Y Pedro ya tembló. Se quedó el pobrecito por dentro, diciendo... «¿Ay, mi madre, habrá aquí gallo oculto? Porque cuando canta el gallo dos veces». Se quedó triste y con una sinceridad fantástica le dijo, «Maestro, no hace falta que yo hable, porque Tú ves el corazón y Tú ves que yo te amo». «Apacienta mis corderos y mis ovejas».

Y así estuvieron hasta que a los cuarenta días reunió unas quinientas personas... algunos dicen «pero, no llamaban la atención quinientas personas en Getsamaní». Porque Cristo quiso subir al Cielo y yo pienso, a mí me da devoción pensarlo, donde de verdad se lo ganó. En Getsemaní. Porque allí fue donde Él le dijo al Padre: «No se haga mi voluntad, sino la tuya». Lo demás, ya fue todo. Cristo se ganó todo el mérito humano, todo divinizado en Getsemaní cuando hizo aquella oración tan maravillosa... «Padre mío, si fuera posible que yo no tuviera que sufrir tanto. Pero esto no importa, lo que importa es tu voluntad». Ahí, ahí se lo ganó. Y el lugar donde la tradición dice que Cristo subió al Cielo está a muy pocos metros, cien metros, doscientos metros, de donde está la piedra en que se dice que sudó sangre, que hoy está dentro de una Iglesia, delante de un altar. Y allí quiso Cristo reunir a quinientas personas. Y ¿quinientas personas no llamaban la atención? No, quinientas personas en Jerusalén no era nada, porque Jerusalén era ciudad de peregrinaciones constantes de miles de personas, porque iban al templo todos a todos los sacrificios. Es como quinientas personas en Lourdes. Nada. En Lourdes, miles de personas. Yo no he estado más que una vez y había más de cien mil personas. En Lourdes. Claro, quinientas personas, nada.

Y allí estaban con María y Cristo los bendice y comienza a elevarse, y comienza a elevarse. Y ellos mirando, ellos mirando y Cristo subiendo, Cristo subiendo. Y ya cuando se ve un bulto chiquito, una nube que se interpone, pero todos siguen mirando, todos siguen mirando. Y pasa una hora y siguen mirando, y pasa otra hora y siguen mirando. Están hipnotizados, es natural. Y en esto aquellos dos ángeles: «Galileos, no sigan mirando al Cielo. Este Jesús que habéis visto subir, un día bajará rodeado con gran potestad para juzgar a todos. Ahora, esperar lo que Él les ha prometido. El Espíritu Santo que os enviará». Y la primera que obedeció fue la Virgen. Arrancándose con el valor de siempre, con la generosidad de siempre. Y Cristo siguió subiendo.

Hay un Salmo, como ustedes lo conocen, que pinta la, entrada triunfal de Cristo en el Cielo, todas las almas que van con Él, desde Adán y Eva, los santos padres dicen que nuestros primeros padres, después de mucha penitencia, después de muchas lágrimas se salvaron. Sería muy triste que Adán y Eva no se hubieran salvado. Porque desde Adán y Eva todas las almas, todos los niños, todos, tanta gente buena, todos acompañaban a Cristo al cielo. Por supuesto, figúrense, San José allá estaba. Y dicen los ángeles que lo acompañaban, «Abrid las puertas eternales para que entre el Rey de la Gloria». Y que desde dentro contestaban, «¿Quién es el Rey de la Gloria?» «El vencedor de la muerte, el vencedor del pecado, el que con su sangre ha redimido a la humanidad». Y entonces, se abrieron las puertas del Cielo y Cristo entró triunfante y fue subiendo, y fue subiendo y llegó al trono de Dios «et sedet ad desteram patris» y el Padre lo sentó a su derecha con igual poder que Él. Un Hombre con manos heridas, con ojos de carne, con corazón de carne, a la derecha del Padre, con todo el poder, ¿haciendo qué? «Hijitos míos, dice San Juan en su última carta, no pequéis. Pero si alguno lo hace por debilidad, nunca pierdan la esperanza, porque tenemos un abogado ante el Padre, que está intercediendo siempre por nosotros. Cristo, nuestro abogado delante del Padre. No se pongan tristes porque me voy. Si yo no voy no podeis venir vosotros. Voy a prepararos el lugar».

Y Cristo, en el Cielo desde donde nos ve y nos sigue desde que nos levantamos por la mañana, y siente... «Mira lo que ha hecho por mí, por mí ha hecho esto, por mí ha hecho esto». Y lleva cuenta de todo lo que hacemos por Él. Y está entusiasmado porque está diciendo «Pa' arriba, pa' arriba». Y una vida como la nuestra, con todas las imperfecciones, pero con la entrega que queremos y con la confianza y el amor que tenemos en Él, pues nos quedaremos asombrados, hermanas, cuando Cristo nos reciba y diga «Mira, éste es tu palacio». Dios mío, ¿cómo yo me merecía esto?» «Si tú has hecho tantos actos de amor, si tú has hecho tantos actos de sacrificio, si tú me has querido tanto, si tú te has ofrecido tantas veces por los pecadores, si tú has hecho tanto por mi Iglesia, si ... Esa es nuestra Patria, esa es nuestra familia. Ese en nuestro destino.

Plaza de la Evangelización de la Casa de Ejercicios Espirituales, Juan Pablo II de la Agrupación Católica Universitaria, Miami.

XIII

CONTEMPLACIÓN PARA ALCANZAR AMOR.
TOMAD, SEÑOR Y RECIBID.

Queridísimas madres y hermanas, realmente si alguna vez salió espontáneo el decir que me hubiera encantado mucho más estar yo de ese lado y oír a alguna de ustedes que viniera aquí a hablar, eso, muchísimo más en esta última meditación, donde hay que tocar ciertos detalles que rozan con la contemplación, con la mística, y en la que ustedes a mi lado son maestras y ejemplo, y yo un mero observador, por así decirlo. Si hemos pedido la ayuda del Espíritu Santo siempre, pues de un modo especial en esta meditación, que es un poquito más difícil diríamos en algún sentido, pero que hecha con el espíritu con que la vamos a hacer, yo estoy seguro que Dios nos va a ayudar y, en particular, San Juan de la Cruz, maestro de la vida mística y de la vida contemplativa. Por otro lado me consuela que es la última, y que con eso ya ustedes van a estar tranquilas porque deben estar mareadas y diciendo «Dios nos libre». De modo que, no se preocupen que ya es la última.

Esta meditación con la que San Ignacio termina efectivamente, tiene algo nuevo, distinto de todos los demás Ejercicios. Se sale del marco ordinario. Como les decía, tiene algo de toque místico, y San Ignacio se consideró llamado por Dios para enseñar la ascética. Todos los Ejercicios, aunque estas cosas no tienen una línea inseparable, por supuesto, porque es la vida divina, todo lo demás, pero el método o sistema, efectivamente es ascético. Es decir, Ignacio responde a esta pregunta: ¿Qué tengo yo que hacer para ser santo? Dice, haz esto, haz esto y haz esto. Es lo que tú tienes que hacer, por supuesto, con la gracia divina, con la ayuda de Dios, con todo lo demás. Pero es lo que tú puedes hacer, lo que todos podemos hacer. Lo que está al alcance de todos de acuerdo como Dios nos creó, de acuerdo con las cualidades que nos ha dado, los talentos que nos dio, a todos. Como saben, en la vida espiritual se distinguen de una manera así, simple, porque cuando las cosas se profundizan todas se complican más, por así decirlo. Pero cuando la gente pregunta, bueno ¿cuál es la diferencia entre ascética y mística? Pues yo siempre les digo «Mira, vete a Santa Teresa, que lo explica de una manera tan gráfica que una vez que lo diga... ya está entendido».

Cuando Teresa decía «Nuestro jardín se puede tener verde, con flores, con rosales, ¿cómo? Sacando con la polea y el cubo el agua del pozo, y cargando el agua, y llevándola y regando y sudando y cansándonos». Y ahí está la polea y ahí está el pozo, que siempre había en los monasterios y los hay en los claustros de todos los conventos. El agua era lo primero. El pozo. Y entonces riégalo. Pero claro, riégalo es sácala, cárgala, llévala, riega, suda, trabaja, esa es la ascética. Pero con esa ascética el jardín está muy bien. Y eso está al alcance de todos y todos lo podemos hacer, sudando.

¿Qué es la mística? Cuando Dios llueve, entonces figúrense, llueve y el jardín es una maravilla, todo lo recibe, todo lo agradece, y claro, nadie suple al regador del Cielo. De modo que cuando Dios quiere dar gracias simples, grandes, extraordinarias, de la mística, el campo de Dios. Ignacio no se creyó llamado por Dios, no sintió esa inspiración, ese carisma, de hablar como quien dice de las cosas que vengan directamente o sólo de Dios, pues como quien dice, yo no le voy a ir a dar lecciones a Dios. Él sabe lo que hace con cada alma, lo que quiere. La cosa es que el alma se abra y se entregue y se sacrifique para que Dios pueda trabajar en ella. Entonces él más bien es de la parte ascética, qué tenemos que hacer nosotros. Sabemos hoy, que Ignacio vivió los últimos años de su vida, muchos de ellos en la Séptima Morada, pero nunca habló de nada de eso. No sólo no habló sino que ocurrió como algunas de ustedes quizás hayan leído en su vida, ocurrió algo para los especialistas en San Ignacio, terrible, dramático. Y fue que San Ignacio cuando se sintió enfermo y presintió que Dios le llamaba, le dijo al Padre Polanco, su secretario, «Padre, me hace el favor de ir al Santo Padre y pedirle la indulgencia plenaria para mí, la indulgencia a la hora de la muerte». Siempre el católico Ignacio.

«Pero, Padre», le dice el Padre Polanco, porque Ignacio no estaba tan grave como para eso. Pero el santo le respondió: «Padre, es una devoción mía, se lo suplico». Y, efectivamente, el famoso Padre Polanco, que logró ser el intérprete tan maravilloso de San Ignacio, que lo que escribía el Padre Polanco lo firmaba Ignacio diciendo «Usted lo ha dicho mejor que yo». Se lograron compenetrar de tal manera que era, realmente, un segundo San Ignacio en su modo de escribir, pensar, hablar, había una unión muy grande entre ellos.

Y el Padre Polanco fue al Santo Padre, que estaba allí al lado, y el Santo Padre, dice «Pero, ¿cómo? ¿El Padre Ignacio está enfermo? ¿Cómo me dice eso?» «Bueno, es él quien me lo pidió». Y dice el Papa, «Hombre, claro, dígale que le concedo la indulgencia, todo, pero por Dios que no se nos muera». Vino el Padre Polanco y le dijo «El Santo Padre le ha dado la bendición, le ha dado la indulgencia». Y entonces, se quedó tan contento San Ignacio, y llamó al hermano enfermero y le dijo, «Hermano, todos los papeles que hay en esas gavetas», había unas gavetas allí, «quémelos». Y el hermano obedeció, quemó todo, y le dijo al hermano enfermero, «No se ocupe de mí, que yo estoy bien, atienda a los otros enfermos». Había dos o tres enfermos en la enfermería... «Yo no tengo necesidad, hermano, de que se preocupe de mí. Cuide a los otros enfermos». Y en una de estas, cuando el hermano enfermero entra en el cuarto de él, ya había muerto. Murió solo, sin nadie, como San Francisco Javier. Morimos todos solos, nacemos solos y morimos solos, con Dios. Porque no importa que haya cinco alrededor de tu cama; en ese grado de enfermedad seguramente el enfermo ni capta nada, ni cae en la cuenta de nada. ¿Con quién estamos en ese momento? Con Dios. Si hemos puesto la vida en Él y se la hemos dedicado a Él, pues ahí estamos, con Él.

A Ignacio, lo encontró muerto el hermano. Entonces, anunció «Murió el Padre Ignacio». y Polanco inmediatamente a la gaveta. Porque allí estaba todo el diario espiritual de Ignacio como de muchos años. Las gracias que había recibido de Dios, todas místicas. Y cuando se encuentra con que está vacío aquello, «Pero, hermano ¿dónde está lo que había aquí?». «Me mandó que lo quemara». «¿Pero, cómo hizo usted eso?» «Él me mandó y yo qué iba a hacer. Lo quemé». Fueron corriendo todavía al lugar donde lo había quemado para ver si se podía rescatar algo, porque a veces cuando se queman muchos papeles juntos, quedan algunos. De dos o tres papeles que quedaron sin quemar del todo, los expertos dedujeron que San Ignacio estaba viviendo en la Séptima Morada. Pero eso era asunto privado de él y entre Dios y él. Dios no lo llamaba para hablarle de eso a él. Lo había llamado para la ascética. Para decir cómo regar el jardín, con el trabajo propio. Eso era lo de él, eso era pragmático. Entonces pues todos los Ejercicios están más bien enfocados a la ascética, en ese sentido.

Hay una realidad muy interesante. A todo el que se canoniza se le canoniza por la ascética, no por la mística. A nadie se le canoniza por haber tenido visiones, ni éxtasis, sino por haber tenido virtudes heroicas, fe heroica, esperanza heroica, caridad heroica, mortificación heroica, todo el campo de la ascética. Porque lo otro es canonizar a Dios, Dios ya está canonizado. Lo importante es eso, lo que tú haces lo cual no es caer de ninguna manera, naturalmente, en el famoso pelagianismo, la herejía de aquel monje inglés, Pelagio, que parece que era un gigante, un hombrón de una fortaleza tremenda y decía, «Todo lo logramos con nuestro propio esfuerzo». No, no. Ya Dios nos equipó, nos hizo hombres y nos dio todas las cualidades que necesitamos, por lo tanto, si tú pones en funcionamiento, todo aquello con lo que Dios te dotó como hombre, ya puedes ser santo, aunque no venga una gracia especial de Dios. Herejía, herejía. Algunos han dicho que Ignacio es un poco pelagiano. No, no es eso, es que él efectivamente enfatizó la parte que cada uno puede y debe poner en su cooperación con la gracia de Dios.

Pues, en esta meditación Ignacio sale un poco de lo ordinario, porque como ustedes ven en todas las meditaciones que hemos podido meditar, días tan cortos, pero en fin, lo más importante, son verdades que están en el catecismo. Dios, Cristo, la gracia, el pecado, la conversión, las pasiones, la Virgen, la vida de Cristo, todo está ahí en el Evangelio. Entonces, ahora, en esta famosa contemplación, San Ignacio mete un elemento nuevo, que es la Creación, como fuente, reflejo e inspiración para poder amar a Dios. Una cosa nueva, el Cosmos, es decir, las cosas, los montes, los valles, los ríos, las estrellas, el sol, las flores, las aves. Puede ser una oportunidad fabulosa para que en todo veamos a Dios y se nos refleje Dios, el amor de Dios y todo nos hable del amor de Dios y vivamos amando a Dios en todo y con todo. Eso es una cosa nueva en la dinámica de los Ejercicios.

Naturalmente, la Creación, el Cosmos se puede ver primero como lo ve todo el mundo y como lo explota todo el mundo, como medio para la subsistencia del hombre y de todas las cosas. El alimento, la bebida, el aire, todo es la producción de las cosas para que el hombre y los animales coman. El Cosmos, primero es fuente de producción para la subsistencia. Tiene una finalidad primaria, directa, que es de lo que todos vivimos. Hay otra cosa que tiene la Creación, el Cosmos, que es para recreo, descanso, los parques, las playas, son sitios donde el hombre puede, como quien dice, relajarse, descansar y es una cosa muy buena de la Creación. Pero es que la Creación puede tener otra faceta mucho más interesante. Es el reflejo de Dios y fuente de inspiración maravillosa, la que Adán y Eva al principio de la Creación sentían, porque la veían como toda hecha por Dios y reflejo de Dios y todo regalo de Dios.

Figúrense ustedes, oír a Jesucristo como Hombre, cuando nos decía: «Estos lirios, estas aves, este sol». Él veía a su Padre en ello, el amor de Dios en ello. Como lo vio San Francisco de Asís... El famoso escritor inglés Chesterton escribió una vida de San Francisco de Asís, muy original, muy bonita, es un poeta, es un poco en tono poético, pero muy bonito. Dice él que como toda la Creación se pervirtió por el pecado, efectivamente, porque Dios hizo la creación para que sirviera al hombre y el hombre sirviera a Dios. Pero cuando el hombre rompió con Dios, toda la Creación quedó forzada y de hecho, si la Creación hubiera actuado espontáneamente, hubiera aniquilado al hombre. El sol debía haber dicho: «No te ilumino, te quemo porque tú has ofendido a mi autor, a Dios que me hizo a mí y yo soy fiel a Dios, como sol». Y las frutas decir: «Te enveneno, porque tú has envenenado la amistad con Dios». Todo se puso en contra, el pecado violentó toda la naturaleza. San Pablo dice, menciona mucho la violencia de la naturaleza y dice, por eso hay tantos dioses, las serpientes eran dioses, miles de animales eran dioses. Miles de animales. Entonces dice

Chesterton muy originalmente, yo creo que muy bonitamente, que Cristo redimió al hombre, pero se necesitaron trece siglos después de la muerte de Cristo para que hubiera un hombre que redimiera, por así decirlo, que redimiera a la naturaleza creada, que fue Francisco de Asís, que vivió con la naturaleza como Adán y Eva antes del pecado. Llamaba a las aves, le obedecía la naturaleza, hacía cosas increíbles. Y era que se sentía en armonía completa con el plan de Dios como lo había hecho al principio. Y entonces «mi hermano lobo. Todos somos hijos de Dios, todos somos criaturas de Dios, vamos a entonar a Dios».

San Antonio de Padua, creo que fue, fue a predicar un día a una ciudad que tenía puerto de mar y no lo recibieron. Y entonces dijo él, «Ya que no me reciben los hombres, voy a predicar a los peces». Y fue al malecón y al mar y llamó a los peces y vinieron por millones «Vamos a alabar a Dios» y todos salían haciendo burbujas y cuando la ciudad vio aquello, todo el mundo a seguir a San Antonio para que les predicara. Francisco de Asís restauró la belleza, la armonía que Dios había querido hacer cuando lo creó todo y la amistad hace la armonía, en unión, en amor.

Y en esta materia de mística, Juan de la Cruz es la cumbre. Nadie ha llegado ni de lejos a él. Dice San Juan de la Cruz en su Cántico Espiritual: «El alma más vive donde ama que en el cuerpo donde anima». Porque en el cuerpo ella no tiene su vida. El alma no es el cuerpo, la vida del alma no es el cuerpo. Antes, ella le da al cuerpo la vida y ella vive por amor en lo que ama. El alma, de el alma, es el amor y vive de ese amor; el alma que ama a Dios y le busca y anhela encontrarse con Él ¿pueden las cosas hablarle de Él? San Ignacio también lo vivió y el hermano enfermero decía que lo veía cuando nadie le observaba que con el bastón tocaba las flores y les decía: «Callad, no me habléis tanto de la belleza de Dios, que me derrito». Y que le veía muchas veces en la terraza de la enfermería en una noche estrellada mirando para arriba y llorando y llorando y llorando, de amor a Dios. Y claro, nadie lo ha expresado con una lengua tan maravillosa, tan perfecta, tan única como Juan de la Cruz en su Cántico Espiritual. «Mil gracias derramando pasó por estos sotos con presura, y yéndolos mirando, con sólo su figura prendados los dejó de su hermosura». Juan de la Cruz compuso, creó, inventó el Cántico Espiritual cuando estaba metido en aquella letrina de la cárcel de Toledo. Sin alimento, sin Eucaristía por seis meses por lo menos. Castigado por sus hermanos. Lo que hace Dios, lo que permite Dios. Pero lo que hace Dios es que el alma de él estaba viendo a Dios, ya estaba en el cielo y todas sus cualidades poéticas, artísticas estaban en el grado máximo. Y muchos dicen que el Cántico Espiritual es la obra literaria más perfecta escrita en castellano. Y más sublime.

La unión de esto con los Ejercicios, tiene este sentido. El ejercitante, claro, el ejercitante ordinario, porque ustedes son unas privilegiadas. Pues cuando un seglar hace unos ejercicios de ocho días, de unos días, si los hace bien, siente un sabor, le nace un hambre de Dios, unas ganas de estar con Dios, un poder sentir a Dios, y dice: «Ahora tengo que ir otra vez al mundo», lamenta tener que dejar a Dios como quien dice al dejar los Ejercicios.

Y San Ignacio le dice al ejercitante: No, tú ahora después de haberte purificado, primero de los pecados si los había, después haber rectificado tu voluntad bien, haber arrancado todas las aficiones desordenadas y después de que te has encontrado con Cristo a quien quieres amar, y quieres imitar, tienes unos ojos limpios para poder ver a Dios donde está. Y yo te digo ahora que Dios está en todas las cosas y desde todas las cosas te está amando. Y por lo tanto no tienes que estar encerrado. En tu vida puedes ver a Dios, en tu vida puedes encontrar a Dios, en tu vida...» Y esta es la idea que dirige esta meditación ignaciana. Ver cómo al ejercitante se le da un medio de alguna manera poder encontrarse con Dios fácilmente, que no tenga que ir a la casa de ejercicios, ir a la Iglesia, no, no. Vamos a ver cómo tú puedes, porque es que Dios convive contigo, pero tú no lo has descubierto. Ya has visto que hay que descubrirle, y ahora estás preparado para ello, porque estás un poco, un poco como hizo Dios al hombre antes del pecado. Te has puesto un poquito en ese plan. Y si es así, es fácil ver a Dios y es fácil encontrarlo».

San Ignacio le llama, como saben a esta contemplación para alcanzar amor, que más bien podríamos decir contemplación para vivir una vida de amor, para vivir amando a Dios en todo. Y le llama amor, no gratitud, que son dos cosas distintas. Amar es otra cosa, muy superior. Y ahora Ignacio quiere que el ejercitante ame, porque va a ver a un Dios que le ama, y entonces al amor hay que corresponder con amor, no con otra medida. De hecho, cuando dos personas se quieren mucho y alguien le dice «gracias», «Eso ya queda... entre nosotros, el gracias ya no pega. Lo nuestro es más que gracias, lo nuestro es amistad, lo nuestro es amor, nos queremos. Lo que yo te pueda dar a ti... lo mío es tuyo, lo tuyo es mío, somos». Y esto es lo que quiere San Ignacio, que el ejercitante vea que Dios le da todo por amor para que él corresponda en la línea del amor también, dándole amor a Dios.

San Ignacio siempre realista comienza con estas dos observaciones, muy prácticas. «Primero, conviene advertir dos cosas. La primera es que el amor se debe poner más en las obras que en las palabras». Ohhh, muy bien dicho. Obras son amores que no buenas razones. ¿Esta persona me quiere? Sí. ¿Pudiendo ha hecho algo por mí? Sí. Prueba de que me quiere que ha hecho por mí, pudiendo. Y por eso, hermanas, en el Cielo tendrán unos encuentros, ustedes van a tener unos encuentros maravillosos cuando descubran cientos y miles de almas que están en el Cielo por las oraciones de ustedes, porque en un momento en que ellas estuvieron en una tentación, o en una necesidad de conversión, Dios aprovechó la oración que tú dijiste: «Te pido por los pecadores, te ofrezco esto por los que están en una necesidad». Y eso funciona, y Dios lo manipuló y entonces ese alma está en el Cielo esperando que venga la que me trajo a mí al Cielo aquí, y ésa eras tú. Todo eso va a pasar. Esa es la realidad del cuerpo místico. Igual que allí, pues, claro todo el mundo, los que nunca habían conocido a Cristo y estén en el Cielo, caen en la cuenta: Pero, miren, si todo fue por Cristo y yo no lo sabía. Claro, no lo sabías, pero todo es por Cristo. Todo es por Cristo.

Pues, aquí Ignacio empieza... conviene advertir dos cosas, la primera es el amor. El amor se debe poner más en las obras que en las palabras. También las palabras porque si nos queremos no nos vamos a insultar ni nos vamos a herir, pero primero, en obras. Claro, todo va junto, todo va unido, pero claro, un esposo infiel, un esposo pecador, a lo mejor para engañar a su mujer le dice palabras muy bonitas, y la está engañando y le hace regalos muy bonitos, y la está engañando. El amor primero, es obra y las palabras a tono con eso. Segunda, «el amor consiste en comunicación de las dos partes». El amor es entrega, entre uno y otro. Es, a saber, en dar y comunicar el amante al amado lo que tiene o de lo que tiene o puede, y asimismo por el contrario el amado al amante. Es decir, yo te doy lo que yo tengo, tú me das lo que tú tienes. Eso es el amor.

Entonces, a la luz de estas dos verdades va a analizar Ignacio, con una intuición maravillosa, cuánto nos ama Dios a nosotros, para ver lo que nosotros le damos por amor. Y comienza con este pensamiento evidente: Dios todo lo ha creado por amor. Todo. Todo lo que no es el Padre, el Hijo y el Espíritu Santo, todo lo que no es la Trinidad, todo ha sido creado por la Trinidad, por amor. Ya vimos que la tecla, el eje de eso es Cristo y su plan. La idea es ésta, todo lo que sale de Dios, es por amor. Entonces, todo lo que existe, es obra del amor de Dios. Y ahora dice San Ignacio: la medida de cuánto ama Dios a las cosas es lo que les ha dado. Y empieza a decir, pues vamos a empezar por la naturaleza inanimada. Las rocas, los mares, son obra del amor de Dios. Esas rocas peladas, gigantescas, que miran al Cielo están diciendo dentro de ellas, en su lenguaje, a Dios: Te amamos, te amamos. Se lo están diciendo con su lenguaje. El mar le está diciendo a Dios, te amamos, te amamos, las olas, te amamos. Las estrellas están diciéndole a Dios, te amamos. Los santos descubren eso, oyen ese canto, oyen ese lenguaje. Un San Juan de la Cruz, si hubiera presenciado las cataratas del Niágara seguramente se extasía en un acto de amor, Dios mío, cuando caen esos torrentes imponentes de agua de unas alturas enormes, y salta como un humo. Es algo imponente. Es un canto. Esas están diciéndole a Dios: Te amamos, te amamos, te amamos. Un paso más. El mundo vegetal. Figúrense qué pasa. Si Dios ama las rocas y ama al agua, Dios ama más al mundo vegetal porque tiene ya vida. Le ha dado más por amor. El amor se pone en obras y Dios es libre, por supuesto, para amar como Él quiera y a cada uno le da lo que Él quiere, como es natural. Pero, como todo es por amor, el que lo conoce y lo reconoce, devuelve amor, porque ¿qué va a devolver? Entonces ahora viene, el mundo vegetal. Figúrense ustedes. Los bosques. San Francisco de Asís dice que se tapaba los oídos a veces porque el sonido del bosque era un himno de alabanza a Dios tan grande que no podía sufrirlo: Árboles cómo estáis alabando a Dios, cómo estáis amando a Dios. Me puedo unir a vuestra armonía, a vuestra orquesta, a este himno. Entonces, imagínense... las flores, los frutos, en los que Dios ha puesto esas maravillas.

Aquella anécdota tan bonita de nuestra Madre Teresa cuando venía de aquella fundación, creo que era de Andalucía, con un calor espantoso, metidas en una tartana, llegaron a aquel convento y les ofrecieron aquellas peras de agua. Y Teresa dijo, qué ocasión para hacer una penitencia tremenda. Tenía reseco el paladar, reseca la boca, una sed. Pero después pensó mejor y dijo «no, déjame comerlas para amar más a Dios por lo bien que me van a saber». Y comió las peras de agua, que aquella pera era para Teresa un beso de Dios.

Pues en la naturaleza, eso Dios lo ama mucho más, claro: el bosque, las flores, los frutos. San Ignacio en los Ejercicios da unas reglas para ordenarse en el comer. Como las reglas son para ordenar todo en la vida. Muchos seglares tienen un desorden gravísimo en el comer, o comen demasiado o comen sin orden. No, no, el comer es una cosa que hay que hacerla bien porque es parte de la vida. Entonces él tiene aquella consideración tan bonita: ¿Tú has pensado cuando tienes delante del plato lo que vas a comer cuántos han intervenido para que tú tengas allí eso que comer? Lo que Dios ha hecho, el sol que dio para que esa fruta, esa carne, ese pescado, el mar, lo que movilizó. ¿Tú no has caído en la cuenta de que este plato es un regalo del amor de Dios? ¿No te anima Dios, no te entusiasmas a amar a Dios por lo que estás comiendo? Qué bonita manera de ordenar las cosas, porque así las hizo Dios, para esto las hizo Dios.

Después ya, qué salto. El mundo animal. Las aves, cantando. Ellas cantan y al cantar están diciendo: Te amamos, te amamos, te amamos. Están cantando a Dios que las hizo por amor. Las aves, los pájaros, los animales de todas clases, las abejas haciendo sus panales, las hormigas... todo eso.

Y de repente, el salto en el vacío, porque claro, a las aves las ama Dios más que a las plantas, y a las plantas más que a las piedras. Y ahora... el hombre. La obra cumbre del amor de Dios. Nosotros, los hombres. Podíamos haber sido roca y tendríamos que estar alabando a Dios. Podíamos ser plantas y estar alabando a Dios, podíamos ser aves y estar cantando a Dios. Nos ha hecho personas. Y qué clase de personas. Podíamos haber nacido anormales, retardados mentales, tantos como nacen así. A ustedes y a mí, normales.

Por amor, por qué, Él te quiere más. Por ningún otro motivo. Tú eres el ápice del amor de Dios. Te quiere tanto... ¿Entonces en cada hombre tengo yo que ver la obra del amor de Dios? Claro, y en tu hermana más que en ninguna. Dios la ha amado tanto que la ha hecho persona racional. San Ignacio va por etapas. Primero es la Creación, y entonces en el amor que Dios ha puesto en la Creación, la plenitud del amor en la Creación la ha puesto en mí. Completamente. Y, dice San Ignacio, seguramente que puedes añadir tú por tu cuenta muchos detalles más: qué padres tuve, qué educación, qué amistades, quién influyó en mi vida, todo eso. Filigranas del amor de Dios contigo. Pero ¿Padre, por qué? No preguntes por qué, porque lo más bonito del amor es que es gratuito. Porque te ama. Dios nos dice «Porque a ti... yo te amo mucho». Entonces, si la criatura responde al amor de Dios de acuerdo con su naturaleza, dice San Ignacio, ¿cómo debemos de responder nosotros que tenemos inteligencia, conocimiento, libertad, amor? Y aquí es donde viene lo que se suele decir siempre, como la Oración de San Ignacio. San Ignacio no compuso ninguna oración, propiamente, lo que pasa es que está sacada de esta meditación. Aquí sí que cae bien esa oración. Aquí es donde tiene todo el sentido que Ignacio le da.

Dice: «Y con esto reflectir, en mí mismo, considerando con mucha razón y justicia lo que yo debo de mi parte ofrecer y dar a su Divina Majestad. Es, a saber, todas mis cosas y a mí mismo con ellas». Así como quien ofrece afectándose mucho, con mucho amor, afecto-amor, no gratitud-amor. Afectándose mucho. «Tomad Señor y recibid toda mi libertad, mi memoria, mi entendimiento y toda mi voluntad, todo mi haber y mi poseer. Vos me lo disteis con amor, a vos Señor lo torno, con amor. Todo es vuestro, disponed de todo a vuestra voluntad. Dadme vuestro amor y gracia, sígueme amando Señor, que esto me basta».

Hasta aquí, el punto de la Creación, la Creación, como criaturas tenemos que decir esto. Si tienen tiempo hoy y les da devoción, les recomiendo que lean despacio, rumiando, el Salmo 104 porque es un himno realmente de un alma enamorada de Dios por la Creación. Y que ve a Dios en toda la Creación. El Salmo 104. ¿Queda aquí la meditación de Ignacio? No. Queda lo más grande. Dice San Agustín: «¿De qué nos hubiera valido haber sido creados si después del pecado –y todos hemos sido pecadores– no nos hubieran redimido?» La redención es una segunda Creación en Cristo, por Cristo, con Cristo. Y entonces ahora viene Ignacio y dice: ¿Cómo se mide el amor de Dios en el campo de la redención, en la esfera de la redención? Pues muy fácil: «Tanto amó Dios al hombre que le entregó a su hijo». Cristo es la medida del amor de Dios, plena, íntegra total, hecha a la medida de Dios, porque Él también es Dios. Queremos saber ¿cómo ama Dios a una persona hoy? ¿Cuánto le da de Cristo que es su amor, que es la plenitud de su amor?

Y aquí, queridísimas hermanas, vamos a abrumarnos, a llorar. No sé qué hacer aquí, ¿qué se puede hacer aquí? Fijémonos, por ejemplo, imaginémonos que ponemos aquí en el centro a Cristo, el amor de Dios. Y ahora, círculos concéntricos, todos alrededor de este centro que es Cristo. Y lejos, lejos, lejos, un círculo inmenso de gente que todavía nunca ha oído hablar de Jesucristo. ¿Los quiere Dios? Muchísimo y Cristo ha muerto por ellos. Pero, todavía no han oído nada, no se han beneficiado conscientemente nada de Cristo porque el mundo existe por Cristo, pero eso es inconsciente para ellos. Por lo tanto, un círculo enorme. Vamos a otro círculo, los que conocen algo de Cristo, pero completamente deformado. El mundo islámico por ejemplo, inmenso, inmenso. Cristo sí es un profeta, pero inferior a Mahoma. Han oído hablar algo de Él, pero completamente deformado. Vamos a otro círculo, porque habría que hacer muchos, pero nada más en líneas generales. Los llamados cristianos, que ya conocen algo de Cristo y por lo tanto Dios les ama más. Pero, claro, un Cristo, entre los protestantes mismos, no digamos ya otras sectas porque hay algunos como los Testigos de Jehová, los Adventistas que ni siquiera son cristianos. Vamos a suponer los que son cristianos de alguna manera, pero muchas sectas no aceptan que Cristo sea Dios, sino que es el Mesías, pero de una manera muy confusa, verdad. Muy bien. Otro círculo, los que creen que Jesucristo es Dios y Hombre. Muy bien, ya. Pero ¿conocen a Cristo de verdad? No. No creen en la Eucaristía, no creen que Cristo se haya ocupado para nada de darles una madre, no tienen los Sacramentos ordinarios, tiene a lo mejor alguno, unos sí, otros no. Entonces ya un círculo más, los cristianos que creen que Cristo es Dios y Hombre, pero todavía les faltan, tres cosas que son básicas, fundamentales. La Eucaristía, la Virgen, y el piloto de la barca de Pedro, el Papa. No hay iglesia sin Papa. Y de ahí, el desequilibrio, la confusión. Como decía últimamente el Arzobispo de Canterbury allá en Inglaterra, «Sin autoridad no nos podemos poner de acuerdo en nada». Y están gritando ya por un Papa, porque si no, no hay nada, sin autoridad no hay más que caos. Y ahora ellos que rompieron con el Papa para ser más cristianos, según Lutero, desintegrados están gritando Que venga alguien que nos mande, porque si no esto es el caos.

Bueno, vamos ahora al círculo: Los católicos. Cuando el Papa hace un viaje en los que va dejando su vida, con su celo apostólico, paulino, paulino, de la talla de Pablo, al mismo nivel está Juan Pablo II, dejando a jirones la vida por hablar de Cristo, y de la Iglesia Católica. Pues, dicen el Papa jefe de mil millones de católicos, pero qué católicos, bautizados, ¿cuántos practicantes? ¿Veinte por ciento, quince por ciento, treinta por ciento? Sería mucho ya. Hacen algo, son buenos y tal, pero vamos a poner ahora los practicantes. Y hay que hacer un círculo ya pequeñísimo. A esos les ama Dios más. Vamos a hacer un círculo, que a mí me gusta mucho decirlo en Ejercicios, a los que hacen Ejercicios de San Ignacio. Un círculo predilectísimo ya, pequeñísimo. Te quiere más Dios porque te da más de Cristo. Tú conoces de Cristo lo que no conoce casi nadie.

Hermanas, y ahora demos el salto definitivo. Las consagradas a Cristo. Las esposas de Cristo, los sacerdotes de Cristo. En el centro de ese corazón de Cristo, nosotros, nosotros, nosotros. Pero Padre, ¿por qué? No digas por qué, déjate amar, déjate abrumar por el amor de Cristo. Déjate inundar y arrollar y sumergirte porque esa es la realidad. Cristo te ama, te ama... nos ama, nos ama, nos ama. ¿Puede Dios decirlo de otra manera? No puede decirlo, porque el amor de Dios es Cristo. Y entonces, qué gratitud, qué amor tenemos que tener a todos aquellos que nos han traído acá. Qué amor a Teresa de Jesús, Dios mío, que me hace a mí vivir esta realidad. Qué amor a San Ignacio que me trae a mí a esto. Porque son instrumentos que Dios usó para acercarnos a Él. Pues si en la primera parte decíamos Tomad, Señor y Recibid, ¿qué tenemos que decir ahora? Me entrego a tu amor, Señor, y quisiera podértelo pagar amándote del todo. Dame fuerzas para amarte, dame poder para amarte, porque yo sola no puedo. Yo quisiera, pero...

Ahora imagínense un cristiano, una religiosa, un sacerdote que vive este tipo de espiritualidad, ¿dónde está? ¿Cuánto bien hace? ¿Cómo moverá a Dios? ¿Cómo atrae a las almas? Y esto es lo que se ha perdido cuando se ha perdido el espíritu religioso. Entonces, es que somos todos iguales, da lo mismo, porque no he devuelto amor por amor. Pues, ahí nos deja Ignacio para que todo lo que veamos, todo lo que oigamos, todo, nos hable y oigamos qué nos dice Dios, «Mira lo que te quiero, mira lo que te quiero, mira como te amo, mira como te amo». Fíjense que podíamos decir que en los Ejercicios Ignacio nos lleva a esas tres experiencias tan importantes. Primero, la experiencia de criatura de Dios y entonces el más importante en el plan de la Creación y de rodillas delante de Él. Después, descubrir mi vocación de cristiano, colaborador con Cristo de la obra de Cristo. Y finalmente, la vida de contemplativo. He buscado el rostro de Dios, como lo buscan los místicos. Muéstrame Señor Tu rostro porque te amo, y quiero ver Tu rostro y lo descubrimos en todas las cosas y todas las cosas nos hablan del amor de Dios.

Pues, queridísimas hermanas, perdón por todo lo que yo haya dejado de hacer y de decir, que ustedes se merecían muchísimo más. Pero, hemos actuado con la mayor espontaneidad y gracias por la confianza enorme, y que Dios nos mantenga unidos en este ideal, porque si vivimos esto, la cita segura es que nos vamos a encontrar en el Cielo para comentar muchas cosas y divertirnos muchísimo por toda la eternidad. Así sea.

Muchas gracias

Fin

S.M.D.J

Convento de las Monjas Carmelitas Contemplativas del Cerro de los Ángeles de Madrid, que transcribieron las charlas de los Ejercicios Espirituales impartidas por el padre Amando Llorente, S.J.

Otros libros publicados en la
COLECCIÓN FÉLIX VARELA
(Obras de pensamiento cristiano y cubano)

815-2	MEMORIAS DE JESÚS DE NAZARET, José Paulos
833-0	CUBA: HISTORIA DE LA EDUCACIÓN CATÓLICA 1582-1961 (2 vols.), Teresa Fernández Soneira
842-x	EL HABANERO, Félix Varela (con un estudio de José M. Hernández e introducción por Mons. Agustín Román)
867-5	MENSAJERO DE LA PAZ Y LA ESPERANZA (Visita de Su Santidad Juan Pablo II a Cuba). Con homilías de S.E. Jaime Cardenal Ortega y Alamino, D.D.
892-6	SECTAS, CULTOS Y SINCRETISMOS, Juan J. Sosa
897-7	LA NACIÓN CUBANA: ESENCIA Y EXISTENCIA, Instituto Jacques Maritain de Cuba
921-3	FRASES DE SABIDURÍA, Félix Varela, Rafael B. Abislaimán (Ed.)
924-8	LA MUJER CUBANA: HISTORIA E INFRAHISTORIA, Instituto Jacques Maritain de Cuba
941-8	EL SANTERO CUBANO. Religiones Afrocubanas y Fe Cristiana, P. Raúl Fernández Dago
956-7	FÉLIX VARELA PARA TODOS / FÉLIX VARELA FOR ALL (1788-1853), Rafael B. Abislaimán
981-7	CON LA ESTRELLA Y LA CRUZ — HISTORIA DE LA FEDERACIÓN DE LAS JUVENTUDES DE ACCIÓN CATÓLICA CUBANA (2 vols.), Teresa Fernández Soneira
985-x	HISTORIA DE LA IGLESIA CATÓLICA EN CUBA (2 vols.), Monseñor Ramón Suárez Polcari
334-7	EL DESAFÍO DE LA SÁBANA SANTA, Inst. de Solidaridad Cristiana
8-002-2	APUNTES DE ESPIRITUALIDAD IGNACIANA, Federico Arvesú, S.J,
8-010-3	EPISCOPOLOGIO CUBANO II. MIGUEL RAMÍREZ DE SALAMANCA, SEGUNDO OBISPO DE CUBA 1527-1534, P. Reynerio Lebroc
8-017-0	LA REAL Y PONTIFICIA UNIVERSIDAD DE SAN GERÓNIMO DE LA HABANA: FRAGUA DE LA NACIÓN CUBANA, Salvador Larrúa
8-032-4	IGLESIA CATÓLICA Y NACIONALIDAD CUBANA, Joaquín Estrada Montalván (Ed.).
8-033-2	CUBA: LIBERTAD Y RESPONSABILIDAD, DESAFÍOS Y PROYECTOS, Dagoberto Valdés-Hernández (Ed. de Gerardo E. Martínez-Solanas)
8-040-5	FÉLIX VARELA: PORTA-ANTORCHA DE CUBA, Josephn y Helen M. McCadden. Ed. de Amalia V. de la Torre. Trad. de Ignacio R. M. Galbis
8-041-3	UNA FE QUE ABRE CAMINOS, Araceli Cantero-Guibert
8-080-4	SÍGUEME. EJERCICIOS ESPIRITUALES PREDICADOS, Padre Amando Llorente, S.J.
8-091-x	EN LA BÚSQUEDA DE LA FELICIDAD, Ernesto Fernández-Travieso, S.J. / Segunda edición corregida y ampliada.